# Toleranz und Teilhabe

Jahrbuch Friedenstheologie 2022
Ökumenisches Institut für Friedenstheologie

AF237789

Herausgegeben von
Matthias-W. Engelke – Stefan Federbusch OFM –
Gottfried Orth – Michael Schober
Stefan Silber

Ökumenisches Institut für Friedenstheologie
Jahrbuch Friedenstheologie 2022

# *Toleranz und Teilhabe*

edition pace

© 2022

Ökumenisches Institut für Friedenstheologie
Jahrbuch Friedenstheologie 2022
Toleranz und Teilhabe

Herausgegeben von Matthias-W. Engelke, Stefan Federbusch OFM,
Gottfried Orth, Michael Schober und Stefan Silber

edition pace

Satz & Buchgestaltung: Matthias-W. Engelke
Umschlagbild: https://de.wikipedia.org/wiki/Toleranz_durch_Dialog
Gestaltung der Titelseite: Lara Orth
Zwischentexte der Seiten 82, 110, 198 und 204 aus:
Abu Tobias: Das Minutenbuch Band I Die Hundewache 0-4 Uhr
BoD Norderstedt 2020

Herstellung & Verlag: BoD – Books on Demand, Norderstedt
ISBN: 978-3-7557-8011-3

# Inhalt

## Projekte

## Rezensionen

**Statt eines Nachwortes**

# Editorial

## Jahrbuch Friedenstheologie 2022: Toleranz und Teilhabe

*Matthias-W. Engelke, Stefan Federbusch OFM, Gottfried Orth, Michael Schober, Stefan Silber*

Die erfreulich positive Resonanz, die unser Lesebuch „Was ist Friedenstheologie?" gefunden hat, hat Mitglieder unseres noch jungen Instituts ermutigt, sich an eine jährliche Publikation zu wagen, die sich an diesem Vorbild orientiert.

Wie im Lesebuch soll auch in unserm Ihnen nun vorliegenden „Jahrbuch Friedenstheologie" die gesamte Breite der am Institut vertretenen Forschung sichtbar werden. Was uns eint, ist die Fundierung der Friedenstheologie in pazifistischer Perspektive und das Anliegen, diese Positionen, die an das Zeugnis der ersten Christ*innen anknüpfen, einer größeren Öffentlichkeit zugänglich zu machen.

Neu ist das jeweilige Schwerpunktthema des Jahrbuchs – in diesem Jahr „Toleranz und Teilhabe". Neben dem Schwerpunktthema gibt es einen Bereich mit freien Texten und einen für Rezensionen. Des Weiteren haben wir – wie bereits im Lesebuch – Raum gelassen, für lyrische und visuelle Unterbrechungen.

Mit dem Schwerpunktthema, das wir im Kontext der Debatte um eine „Gesellschaft der Vielfalt" verorten, ist die Aussage verbunden, dass wir den interreligiösen Dialog als einen wichtigen Bestandteil der Friedensarbeit sehen. So freuen wir uns besonders, dass wir die seit Jahrzehnten im christlich-islamischen Dialog aktive muslimische Theologin Dr. Hamideh MOHAGHEGHI für einen Gastbeitrag gewinnen konnten, der unseren Band eröffnet. Gleichzeitig kann sie aus der Perspektive einer Frau mit Migrationshintergrund schreiben – eine für unser Schwerpunktthema unabdingbare Perspektive. In diesem Rahmen analysiert sie die gesellschaftliche Situation in unserm Land im Hinblick auf geglückte und verwehrte Teilhabe für Musliminnen und Muslime.

Wie im Lesebuch sind auch im Jahrbuch innerhalb der Bereiche die Artikel alphabetisch nach den Namen der Autor:innen angeordnet. Dies entspricht dem kollegialen Verständnis am Institut, das Erfahrenen und Neu-Publizierenden, bekannten und bisher noch nicht angemessen wahrgenommenen Forschenden einen Rahmen bieten möchte.

Matthias-W. ENGELKE ruft uns dabei die Außerordentlichkeit der Barmherzigkeit im Zeugnis Jesu in Erinnerung, die sich gegen jede Form von Exklusion wendet.

Stefan FEDERBUSCH OFM untersucht das jüngste Lehrschreiben von Papst Franziskus „Fratelli tutti" auf seine Implikationen hinsichtlich von Toleranz und Teilhabe.

Ulrich FREY lotet die Grenzen von Toleranz bezogen auf die Debatte um atomare Abschreckung aus.

Thomas NAUERTH erschließt beispielhaft das reichhaltige Erbe hinsichtlich der Toleranz-Debatte im Humanismus der frühen Neuzeit, in dem er eine spannende „relecture" von Thomas Morus' „Utopia" vornimmt.

Michael SCHOBER nähert sich dem Spannungsfeld von „Toleranz und Teilhabe" aus der Perspektive des interreligiösen Dialogs und dessen Beitrags zu einer Gesellschaft der Vielfalt.

Stefan SILBER bringt eine Sicht des globalen Südens in die Debatte um „Toleranz und Teilhabe" ein, in dem er für einen differenzsensiblen „Wir-Begriff" plädiert, der Geschöpflichkeit immer auch als „Mit-Geschöpflichkeit" sieht.

Anja VOLLENDORF thematisiert den Umgang mit Intoleranz in einer Gesellschaft, die Toleranz und Teilhabe ermöglichen möchte.

Johannes WEISSINGER stößt auf inspirierende Entdeckungen in der jüdischen Theologie des 19. Jahrhunderts, was den Toleranzbegriff angeht.

Im freien Teil vervollständigen die folgenden Beiträge unser Jahrbuch:

Peter BÜRGER gibt uns eine aktuelle kirchenkritische Analyse und mahnt uns, Wesentliches nicht aus dem Blick zu verlieren.

Matthias-W. ENGELKE stellt uns erstmalig in deutscher Übersetzung von Franz-Josef JANNICKI SVD die Thesen des Radolfus Niger zu einer zeitgenössischen Kreuzzugskritik vor.

Karen HINRICHS stellt mit dem neu gegründeten Friedensinstitut in Freiburg eine wichtige friedenstheologische Schnittstelle vor.

Gerard MINNAARD gibt uns einen Eindruck von der langjährigen Tradition der Friedensarbeit am Friedensort Woltersburger Mühle.

Gottfried ORTH erörtert die grundlegende Bedeutung von Wertschätzung, die niemals auf Exklusion zielen darf, sondern Verwandlung ermöglichen soll.

Theodor ZIEGLER analysiert aktuelle Debatten in der evangelischen Friedensethik ausgehend von der Initiative „Sicherheit neu denken".

Für die folgenden Jahrbücher haben wir drei Desiderate:

– Wir wollen unsere Anstrengungen verstärken, Frauen als Herausgeberinnen und Autorinnen zu gewinnen.
– Wir wollen zusätzlich die Stimmen des Judentums und anderer Religionen einbeziehen.
– Wir wollen, dass in den Jahrbüchern die Zeug:innen der gewaltfreien Revolution 1989 verstärkt zu Wort kommen.

Um dies zu ermöglichen, benennen wir bereits jetzt das Schwerpunktthema des Jahrbuches 2023: „Vom Hineinreichen einer anderen Herrschaft: ,Dein Reich komme' – Die Reich-Gottes-Botschaft in Theologie und Politik".

So bleibt uns nun nur noch, Ihnen eine gute Lektüre dieses Bandes zu wünschen. Schön wäre es, wenn unsere Beiträge für friedenstheologische Fragestellungen sensibilisieren und zu eigenem friedenstheologischen Engagement ermutigen würden. Entsprechende Handlungsfelder gibt es genug.

Jochaim Bandau: Toleranz – Gleiches Gewicht – Gleichgewicht –
Osnabrück 1648-1998 – Fotos: Michael Schober

# Toleranz und Teilhabe

# Geglückte und verwehrte Teilhabe in unserer Gesellschaft

*Hamideh Mohagheghi*

Eine Gesellschaft ist in dem Maße ein Spiegelbild der in ihr lebenden Menschen, wie diese an ihrer Gestaltung unabhängig von ihren persönlichen, sozialen, kulturellen und religiösen Hintergründen beteiligt sind und ihre spezifischen Anliegen vorbringen können. Es geht nicht um den Anspruch auf Sonderrechte, sondern darum, die Pluralität anzuerkennen und zu respektieren. Je vielschichtiger eine Gesellschaft ist, umso intensiver sind die Menschen herausgefordert, auf die Besonderheiten der unterschiedlichen Menschengruppen einzugehen und die Gesellschaft so zu gestalten, dass alle Menschen sich dazugehörig fühlen.

Das Gefühl, ein Teil der Gesellschaft zu sein, stärkt wiederum das Bemühen der Menschen, sich um die Belange dieser Gesellschaft zu sorgen und sich für das gute Zusammenleben aktiv einzubringen. Toleranz gegenüber unterschiedlichen Lebensweisen ist ein wichtiger Grundsatz, jedoch darf Toleranz nicht mit Gleichgültigkeit gegenüber den Menschen verwechselt werden. Es geht darum, die Verschiedenartigkeit der Menschengruppen bewusst wahrzunehmen und bei den Entscheidungen diese Unterschiede zu berücksichtigen. Die Unterschiede können in persönlichen körperlichen und geistigen Handicaps, in kultureller und religiöser Zugehörigkeit sowie sexueller Orientierung begründet sein, in Merkmalen, die zur individuellen Identität von Menschen gehören, die jedoch von ihren Mitmenschen als „andersartig" empfunden werden und sie angreifbar machen. Menschen mit den genannten Merkmalen gehören in der Regel zu Minderheiten und entsprechen angeblich nicht den Vorstellungen und Bildern der Mehrheit und werden oft als „nicht dazugehörig" angesehen.

Dies wird durch alltägliche abwertende Bemerkungen durch Teile der Mehrheitsgesellschaft, Darlegungen in den Medien sowie Abwesenheit bzw. Vernachlässigung dieser Gruppen in den politischen und gesellschaftlichen Debatten und Entscheidungen sichtbar. In diesem Beitrag geht es um Identität und Teilhabe der religiösen Minderheiten am Beispiel des Islam und der Musliminnen und Muslime in Deutschland.

Die Postmoderne geht oft davon aus, dass die Religion keine prägende Rolle in den europäischen und westlichen Gesellschaften mehr spielt. Diese Annahme, die empirisch nicht belegbar ist, verleitet dann dazu, Menschen, deren Identität und Selbstwahrnehmung durchaus durch eine Religion geprägt ist, nicht ernst zu nehmen.

## Religiöse Vielfalt – Chancen und Gefahren

Die Zugehörigkeit zu einer Religion ist meist eine vererbte Identität, deren erste Bezugsgröße die Familie bzw. Gemeinschaft ist, mit der die ersten Erfahrungen im Leben verbunden sind. Die Musliminnen und Muslime in unserer Gesellschaft sind mehrheitlich Bürgerinnen und Bürger, die aus anderen Kulturen und Gesellschaften immigriert sind. Auch wenn sie über Jahrzehnte hier leben, haben sie ihre Bindung zu den Wurzeln ihrer Herkunft nicht verloren. Das Festhalten an ihren hergebrachten kulturellen und religiösen Überzeugungen und Praktiken hat vielfältige Gründe: Die verwandtschaftliche Beziehung zu Angehörigen, die weiterhin in diesen Ländern leben, ist stark und wird durch regelmäßige Besuche und Kontakte gepflegt.

Das vermittelte Gefühl, dass die Lebensweise der gläubigen Musliminnen und Muslime nicht vereinbar mit den westlichen Werten ist, stärkt das Empfinden, zu einer Minderheit zu gehören, die nicht willkommen ist. Dazu gehört auch das Prinzip, dass der Minderheitenstatus in einer pluralistischen Gesellschaft zu Spannungen mit der Mehrheit führt. Das „Ich"-Gefühl wird durch Abgrenzung gegenüber dem „Anderen" gestärkt, indem die vertraute Lebensform an Bedeutung gewinnt. Gerade wenn zwei oder mehrere Weltbilder aufeinandertreffen, die nicht in allem übereinstimmend sind, wird der Mensch besonders sensibel und fühlt sich in seinem Selbstverständnis in Frage gestellt bzw. nicht als gleichwertig akzeptiert. Es kann dann eine Zerrissenheit entstehen, die den Menschen herausfordert, seine Identität zwischen verschiedenen Welten und Ansichten zu finden und eine Beziehung zu allen Bezugspunkten zu finden, mit denen er sich identifizieren kann und will. Damit wird die Identitätsfindung zu einer Strapaze, die Zeit kostet, Geduld erfordert und Kenntnisse über den eigenen Standpunkt und die gesellschaftlichen Rahmenbedingungen braucht. Für manchen ist es dann einfacher, sich zurückzuziehen und sich stärker auf die vertrauten Gewohnheiten und Bräuche zu besinnen. Ausgrenzung und Stigmatisierung können diese Rückbesinnung fördern.

Der Glaube kann in dieser Situation Sicherheit geben und Sinn stiften, wenn der Mensch in einer unübersichtlichen Lage seinen Halt zu verlieren meint. Er dient als Schutzschild und Widerstand gegen das mangelnde Vertrauen und Zugehörigkeitsgefühl, gegen die Anpassungs- und Assimilationsforderungen. Auch wenn die Musliminnen und Muslimen über sechs Jahrzehnte in Deutschland leben, existiert bei einigen, auch unter jungen Menschen, die hier geboren und aufgewachsen sind, diese Zerrissenheit. In diesem Land gelten sie immer noch als nicht dazugehörig, weil sie anders aussehen, einer fremden Religion angehören, andere Lebensgewohnheiten haben und ihre äußeren Erscheinungsformen nicht dem üblichen Straßenbild entsprechen. Aber auch im Land, aus dem ihre Eltern und Großeltern stammen, gehören sie oft nicht ganz dazu, da sie weder die Sprache noch die Kultur der sogenannten Heimat ausreichend kennen. Sie schweben zwischen zwei Welten, auch der deutsche Pass kann nicht immer ein Gefühl der Zugehörigkeit vermitteln.

Der folgende Satz von einer Ärztin, die hier geboren und aufgewachsen ist und den deutschen Pass besitzt, beschreibt die Situation, in der sich einige Musliminnen und Muslime befinden: „Ich fühle mich nicht als Deutsche, auch nicht als Ägypterin, in erster Linie bin ich Muslimin und dies gibt mir Sicherheit." (aus einem persönlichen Gespräch mit einer muslimischen Ärztin in Deutschland).

Diese Haltung zeigt, warum die Religiosität unter den Migrantinnen und Migranten in der jungen Generation wieder an Bedeutung gewinnt. Es ist nicht der Radikalismus oder die Ablehnung der demokratischen und freiheitlichen Werte, wie uns immer wieder vermittelt wird, sondern eine Suche nach Selbstfindung. Das bedeutet, dass wir uns noch im Prozess des Ankommens und des Angenommenwerdens befinden, der nur durch gemeinsames Wollen und Bemühen zu einem erfolgreichen Abschluss gelangen kann.

Die Mobilität und die vielfältigen Kommunikationsmöglichkeiten überwinden Grenzen und lösen diese auf, ermöglichen mediale Kontakte zwischen unterschiedlichen Kulturen und Religionen, vermitteln Bilder und Meinungen über einzelne Gruppen in einer Gesellschaft. Wenn die Kontakte nicht durch reale Begegnungen zwischen Menschen geschehen, können die vermittelten Bilder von diesen Gruppen störend wirken. Wir meinen, viel über die anderen zu wissen, unser Wissen basiert allerdings überwiegend auf Medienberichten und den von diesen vermittelten Bildern. Dies ändert sich auch kaum, wenn die Menschen räumlich nah beieinander leben. Die Ruhelosigkeit unserer Zeit lässt wenig Möglichkeit für nachhaltige und persönliche Begegnungen und tiefes gegenseitiges Kennenlernen. Gerade die vermittelten Bilder und Informationen über den Islam und über Musliminnen und Muslime auf der Welt überschütten und erschüttern unsere Wahrnehmungen von Musliminnen und Muslimen, die hier leben.

Menschen unterschiedlicher Religionszugehörigkeit haben im Laufe der Geschichte grausame Kriege gegeneinander geführt, und auch heute sind gegenseitige Ablehnung und Anfeindungen vorhanden. Dialoge und Annäherungsversuche in den letzten Jahren haben einiges bewirkt und müssen vertieft und gestärkt werden. Damit das gegenseitige Kennenlernen zu Anerkennung und Respekt führt, bedarf es Aktionen auf allen Ebenen der Gesellschaft. Ein erster effektiver Schritt in diese Richtung und ein fester Bestandteil dieser Bemühungen sollte die interreligiöse Offenheit sein, die allerdings zuerst einer festen Überzeugung im eigenen Glauben sowie kritischer Auseinandersetzung mit ihm bedarf. Das bedeutet, dass der eigene Glaube nicht als die einzige und absolute Wahrheit gesehen werden kann, sondern als *eine* Wahrheit unter anderen. Erst dann ist es möglich, anderen mit offenen Augen und Herzen zu begegnen und bemüht sein, sie in ihrem eigenen Verständnis zu verstehen und respektieren.

Unsere gemeinsame Verantwortung für eine bessere Welt, eine Welt, in der Gerechtigkeit und Frieden herrscht, sollte die Basis des Zusammenlebens sein. Die Quellen, aus denen die Menschen ihre Kraft dazu schöpfen können, sind unterschiedlich. Das Ziel jedoch kann die Menschen verbinden und ihnen ermöglichen, verbindende und verbindliche Werte und Normen zu entwickeln, die zwar unterschiedlichen Quellen entspringen, aber im Kern ein gemeinsames Ziel haben.

Die Religionen verfügen über das Potenzial, dies zu verwirklichen, sie können aber auch instrumentalisiert und missbraucht werden, um machtpolitische oder ökonomische oder andere Interessen durchzusetzen. Die religiöse Vielfalt birgt in sich Gefahren und Chancen zugleich, es liegt an den Menschen, welches Potenzial sie entfalten und entwickeln wollen.

Die unterschiedlichen Religionen in einer Gesellschaft können sich gegenseitig bereichern und eine Plattform für die Verwirklichung der verbindenden Werte und Normen sein, die für alle Menschen gelten, gleich welchen Geschlechts, welcher sozialen Herkunft, Hautfarbe, Sprache oder Religionszugehörigkeit sie sind. Gegenseitige Bereicherung heißt positive wechselseitige Wirkung, keine Vermischung oder Vereinheitlichung. Dies ist möglich, wenn man sich gemeinsam auf die universellen Rechte bezieht und die individuellen Überzeugungen anerkennt und respektiert. Damit ist nicht die Verdrängung der Religiosität aus der Öffentlichkeit gemeint, denn die freie offene Ausübung von Religiosität ist ein unveräußerliches Menschenrecht.

Nur ein religiös neutrales Rechtssystem kann dieses Recht garantieren und gewähren, und nur ein religiös neutraler Staat kann der Garant dafür sein, dass verschiedene Lebensweisen miteinander in Frieden leben. Vielfalt ist die Realität der Gesellschaften unserer Zeit. Kreativität und Anpassungsfähigkeit sind die Voraussetzungen, die die Beziehungen zwischen den Menschen in solchen Gesellschaften regeln können.

Damit einher geht auch das Hinterfragen der eigenen Position und Angst vor der Selbstaufgabe. Auf dem Weg in die Zukunft ist zu lernen, mit dieser Form der Identitätsfindung umzugehen, um nicht dem eigenen Wesen untreu zu werden. Auf diesem Weg können die

Religionen eine unterstützende Kraft sein, die der Mensch besonders in persönlichen und gesellschaftlich kritischen Situationen benötigt. Die Religion ist keine handelnde Person, die Menschen geben der Religion Gestalt, definieren und legen die religiösen Prinzipen und Praktiken fest. Es gibt feste Prinzipien – goldene Regeln und sogenannte (zehn) Gebote -, die in allen Religionen und Weltanschauungen in unterschiedlichen Wortlauten und Prägungen zu finden sind, im Kern aber sind sie Fundamente, auf die menschliche Handlungen begründet sein müssen. Töten und stehlen, Ungerechtigkeit und Feindseligkeit z. B. sind verpönte Taten, die für alle Menschen nicht hinnehmbar sind.

## GEMEINSAME ZIELE – VIELFÄLTIGE AKTEURE
## UNTERSCHIEDLICHE WELTBILDER – TEILHABE DER MUSLIME

„Einheit in Vielfalt", ein Spruch, der oft zu hören ist und eine Grundhaltung für die Gestaltung der Gesellschaften unserer Zeit sein sollte. In den demokratischen Gesellschaften, die auf Rechtstaatlichkeit aufgebaut sind, ist das gemeinsame Ziel, diese Prinzipien in besten Formen zu gewähren und zu entwickeln. Zu den Prinzipien in Deutschland gehören die Meinungs- und Religionsfreiheit als unveräußerliche Menschenrechte, die auch im Grundgesetz garantiert sind. Das bedeutet, dass die Menschen lernen müssen, mit der Vielfalt der Lebensgestaltungen umzugehen.

Die Bereitschaft zu akzeptieren, dass im Handlungsraum der Gesellschaft Menschen zusammenkommen, die unterschiedliche persönliche Lebensgeschichten und Lebensweisen haben und sich doch für die Gestaltung der Gesellschaft einbringen möchten, ist die Voraussetzung dafür, die Ressourcen und Kompetenzen wertzuschätzen und ihnen Raum zum Handeln zu bieten. Personen auszuschließen, weil sie angeblich nicht in das gesamtgesellschaftliche Bild hineinpassen, bewirkt Verlust von Ressourcen und Potenzialen, die die Gesellschaft für die Entwicklung benötigt. Partizipation und Teilhabe muss der Kompetenz und Absicht der Menschen unterliegen und nicht ihrem Aussehen, ihrer Hautfarbe, religiösen

Orientierung, Geschlechterzugehörigkeit oder einer äußerlichen Erscheinungsform wie Kleidung.

Es ist eine Realität, dass Musliminnen und Muslime in Europa aufgrund ihrer Abstammung durchaus sich auch anderen kulturellen Gewohnheiten zugehörig fühlen und diesen als Maßstab ihrer Lebensweise Gewicht zumessen und zeitweise in den sogenannten „Parallelgesellschaften" leben, die aber nicht immer als Problem, sondern auch als Chance für konstruktives Leben in Vielfalt betrachtet werden können. Diesen Aspekt beschreibt Navid KERMANI autobiografisch in seinem Buch "Wer ist wir? Deutschland und seine Muslime":

„Gut kann ich mich an den kleinen Grenzverkehr meiner Kindheit erinnern. Auf dem Berg, auf dem wir lebten [in Siegen], war ich, soweit ich es wahrnahm, der einzige Ausländer. Es gab außer meinem Namen und meinen schwarzen Haaren nichts, was mich im Kindergarten oder in der Grundschule, auf der Straße und unter Freunden als Fremden markiert hätte. Sogar mein Deutsch hatte die Melodie und das rollende R unserer Mittelgebirgslandschaft. Wenn ich jedoch nach Hause kam, war es, als ob ich eine Grenze überschritten hätte. Von einem Schritt auf den anderen Schritt wechselte die Sprache, änderten sich meine Verhaltensweisen, folgte ich anderen Benimmregeln und war, ohne es zu reflektieren oder gar als problematisch zu empfinden, umgeben von Formen, Gerüchen, Geräuschen, Menschen und Farben, die es jenseits der Türschwelle nicht gab. Für mich war sie so gewöhnlich wie meine eigene Haut, aber auf meine Freunde übte diese Welt, wenn ich mich nicht täusche, eine Faszination aus, die sich darin äußerte, dass sie in der Regel vorzogen, bei uns zu spielen. Vielleicht war es die Neugier, die das Fremde weckte, vielleicht waren es nur die anderen, für uns Kinder laxeren Gesetze, die in unserer Welt herrschten. Es gab keine verbotenen Räume, keine festgelegten Essenzeiten, keine Eltern, die sich in alles einmischten. [...] Ich weiß nicht und habe damals auch nicht darüber nachgedacht, ob die Verhältnisse bei uns typisch persisch waren, aber sie waren anders als bei meinen Freunden, und das spürten diese so gut wie ich. Mit diesem Bewusstsein, dass es

drinnen und draußen, jenes und dieses gibt, bin ich
großgeworden, und ich habe heute das anmaßende Gefühl,
meinen Freunden in dieser Hinsicht etwas vorausgehabt zu
haben. [...]"[1]

Und dieses Leben in unterschiedlichen Welten sieht Kermani als
Regel:

„Dass Menschen gleichzeitig mit und in verschiedenen Kulturen,
Loyalitäten, Identitäten und Sprachen leben können, scheint in
Deutschland immer noch Staunen hervorzurufen – dabei ist es
kulturgeschichtlich eher die Regel als Ausnahme. [...]
Parallelgesellschaften sind kein Schreckgespenst, sondern der
Modus, durch den es den Minderheiten gelang, einigermaßen
unbehelligt zu leben und ihre Kultur und Sprache zu bewahren."[2]

Navid Kermani stellt mit seinen Ausführungen fest, dass es eine
Reduzierung der Menschen auf einen Aspekt ihres Daseins ist, wenn
man sie nur auf ihre Religion, Kultur, Abstammung usw. reduziert.

„Ich bin Muslim, ja – aber ich bin auch vieles anderes. Der Satz
‚Ich bin Muslim' wird in dem Augenblick falsch, ja geradezu
ideologisch, wo ich mich ausschließlich als Muslim definiere –
oder definiert werde. Deshalb stört es mich auch, dass die gesamte
Integrationsdebatte sich häufig auf ein Für und Wider des Islams
reduziert – als ob die eingewanderten Menschen nichts anderes
seien als Musliminnen und Muslime. Damit werden alle anderen
Eigenschaften und Faktoren ausgeblendet, die ebenfalls wichtig
sind: woher sie stammen, wo sie aufgewachsen sind, wie sie
erzogen wurden, was sie gelernt haben."[3]

So Navid Kermani, den das Leben in Parallelgesellschaft und
Zweisprachlichkeit nicht daran hinderte, ein herausragender
deutscher Literaturwissenschaftler zu werden.

Für die meisten Musliminnen und Muslime spielt die Religion
eine wichtige Rolle für das tägliche Leben, und damit ist sie auch
sichtbar in der Öffentlichkeit. Dies bedeutet für sie jedoch keinen
Widerspruch zum Leben und Wirken in einer säkularen Gesellschaft.
Auch die *Musliminnen und Muslime* sind Individuen mit jeweils
persönlichen Lebenswegen, die sie dahin führen, wo sie gerade sind.

---

[1] KERMANI: Deutschland und seine Muslime, 9-12.
[2] Ebd., 12.
[3] Ebd., 19.

Das sollte man vor Auge haben, wenn man aufgrund der Weltereignisse und der problematischen von Menschen gelebten Erscheinungsformen des Islam in unserer Gesellschaft sich ein bestimmtes Bild vom Islam und von den Musliminnen und Muslime macht, das sehr reduziert und eindimensional sein kann.

Die Musliminnen und Muslime und ihre Religion sind Teil der Gesellschaft, und die Mehrheit möchte aktiv in dieser Gesellschaft mitwirken. In diesem Zusammenhang sind bezüglich der Zukunft der Musliminnen und Muslime in Deutschland einige Fragen offen, die deutlich und ehrlich zu beantworten sind:

Seitens der Musliminnen und Muslime sind die Fragen zu beantworten, ob sie sich dauerhaft in einer Gesellschaft zuhause fühlen können, die nicht in allen Bereichen ihren Wertevorstellungen entspricht; ob sie bereit sind, ihre eigene Lebensweise selbstkritisch zu betrachten und sich von manchen kulturell geprägten Traditionen mit scheinbar religiöser Begründung zu befreien; ob sie den gesellschaftlichen Rahmenbedingungen zustimmen können, die in der Säkularität begründet sind – ohne ihre religiösen Grundprinzipien aufzugeben.

Seitens der deutschen Gesamtgesellschaft sind u. a. die Fragen zu beantworten, ob sie die Musliminnen und Muslime als Teil dieser Gesellschaft annehmen kann, d. h. dass sie nicht nur toleriert und geduldet werden, sondern ihnen als gleichberechtigte Bürgerinnen und Bürger dieses Staates auch die gleichen Chancen eingeräumt werden; ob sie die Anwesenheit der Musliminnen und Muslime als eine Chance und eine Bereicherung wahrnimmt oder sie als Bedrohung für die lang erkämpfte Demokratie und Rechtsstaatlichkeit sieht; ob die praktizierenden Musliminnen und Muslime nach ihrer Kompetenz und nicht nach ihrem Aussehen und ihren äußerlichen Merkmalen beurteilt werden und auch sie die Möglichkeit zur aktiven Teilnahme in der Gesellschaft haben.

Konkret sind diese Fragen auch an die Politikerinnen und Politiker gestellt, die die Möglichkeit haben – und diese auch nutzen – die Gesellschaft zu sensibilisieren oder die Ängste und das Unbehagen der Menschen für ihre eigenen politischen Interessen zu manipulieren. Die Politik trägt eine große Verantwortung und kann mit ihrer Einstellung und Handlungsweise positive bzw. negative Zeichen setzen. Die religiösen und kulturellen Unterschiede können immer weniger Gründe zur Spaltung und Trennung sein, wenn ihre Existenz in der Gesellschaft als berechtigt und selbstverständlich wahrgenommen wird, dazu kann die Politik aktiv beitragen. Der Weg in die Zukunft ist: gemeinsam lernen, mit vielfältigen Kulturen und Religionen zusammen auf engem Raum zu leben. Diese Gesellschaftsform bietet Chancen, ist eine Herausforderung für die Identitätsfindung, die mit Ängsten vor einer Selbstaufgabe verbunden ist. Die Religion kann in dieser Situation eine unterstützende Kraft oder auch ein trennendes Element sein, die eine Annäherung der Menschen verhindert; es liegt an uns, wie und für welchen Zweck wir die Religion nutzen.

## Literatur

KERMANI, Navid: Wer ist wir? Deutschland und seine Muslime, München 2009.

# Die unbändige Barmherzigkeit

*Matthias-W. Engelke*

Toleranz hat, folgt man dem grundlegenden Werk von Rainer FORST, *„Toleranz im Konflikt"*, drei unverzichtbare Bestandteile: Die Ablehnung, die Akzeptanz und die Zurückweisung. Ohne ein Moment der Ablehnung ist es nicht nötig von Toleranz zu sprechen. Auch wenn Verhaltensweisen oder Haltungen abgelehnt werden, werden sie auf Grund moralischer Überlegungen akzeptiert. Entscheidend ist hierbei die Trennung von Ethik und Moral. Was aus ethischen Gründen abgelehnt wird, wird aus moralischen Gründen akzeptiert, z. B. die Beschneidung von neugeborenen Jungen oder das Schächten von Tieren. Diese Akzeptanz hat dort Grenzen, wo die Zurückweisung beginnt. Verschiedene Toleranzbegründungen ziehen andere Grenzen. Forst sichtet die Geschichte des Toleranzbegriffs und systematisiert die Toleranzbegründungen. Diese werden daraufhin befragt, wie gut begründet diese sind, so dass die Grenzziehung nicht willkürlich und/oder eine reine Machtfrage ist. Ihm begegnen dabei vier Typen von Toleranzkonzeptionen: Die Erlaubniskonzeption, die Koexistenz-, die Respekt- und die Wertschätzungskonzeption. Ein Herrscher, der es einer Minderheit erlaubt in seinem Bereich zu leben, wird für sich das Recht in Anspruch nehmen, diese Erlaubnis jederzeit zurücknehmen zu können. Das bindet die Betroffenen an den Herrscher und zwingt diese zur Loyalität. Damit wirkt die Toleranz intolerant und unfrei. Die Grenze, die der Herrscher zieht, ist dabei einzig in ihm verankert, so wie er sie zieht. Entsprechend oft haben Minderheiten in der Geschichte Europas erleben müssen, wie sie darunter zu leiden hatten, jüdische Gemeinden in ganz Europa oder protestantische Gemeinden etwa in Frankreich (Hugenotten).

Forst fragt nach einer Toleranzbegründung, die frei von Willkür und nicht abhängig von Machtfragen ist und sieht sie einzig in einer Respektkonzeption der Toleranz, die auf folgenden drei Kategorien beruht:

- das Recht auf und entsprechend die Pflicht zur Rechtfertigung,
- die Reziprozität und
- die Verallgemeinerbarkeit.

Das Recht auf Rechtfertigung besagt, dass niemand berechtigt ist, auf mein Handeln oder Leben Einfluss zu nehmen, ohne sich dafür rechtfertigen zu müssen. Reziprozität meint inhaltlich: ‚Ich darf für mich nicht in Anspruch nehmen, was ich anderen verweigere‘. Die Reziprozität der Gründe meint: ‚Ich kann anderen meine Gründe nicht unhinterfragt unterstellen‘. Zusätzlich gibt es die Reziprozität der gemeinsamen Begrenztheit: Ich kann keine höheren Wahrheiten o. ä. in Anspruch nehmen, „deren Anerkennung nicht allgemein erwartet werden kann."[1] Die Gründe müssen „auf der Basis autonomer und ungehinderter Urteile teilbar"[2] sein. "Die Grenze von Reziprozität und Allgemeinheit schützt ethische Personen in ihren Überzeugungen und zugleich schützt sie sie auch vor solchen Überzeugungen anderer."[3]

Die Verallgemeinerbarkeit fragt danach, welche der Gründe für alle verbindlich gemacht werden können. Hierbei setzt Forst eine „Verantwortungsgemeinschaft"[4] voraus, in der die Beteiligten das Recht haben sich einzubringen. Eine Zurückweisung, die religiös begründet ist, mag für eine Gruppe von Menschen und innerhalb ihrer Grenzen praktiziert werden, kann aber nicht darüber hinaus Anspruch auf Geltung beanspruchen, weil die religiösen Voraussetzungen nicht von allen geteilt werden. Dies ist z. B. der Fall, wenn Frauen einer religiösen Gemeinschaft ausgeschlossen werden, weil sie unehelich Kinder zur Welt bringen.

Die Grundlage für das, was verallgemeinerbar verbindlich sein kann, besteht darin, dass dem Menschen Respekt gebührt und dies einzig und allein aus dem Grunde, dass er Mensch ist. Die wechselseitige Anerkennung dieses Respektes bildet die Grundlage für die Toleranzbegründung, die alle drei Komponenten in einer Weise beinhaltet, die frei von Zufälligkeiten und Willkür ist. Das reine Menschsein hat Vorrang. Jede andere Bestimmung des Respekts

---

[1] FORST: Toleranz im Konflikt, 595.
[2] Ebd.
[3] FORST: Toleranz im Konflikt, 647.
[4] Ebd, 681.

und der Würde des Menschen würde diesen wieder von anderen Größen abhängig machen und kann dazu führen, den Respekt und die Würde eines Menschen wieder einzuschränken[5]. Hier hat Kant den Meilenstein gesetzt. Sein Konzept der autonomen Moral verlässt die vertikale Dimension der Würdebegründung des Menschen, die abhängig ist von der Zugehörigkeit zu einer gesellschaftlichen Schicht oder von religiösen Vorannahmen – sei es als Gottes Ebenbild oder als Gottes Kind o. ä. – und nimmt allein die horizontale Ebene der Gleichen zu Gleichen ein, die Perspektive der Goldenen Regel Jesu, Mt 7,12. In jedem anderen Fall droht der Mensch ein Mittel zum Zweck zu werden. Die Würde des Menschen ist unbedingt. Sie ist nicht ableitbar und abhängig von irgendwem und irgendetwas. Nur dann gilt sie unbedingt.

Diese Konzeption hat Konsequenzen für Theologie und Kirche. Wollen sie etwas einbringen, das Anspruch auf Verbindlichkeit und Allgemeinheit hat, dann kann es auf keinen anderen Gründen beruhen, als auf denjenigen, die für alle einsehbar und nachvollziehbar sind, auf keinen Fall also religiöse Glaubensgründe. Kirche muss sich also um Anschließbarkeit bemühen, auch wenn sie ansonsten gut daran tut, ihre Unverwechselbarkeit zu betonen.

Was Kirche und Synagoge, jüdische und christliche Gemeinde, christliche und jüdische Verkündigung in besonderer Weise unverwechselbar macht ist Barmherzigkeit. Dies verbindet sie unmittelbar mit allen anderen Glaubensgemeinschaft, in denen Barmherzigkeit geübt wird, insbesondere mit den frühen Suren des Korans (Q 107; 103; 93 und 90).

Das Buch Hosea 6,6 lässt Gott sprechen: „Denn ich habe Lust an der Liebe und nicht am Opfer, an der Erkenntnis Gottes und nicht am Brandopfer."[6] Matthäus erzählt, Mt 9,13, dass Jesus dies zitiert: „Geht aber hin und lernt, was das heißt:»Barmherzigkeit will ich und nicht Opfer.«"

An Barmherzigkeit wird weder im Werk von Forst noch bei Kant gedacht. Kant schließt sie geradezu aus seinen Überlegungen aus. Niemand kann, so Kant, dazu verpflichtet werden, das Leid zu vermehren, indem mit einem Freund mitgelitten wird, „dem ich doch

---

[5] Vgl. FORST: Toleranz im Konflikt, 569.
[6] Hier und im Weiteren: Lutherübersetzung 2017.

nicht abhelfen kann"[7]. „Der Kritizismus KANTS ließ keinen Raum für „reine L.[iebe]" oder überhaupt L.[iebe]"[8]. Das mitmenschliche Phänomen der freiwilligen Hingabe zum Wohle anderer auch ohne dafür eine Gegenleistung zu verlangen ist kein Thema für Kant. Forst und Kant sind hierbei konsequent. Beiden geht es um das Gefüge von Rechten und Pflichten. Freiwillige Hingabe kann jedoch per Definition nicht verbindlich gemacht werden. Sie ist keine Pflicht und kann nicht zur Pflicht gemacht werden. Sie kann nicht anerzogen und nicht erzwungen werden. Sie geschieht dennoch allenthalben und Menschen hoffen auf sie. Einen rechtlich verbindlichen Anspruch auf das was über Nothilfe oder Erste Hilfe hinaus geht besteht nicht.

Die Bedürftigkeit des Menschen vom Säuglingsalter an zeigt wie sehr der Mensch auf Gemeinschaft angewiesen ist. Erasmus schildert die Schönheit dieser Bedürftigkeit in seiner „Klage von Frau Friede"[9].

## BEDÜRFTIGKEIT UND BARMHERZIGKEIT

Bedürftigkeit und Barmherzigkeit entsprechen einander in einer Weise, die rechtlich nicht regelbar ist. Sofern der jüdische und christliche Glaube sich darauf verstehen, diese Barmherzigkeit zu leben und für sie einzustehen, entzieht sich dieser Bereich tatsächlich dem Wissen. Sie lässt sich nach den Kategorien der Reflexivität und des Rechtfertigungsanspruchs nicht verallgemeinern und liegt damit jenseits der Gefüge von Rechten und Pflichten. Aber nicht jenseits des Menschen. Barmherzigkeit ist eine dem Menschen mögliche Handlungsweise.

Im Alten wie im Neuen Testament sowie in koranischer Überlieferung wird sie auf Gott zurückgeführt. Lukas lässt Jesus sagen (Lk 6,36): „Seid barmherzig, wie auch euer Vater barmherzig ist." „Barmherzig und gnädig ist der Herr, geduldig und von großer Güte", wird in einem Gebet bekannt (Ps 103,8,). Nahezu alle Suren beginnen im Koran mit dem Vorspruch, der wie eine Präambel das

---

[7] KANT: Metaphysik der Sitten 1798 VI, 347, Kap.Nr. 1277.
[8] HISTORISCHES WÖRTERBUCH DER PHILOSOPHIE, Band 5, Spalte 312, Ergänzungen mE.
[9] ERASMUS VON ROTTERDAM, Klage, 66.

Verstehen dessen, was folgt, leitet: „Im Namen des barmherzigen und gnädigen Gottes." [10] (Koran, 103/Sure 1,1) Die Unverfügbarkeit der Barmherzigkeit korrespondiert mit der hier vorausgesetzten Unverfügbarkeit Gottes. Diese ist inhaltlich eindeutig qualifiziert: als Barmherzigkeit.

Das Wort im Hebräischen bezeichnet zugleich die Gebärmutter bzw. Eingeweide [11]. Es bezeichnet ein Erleben, das mit ‚Zusammenziehen der Eingeweide' wiedergegeben werden kann.[12] Es hat eine Zeit gegeben, in der Menschen sich in einer Weise von ihren Organen betroffen und gelenkt erlebten, die in der Gegenwart kaum vorstellbar ist.[13]

Hunger, Zorn, Hass, Furcht und Barmherzigkeit können einen übermannen und zum entsprechenden Handeln treiben. Die Leber, die Niere, das Herz, die Lunge hatten ihre begrenzte Autonomie und Menschen haben diese entsprechend erlebt. Sobald die Vernunft diese Regungen sich unterwirft und im Zaum hält, übernimmt sie als Herrin im Haus das Regiment und kann dann auch Mitleid ausschließen, wie von der Stoa empfohlen. Gemäß der Stoa wäre Barmherzigkeit nur eine unvernünftige Handlungsweise.[14]

Anders die Überlieferung des Alten und Neuen Testaments. Barmherzigkeit ist in Gott verankert. Darum wird sie zugleich als unermesslich gedacht. Luther thematisiert dies in einer Schrift, deren Bedeutung EBELING entdeckt hat.[15]

Luther spricht von der „Toleranz Gottes" im Zusammenhang einer Disputation über Röm 3,28, „So halten wir nun dafür, dass der Mensch gerecht wird ohne des Gesetzes Werke, allein durch den Glauben." Die Toleranz Gottes ist Gottes Sündenvergebung[16]. Sie gilt den Sündern wie den Frommen: Denen, die das Leben anderer zerstören – und damit ihr eigenes mit gefährden – und denen, die sich

---

[10] Übersetzung von PARET.
[11] THEOLOGISCHES WÖRTERBUCH ZUM ALTEN TESTAMENT, Band 7, Spalten 461,467; ebd. Band 9, Aramäisches Wörterbuch, Spalte 702.
[12] Historisches Wörterbuch der Philosophie Band 1, Spalte 754.
[13] SCHMITZ, Leib.
[14] HISTORISCHES WÖRTERBUCH DER PHILOSOPHIE, Band 5, Spalte 1411
[15] Disputatio de iustificatione, De loco iustificationis Rom. 3, 28, Nr. 14f. (1536); in: Weimarer Ausgabe (WA) Band 39/1 (1926) 82–86, hier: 82, 31f.; Disputatio de iustificatione, Disputacio Lutheri. An fides iustificat. Ad XIX, WA 39/1, 125, 4; vgl. EBELING: Die Toleranz Gottes, 452f.
[16] LUTHER WA 39/1, 125,4f.

etwas darauf einbilden, durch ihren Glauben etwas Besonderes zu sein, eine Versuchung, vor der wohl kein Mensch geschützt ist. Auch wenn gerechte Verhaltensweisen anzuerkennen sind und nicht ohne positive Auswirkungen auch für die so Handelnden sein sollten, sobald diese Taten zur Selbstrechtfertigung dienen, zur Selbstgefälligkeit oder gar Selbstgenügsamkeit führen – die ihre eigene Bedürftigkeit nicht mehr wahrnehmen –, fällt dieses wieder unter das Unwerturteil Gottes.

## WAS TRÄGT DIESES TOLERANZVERSTÄNDNIS AUS?

Was nach diesem Verständnis von Gott abgelehnt wird, ist die Sünde, die Sünde derer, die das menschliche Leben in seiner Schönheit und gemeinschaftlichen Bedürftigkeit entstellen und die Sünde derer, die sich insbesondere in ihrer Religiosität auf sich selbst etwas einbilden. Die Komponente der Akzeptanz liegt darin, dass Gott diese Ungerechtigkeit erduldet. Gott, dem nichts gleichgültig ist, leidet unter dem geringsten Mangel an Liebe. Der Zorn Gottes angesichts der Ungerechtigkeit, seine Haltung der Ablehnung, wird verwandelt „in die Glut seiner Liebe"[17].

Das Moment der Zurückweisung erscheint in der Ausrichtung auf das Jüngste Gericht: Der Gerechtigkeitsbegriff erfordert es, dass Ungerechtigkeit nicht folgenlos bleibt. Im vorgestellten Jüngsten Gericht werden Menschen mit den Folgen ihrer Taten konfrontiert. Jesus von Nazareth wird als der geglaubt, der alle zurechtbringt, indem Unwahrheit, Unrecht und Schuld öffentlich wird und genauso Liebe, Geduld, Hingabe und Barmherzigkeit öffentlich zur Geltung kommen.

Die christliche Auseinandersetzung, ob diese Zurückweisung endgültig oder vorübergehend zu denken ist (Apokatastasis), ist bis heute unentschieden. Aus Gründen der Gerechtigkeit, kann eine letzte Zurückweisung nicht zu einer vorletzten werden. Aus Gründen der Liebe kann die Bosheit nicht endgültig sein und bleiben, sondern wird auch sie überwunden werden.

---

[17] EBELING:Toleranz Gottes, 454.

Luther hat aus seiner Einsicht in die Toleranz Gottes leider keine Konsequenzen gezogen. Sein Hass auf Jüdinnen und Juden und die Bäuerinnen und Bauern um Müntzer ist bekannt. Sein Antisemitismus hat sich bis in Grundlagen seiner Theologie hineingegraben, dort, wo es antijüdisch gemeint ist, dass allein Christus zum Heil führt[18]. Den Grund dafür sehe ich darin: Da das Moment der Zurückweisung in der tolerantia Dei aufgeschoben wird, fehlt diesem Toleranzbegriff in seiner Bewährung im Alltag der begrenzende Teil. Ebeling steuert ihn in seinem Aufsatz nach, indem er die Grenze der Toleranz in der Intoleranz sieht: „Wer Toleranz verneint, kann sie nicht beanspruchen." [19] Damit erscheint erneut die Kategorie der Reflexivität und Rechtfertigung. Wird die Grenzziehung nicht rational, öffentlich und widerlegbar begründet, artet sie schnell in Willkür aus, sonst kann z. B. als Intoleranz auch das gelten, was dem eigenen Vorteil im Wege steht. Aber auch das kann Gott offenbar aushalten, weil es ihm um einen Heilsplan geht[20]: „Um der Sünde willen dem menschlichen Leben ein Ende zu machen, wäre als Triumph göttlicher Intoleranz die Verewigung der Sünde. Um der Herrlichkeit seines zukünftigen Reiches willen toleriert Gott vorläufig das Elend"[21].

Was vollständig abgelehnt wird, muss dennoch akzeptiert werden, sonst gewinnt gerade das, was abgelehnt wird, die Oberhand. Dieser Zusammenhang von Ablehnung und Akzeptanz wird in der biblischen Überlieferung anhand der Sintfluterzählung Genesis 6-9 mit sprachlichen Bildern reflektiert. Die Gewalttaten auf Erden verschmutzten das Antlitz der Erde so ungeheuerlich, dass nur eine noch größere Flut dies fortwischen kann (Gen 7,23). Dennoch kommt Gott am Ende zu dem Schluss, dass solch eine Massenvernichtung allen Lebens – bis auf wenige Ausnahmen – nie mehr eine Handlungsmöglichkeit sein wird. Die Gründe, die zur Sintflut geführt haben – die Bosheit der Menschen (Gen 6,5) – sind dieselben, die diese zukünftig ausschließen: Die Bosheit der Menschen ist nicht durch Strafen zu beseitigen (Gen 8,21). Dazu bedarf es anderer Wege.

---

[18] VOLLMER, Freiheit.
[19] EBELING, Toleranz Gottes, 462.
[20] Vgl. EBELING, Toleranz Gottes; 454.
[21] EBELING, Toleranz Gottes, 454.

Sie werden als Weg Abra(ha)ms und Sara(i)s mit Lot in ihrem Exodus aus Ur bzw. Haran als Wege des Segens Gottes erzählt.

Wie aber kann die Toleranz Gottes so verstanden werden, dass sie Ablehnung und Akzeptanz nicht ohne eine Grenzziehung bleiben und die Hoffnung auf wiederherstellende Gerechtigkeit nicht auf den Jüngsten Tag verschoben wird? In der biblischen Überlieferung der Evangelien und einiger Briefe erscheint ein Bild von Jesus, das von der Hingabe geprägt ist. Nachdem er sich taufen ließ, begibt er sich in die Auseinandersetzung mit den Mächten, die Menschen schon zu Lebzeiten für tot erklären (vgl. Ps 22,16; Ps 102,21; Ps 116,3). Was zur Sphäre des Todes gehört, Sünde und Krankheit, werden von ihm überwunden durch Vergebung, Gemeinschaft und Heilung.

Der Hunger nach Inhalten geht nicht leer aus, genauso wie eine große Menge von Menschen satt wird, indem sie sich darauf einlassen, was Jesus anleitet: Sie stülpen ihre Taschen um, alles, was nach Essbarem aussieht wird durch das Dankgebet der Allgemeinheit zugeführt und miteinander geteilt (Mt 14,13ff). Mitten im von den Feinden Israels besetzten Gebiet praktiziert Jesus Feindesliebe und heilt Angehörige der Besatzer (Mt 8,13).

Jesu Frömmigkeit kommt ohne Opfer, Priester und Altäre aus und fasst sie in einem einfachen Gebet, das leicht zugänglich ist. Durch seine Feindesliebe und die Anzahl der Anhänger sieht die römische Obrigkeit ihr Besatzerregime bedroht und beschließt seine Hinrichtung, es soll zur Abschreckung ein Exempel statuiert werden.

Seine Freundinnen und Freunde haben in ihm die Nähe Gottes wahrgenommen und manche werden geglaubt haben, dass so ein Mensch unmöglich auf diese Weise ums Leben kommen kann, Gott würde zuvor eingreifen. Gott griff nicht ein. Jesus starb und wurde beigesetzt. Die Freundinnen und Freunde Jesu standen vor der Frage, ob sie Jesus weiterhin trauen sollten – dann müssten sie ihre Gottesvorstellungen begutachten und entscheidend verändern – oder den von Jesus begonnenen Weg eine Episode sein lassen.

Der Überlieferung nach war beides der Fall. Nachdem seine Jüngerinnen und Jünger wieder ihrem Alltag nachgegangen sind, wird es einigen Frauen aufgegangen sein, dass die Gottesvorstellung, die Jesus vermittelte doch nicht falsch war. Sie erkannten in seinem Leben und Wirken und auch seinem Einstehen für die Liebe bis zum

Tod eine einzige große Hingabe und konnten wahrnehmen, dass seine Liebe zwischen ihnen so präsent war, dass sie sich nun selbst als sein Leib wahrnahmen: Als Menschen, die sich zu Jesus zählten, bildeten sie eine völlig neue Form menschlicher Zusammenkunft – frei von Trennungen der Geschlechter, Religion und Klasse (Gal 3,28). Später wird dies Gemeinde genannt. Nun treten sie mit ihrer eigenen Existenz in Gemeinschaft dafür ein, wofür Jesus einstand: Seine Auferstehung ist die Präsenz Jesu zwischen den Menschen seiner Gemeinde.

Die Gottesvorstellung, die mit dem gewaltsamen Tode Jesu mit zu Bruch ging, beruhte auf dem Gedanken, dass dem Guten Gutes widerfährt und dem Bösen Böses. Gott sorgt dafür, dass die Sünde nicht überhandnimmt. Hier wird die Trennung von Gott und Mensch vorausgesetzt.

Mit dem Tod Jesu, in dem die Nähe Gottes erfahrbar wahrgenommen wurde, erstand die Auffassung, dass auch Gott selbst mit in den Tod gegangen ist. Derjenige, der für den Ausschluss schlechthin steht – Gott ist Gott und kein Mensch – geht mit Jesus mit in den Tod. Diese Gottesvorstellung stirbt mit. Damit wird der Ausschluss ausgeschlossen.

Mit der Hinrichtung Jesu vollziehen die Römer einen Ausschluss, der dazu führt, dass der Ausschluss ausgeschlossen wird: Die junge Gemeinde sinnt nicht auf Rache, sondern danach, wie sie auf dem Weg Jesu bleiben kann; auch dann, als in Jerusalem diejenigen die Oberhand gewannen, die im Vertrauen auf Gottes gerechtes Eingreifen für die Frommen den Aufstand gegen die Römer wagten, was schließlich zur Zerstörung Jerusalems führte. Die junge christliche Gemeinde floh. Und wird unter dem Gedanken gelitten haben, dass Jerusalem immer noch stehen würde, wäre der Weg der Feindesliebe Jesu ergriffen worden.

Da dies jedoch nicht vorgeschrieben und per Deklaration durchgesetzt werden kann, bedarf es der Geduld – und Toleranz. Ein Mit-Leiden auch mit dem Feind, der den Hass mehr liebt als das Leben. Und ein Mit-Leiden auch für den Freund, der sich selbst überhebt und meint andere nicht mehr nötig zu haben. Ein geselliges Mit-Freuen am Leben und Mit-Leiden am Tod, nicht als Tat von Einzelnen, sondern als Einübungsraum der Feier des Lebens. Der Ausschluss vom Ausschluss führte dazu, dass Menschen unterschiedlichster Art und Herkunft Zugang zur Gemeinde fanden. Ihre Toleranzbereitschaft findet dort ihre Grenze, wo der Ausschluss praktiziert wird. Paradoxerweise muss die Gemeinde dann selbst gegenüber denjenigen den Ausschluss vollziehen, die die Lebensweise Jesu für andere ausschließen wollen. Wer so ausgeschlossen wird, dem gilt jedoch die ganze Zuwendung wie für die „Sünder und Zöllner". (vgl. Mt 11,19) Die christliche Gemeinde hat diesen Weg versucht über lange Zeit zu gehen. Von dem Zeitpunkt an, als der christliche Glaube zur Herrschaftslegitimation von Seiten führender Geistlicher in Rom und der Kaiser des römischen Reiches herangezogen wurde, wurden die klassischen Ausschlussverfahren auch in der Kirche erneut üblich. Formen der gewaltsamen Unterdrückung Andersgläubiger wurden rechtfertigt, begrüßt, ja gefordert. Der Kriegsdienst – eine Praxis des Ausschlusses par excellence – wurde nun nicht mehr länger für Christen ausgeschlossen, sondern die Kriegsdienstverweigerung geächtet (Synode von Arles 314). Dennoch gab es Gemeinden und Gruppen, die dem Weg Jesu weiter anhingen und die Botschaft der freiwilligen Hingabe Jesu wachhielten und selber sich darin neu einübten. Sie widersetzen sich Vereinnahmungsversuchen einer Gesellschaft oder einem Staat zu dienen, die in sich selbst Ausschließungscharakter tragen. Eine Gesellschaft dadurch, welchen Menschen Bürgerrechte zuerkannt oder vorenthalten werden und ein Staat dadurch, dass er Grenzen zieht. Die christliche Gemeinde, die Jesu Weg lebt (Apg 9,2), gehört darum in diesem Sinne tatsächlich einer anderen Welt an, obwohl sie mitten in der Welt ist (vgl. Jh 18,36). Sie können diese Lebensart nicht verbindlich machen, aber allein schon durch ihre Existenz üben sie Einfluss auf ihre Mit- und Umwelt aus, durch die freiwillige Hingabe, die Barmherzigkeit.

# Literatur

EBELING, Gerhard: Die Toleranz Gottes und die Toleranz der Vernunft. In: Zeitschrift für Theologie und Kirche Band 78, 1981, 442–464.

ERASMUS VON ROTTERDAM: Die Klage des Friedens. Mit einem Vorwort von Brigitte Hannemann und einem Nachwort von Stefan Zweig. Aus dem Lateinischen übersetzt und herausgegeben von Brigitte Hannemann. Zürich 2017.

FORST, Rainer: Toleranz im Konflikt. Geschichte, Gehalt und Gegenwart eines umstrittenen Begriffs. Frankfurt am Main ⁵2017.

HISTORISCHES WÖRTERBUCH DER PHILOSOPHIE, Hrsg.: Ritter, Joachim / Gründer, Karlfried / Gabriel, Gottfried, Basel 1971-2007.

KANT, Immanuel: Metaphysik der Sitten. In: „Immanuel Kant – Werke" – Sonderausgabe zum Kantjahr 2004 – Werke und Vorarbeiten aus dem Nachlass. Hrsg.: Karsten Worm und Susanne Boeck. 2. neu durchgesehene Auflage, Berlin 2007.

PARET, Rudi: Der Koran. Stuttgart, Berlin, Köln 1979. Berlin 2001.

SCHMITZ, Hermann: Der Leib. Berlin, Boston 2011.

VOLLMER, Jochen: Die Freiheit eines Christenmenschen und Luthers antijudaistische Rechtfertigungslehre. Eine Auseinandersetzung mit dem schwierigen Erbe des Reformators. In: Deutsches Pfarrerblatt, Heft 11, 2013; in: https://www.pfarrerverband.de/pfarrerblatt/archiv – (zuletzt eingesehen am 27.12.2021).

THEOLOGISCHES WÖRTERBUCH ZUM ALTEN TESTAMENT. Hrsg.: Heinz-Josef Fabry / Helmer Ringgren, Band 7, Stuttgart, Berlin, Köln, 1993.

THEOLOGISCHES WÖRTERBUCH ZUM ALTEN TESTAMENT. Hrsg.: Holger Gzella. Band 9, Aramäisches Wörterbuch, Stuttgart 2016.

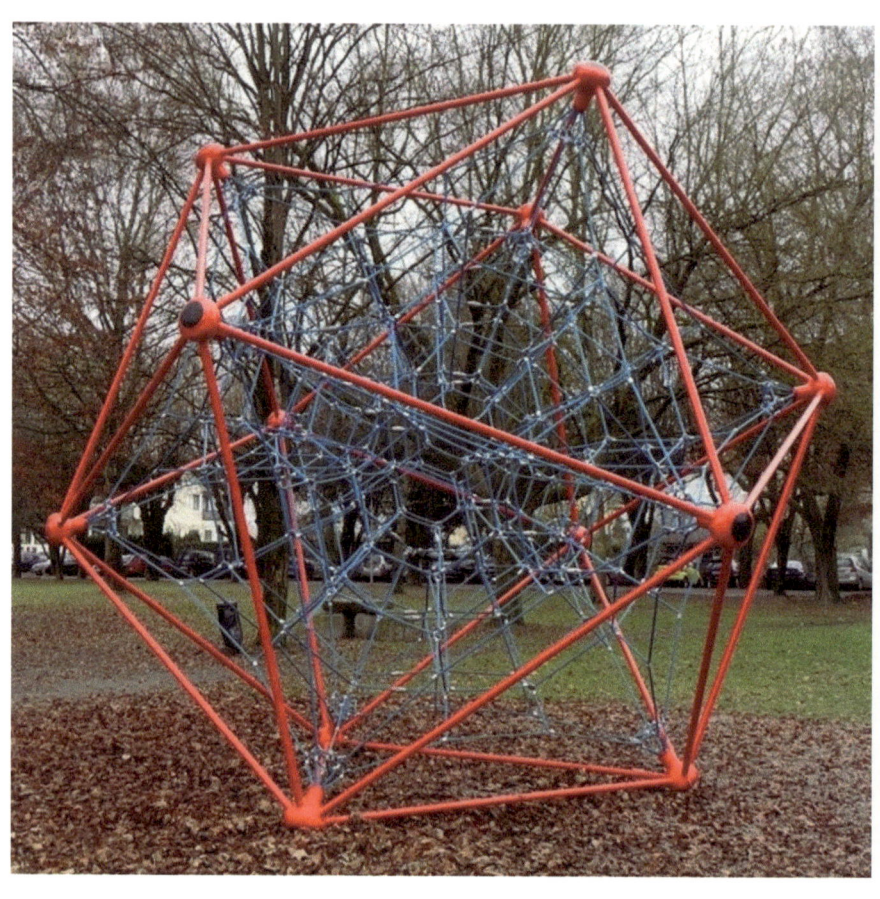

Foto: Klaus Schreiber -
https://pixabay.com/de/photos/ikosaeder-raumgeometrie-polyeder-1926293/

# Von der Kugel zum Polyeder

## Päpstliche Geometrie für Toleranz und Teilhabe

*Stefan Federbusch OFM*

Welche geometrische Figur verkörpert am meisten Toleranz und Teilhabe? Für PAPST FRANZISKUS ist das Polyeder die geometrische Lieblingsform. Von ihrer griechischen Wortbedeutung „Vielflächner" her ist sie mathematisch gesehen ein Körper, dessen Oberfläche aus ebenen Flächen (Vielecken) besteht.

### SINNBILD POLYEDER

Insgesamt fünf Mal taucht das Bild des Polyeders in der Enzyklika *Fratelli tutti* (FT) über die Geschwisterlichkeit und die soziale Freundschaft von 2020 auf.[1] Übertragen steht das Polyeder für den Papst als ein Korpus, „bei dem zwar jeder einzelne Teil in seinem Wert respektiert wird und zugleich das Ganze mehr ist als die Teile, und [...] auch mehr als ihre bloße Summe" (FT 145). Das bedeutet in negativer Abgrenzung: „Das Universale darf nicht zu einer homogenen, einheitlichen und standardisierten Domäne einer

---

[1] Die Enzyklika *Fratelli tutti* wurde von Papst Franziskus am 3. Oktober 2020 symbolträchtig am Grab seines Namenspatrons, des Heiligen Franziskus (1181-1226), unterzeichnet. Der Titel bezieht sich auf die Ermahnungen des Heiligen Franziskus, in denen es um eine dem Evangelium angemessene Lebensweise geht. Am Beispiel des Besuchs beim Sultan Malik-al-Kamil in Ägypten im Jahre 1219 zeigt der Papst die Größe und Weite der Liebe auf, die Franziskus leben wollte im Verlangen, alle zu umarmen. Es berührt ihn, „wie Franziskus vor achthundert Jahren alle dazu einlud, jede Form von Aggression und Streit zu vermeiden und auch eine demütige und geschwisterliche ‚Unterwerfung' zu üben, sogar denen gegenüber, die ihren Glauben nicht teilten" (FT 3). Franz von Assisi wurde so zu einem, der den Traum einer geschwisterlichen Gemeinschaft verwirklichte.

einzigen vorherrschenden Kulturform werden, die irgendwann die Farben des Polyeders verliert und dann abstoßend wirkt" (FT 144).

Und umgekehrt positiv formuliert heißt es: „Der[2] Polyeder stellt eine Gesellschaft dar, in der die Unterschiede zusammenleben, sich dabei gegenseitig ergänzen, bereichern und erhellen, wenn auch unter Diskussionen und mit Argwohn. Denn man kann von jedem etwas lernen, niemand ist nutzlos, niemand ist entbehrlich" (FT 215).

Der Verweis auf das Polyeder erfolgte durch Papst Franziskus bereits im Apostolischen Schreiben *Evangelii gaudium* (EG) von 2013, in dem er im Abschnitt 236 zwei Mal erwähnt wird. Dieser Abschnitt ist Teil des vierten Kapitels über die soziale Dimension der Evangelisierung. Papst Franziskus beschreibt darin vier Prinzipien: Die Zeit ist wichtiger als der Raum – Die Einheit wiegt mehr als der Konflikt – Die Wirklichkeit ist wichtiger als die Idee – Das Ganze ist dem Teil übergeordnet. Bei Letzterem geht es um eine fruchtbare Spannung zwischen Globalisierung und Lokalisierung. Es gilt, global zu denken und lokal zu handeln. Bei allen Überlegungen ist das Gemeinwohl im Blick zu behalten und die Besonderheit der Einzelnen zu schätzen.

„Das Modell ist nicht die Kugel, die den Teilen nicht übergeordnet ist, wo jeder Punkt gleich weit vom Zentrum entfernt ist und es keine Unterschiede zwischen dem einen und dem anderen Punkt gibt. Das Modell ist das Polyeder, welches das Zusammentreffen aller Teile wiedergibt, die in ihm ihre Eigenart bewahren. Sowohl das pastorale als auch das politische Handeln sucht in diesem Polyeder das Beste jedes Einzelnen zu sammeln. Dort sind die Armen mit ihrer Kultur, ihren Plänen und ihren eigenen Möglichkeiten eingegliedert. Sogar die Menschen, die wegen ihrer Fehler kritisiert werden können, haben etwas beizutragen, das nicht verloren gehen darf. Es ist der Zusammenschluss der Völker, die in der Weltordnung ihre Besonderheit bewahren; es ist die Gesamtheit der Menschen in einer Gesellschaft, die ein Gemeinwohl sucht, das wirklich alle einschließt" (EG 236).

Das Polyeder ist für Papst Franziskus somit Sinnbild der schätzenswerten Vielfalt. Zwar brächten Unterschiede Konflikte hervor, die Einförmigkeit jedoch ersticke und bewirke, dass wir uns

---

[2] In der deutschen Übersetzung von *Fratelli tutti* wird das grammatikalische Geschlecht von „Polyeder" männlich angegeben (vgl. FT 215 und 145). Laut Duden ist es aber sächlich.

kulturell selbst vernichten. „Finden wir uns nicht damit ab, abge-schlossen nur in einem Bruchstück der Realität zu leben" (FT 191).

VIELFALT ALS HERAUSFORDERUNG

Vielfalt ist anthropologisch gesehen jedoch eine Herausforderung. Die politischen Tendenzen eines zunehmenden Nationalismus mit einer Abgrenzung gegenüber dem Fremden, insbesondere gegenüber Geflüchteten und Migrant:innen, zeigen, dass das Gefühl der Fremdheit häufig zunächst stärker ist als das Gefühl der Verbundenheit. Als recht neuer Begriff steht dafür das „Othering". Es meint, dass wir im Anderen zunächst das „Andersartige" wahrnehmen, das, was uns von ihm unterscheidet: zunächst das Geschlecht, dann die Hautfarbe und weitere äußere Merkmale, die beispielsweise auf die Religion schließen lassen. Fremdheit wirkt tendenziell eher als Bedrohung. Aus Angst vor der Andersartigkeit erfolgt Abwertung und Ausgrenzung. Nicht überall werden Geflüchtete und Migrant:innen, wie Papst Franziskus es wünscht, als Bereicherung wahrgenommen, um nicht Opfer einer „kulturellen Sklerose" zu werden (vgl. FT 133-136).

Vielfalt als positiven Wert der Bereicherung zu sehen, ist oft ein mühsamer Weg und längerer Lernprozess, auch für Christ:innen. Geschwisterlichkeit ist biologisch gesehen keine Kategorie der Wahl und der persönlichen Entscheidung. Sie besteht außerhalb unserer selbst. Geschwisterlichkeit beruht auf Abstammung. Als leibliche Geschwister haben wir einen gemeinsamen Ursprung. Selbst wer beschließt, den Kontakt zu den Geschwistern abzubrechen, hebt die Familienbande nicht auf. Als Schwester oder Bruder kann ich lediglich entscheiden, wie ich die Verbundenheit gestalten möchte.

Die katholische Lehre „Humani generis unitas"[3] geht davon aus, dass wir eine Menschheitsfamilie sind (vgl. FT 205). Theologisch gesprochen sind wir Kinder eines göttlichen Vaters und somit als

---

[3] Humani generis unitas (Von der Einheit des Menschengeschlechts) war eine 1938 im Auftrag von Papst Pius XI. durch die Jesuiten Gustav Gundlach und John La Farge entworfene, aber nicht mehr unter seinem Pontifikat erschienene Enzyklika.

Töchter und Söhne Gottes Schwestern und Brüder. Geschwisterlichkeit[4] im christlichen Sinn ist eine universale Kategorie. Schwester und Bruder sind nicht mehr nur die, die meinem eigenen Volk, meiner eigenen Kultur und meiner eigenen Religion angehören, sondern alle Menschen. Dieses Verständnis impliziert, dass die/der andere nicht mehr mein Feind ist, nicht meine Konkurrentin, die es zu bekämpfen gilt. Auch sie/er lebt aus dem Geist Gottes.

Geschwisterlichkeit auf der politischen Ebene zu leben heißt, die Verbundenheit und die Gleichwertigkeit aller Menschen bei aller Andersartigkeit der/des Anderen anzuerkennen.[5] Jeder Mensch hat eine unverlierbare Würde. „Alle Menschen sind frei und gleich an Würde und Rechten geboren. Sie sind mit Vernunft und Gewissen begabt und sollen einander im Geist der Brüderlichkeit begegnen" lautet Artikel 1 der Allgemeinen Erklärung der Menschenrechte.

Geschwisterlichkeit beinhaltet neben der religiösen und der politischen als soziale Komponente, dass wir Menschen Beziehungswesen sind. „Der Mensch wird am Du zum Ich." Diese auf den Punkt gebrachte Weisheit Martins Bubers aus seinem Werk „Du und Ich" (1923) verdeutlicht, dass wir keine Monaden sind, sondern nur wachsen und reifen können in Bezogenheit aufeinander. „Jeder Mensch hegt ja in seinem Herzen den Wunsch nach einem erfüllten Leben. Und dazu gehört ein unstillbares Verlangen nach Brüderlichkeit, das zu einer Gemeinschaft mit den anderen drängt, in denen wir nicht Feinde oder Konkurrenten sehen, sondern Geschwister, die man aufnimmt und umarmt", so Papst Franziskus am Beginn seiner Botschaft zum Weltfriedenstag 2014.[6]

---

[4] Bis in unsere Zeit ist innerkirchlich von „Brüderlichkeit" die Rede. Während in den romanischen Sprachen diesbezüglich der weibliche Aspekt eher mitschwingt, verbinden wir in unserer deutschen Sprache mit Brüderlichkeit heute fast ausschließlich Männlichkeit. Der Begriff wurde daher zunehmend durch Geschwisterlichkeit ersetzt. Insbesondere im Vorfeld der Enzyklika *Fratelli tutti* wurde intensiv diskutiert, ob der beabsichtigte Titel im Deutschen mit „Brüderlichkeit" übersetzt würde oder nicht besser mit „Geschwisterlichkeit" wiederzugeben sei, wie es dann auch geschah. Dazu beigetragen hat ein Artikel „Wir Geschwister alle" des Schweizer Kapuziners Niklaus Kuster, der am 23. September 2020 in Italienisch in der Printversion und in mehreren weiteren Sprachen in der Online-Version des „Osservatore Romano" veröffentlicht wurde.

[5] Die Generalversammlung der Vereinten Nationen hat im Dezember 2020 den 4. Februar zum Internationalen Tag der Geschwisterlichkeit aller Menschen erklärt.

[6] PAPST FRANZISKUS: Botschaft zum Weltfriedenstag 2013.

Geschwisterlichkeit beruht auf der Prämisse, dass trotz aller Andersartigkeit und Individualität die/den Andere/n dieselben menschlichen Bedürfnisse, dieselben Sehnsüchte nach einem guten Leben, nach Liebe, Glück und Geborgenheit prägen. Geschwisterlichkeit meint, statt das „Othering" zu pflegen die „Alterität" zuzulassen, die Andersheit des Anderen. Dies bedeutet keineswegs, die eigene Identität aufzugeben oder auf einen eigenen Standpunkt zu verzichten. Beides ist notwendig, um eine gute Balance zwischen Selbstgewissheit und Offenheit, zwischen dem Eigenen (Ich) und dem Anderen (Du) zu finden.

## FRATELLI TUTTI: WIR GESCHWISTER ALLE

„Du sollst niemals müde werden, dich für die Brüderlichkeit [Geschwisterlichkeit] zu entscheiden", hatte Papst Franziskus bereits in seinem Apostolischen Schreiben *Evangelii gaudium* (91) gemahnt. Die Enzyklika *Fratelli tutti* ist nun seine Vision einer besseren Weltgemeinschaft, die auf der Würde aller Menschen beruht und das Gemeinwohl aller in den Mittelpunkt des politischen und wirtschaftlichen Handelns stellt. Dem Papst ist bewusst, dass vieles, was sich so selbstverständlich anhört, alles andere als selbstverständlich ist. Er legt eine Gegenwartsanalyse mit dem Fokus auf der sozialen Welt vor, die wahrlich düster ausfällt. Die Gewalt in der Welt, schreibt er in gewohnt drastischer Weise, „hat Züge dessen angenommen, was man einen dritten Weltkrieg in Abschnitten nennen könnte" (FT 25).

Papst Franziskus setzt dennoch auf die unveräußerliche Würde eines jeden Menschen und auf die Rechte, die sich daraus ableiten. Vieles klinge wie eine „Verrücktheit" und nach „Phantasien". „Aber wenn man als grundlegendes Rechtsprinzip akzeptiert, dass diese Rechte aus der bloßen Tatsache des Besitzes einer unveräußerlichen Menschenwürde hervorgehen, kann man die Herausforderung annehmen, von einer anderen Menschheit zu träumen und über eine solche nachzudenken" (FT 127). Für Papst Franziskus ist es vor allem die Idee einer besseren Weltgesellschaft, „in der es Platz für alle gibt […], und in der die verschiedenen Kulturen respektiert werden" (FT 155). Er sieht daher eine Globalisierung im Sinne der

Vereinheitlichung und Gleichmacherei äußerst skeptisch. Die Homogenisierung der Welt führe zu einer Verachtung der eigenen kulturellen Identität und einem niedrigen nationalen Selbstwertgefühl in den weniger entwickelten Ländern (vgl. FT 52-53). Ihm geht es um eine gute Balance zwischen global und lokal. „Wir müssen auf das Globale schauen, das uns von einem beschaulichen Provinzialismus erlöst... Gleichzeitig muss uns die lokale Dimension am Herzen liegen, denn sie besitzt etwas, was das Globale nicht hat: sie ist Sauerteig, sie bereichert, sie setzt subsidiäre Maßnahmen in Gang. Daher sind die universale Geschwisterlichkeit und die soziale Freundschaft im Inneren jeder Gesellschaft zwei untrennbare und gleichwichtige Pole" (FT 142).

Ihm ist bewusst, dass die Gestaltung des sozialen Friedens „Handarbeit"[7] (FT 217) ist. Damit er gelingt, bedarf es sowohl eines integrativen Sozialpaktes als auch eines Kulturpaktes, „der die unterschiedlichen Weltanschauungen, Kulturen oder Lebensstile, die in der Gesellschaft nebeneinander bestehen, respektiert und berücksichtigt" (FT 219). „Ein Kulturpakt setzt voraus, dass man davon absieht, die Identität eines Ortes gleichsam monolithisch zu verstehen; er erfordert hingegen, die Vielfalt zu respektieren, indem man Möglichkeiten zu ihrer Förderung und sozialen Integration anbietet" (FT 220).

Für die Ermöglichung der neuen Weltgesellschaft gibt es für Papst Franziskus ein Zauberwort: Dialog – „aufeinander zugehen, [...], einander zuhören, sich anschauen, sich kennenlernen, versuchen, einander zu verstehen, nach Berührungspunkten suchen" (FT 198). Dies gilt zunächst innerhalb eines Landes, denn „ein Land wächst, wenn seine verschiedenen kulturellen Reichtümer konstruktiv in Dialog miteinander stehen: die Volkskultur, die Universitätskultur, die Jugendkultur, die Kultur der Kunst und die Kultur der Technik, die Wirtschaftskultur und die Familienkultur sowie die Medienkultur" (FT 199). Er wünscht sich eine „Kultur der Begegnung" (FT 215), die Prozesse der Begegnung in Gang setzt, „Prozesse, die ein Volk aufbauen, das die Unterschiede in sich aufnimmt. Rüsten wir unsere Kinder mit den Waffen des Dialogs aus!

---

[7] In der spanischen (Original)Version heißt es: „La paz social es trabajosa, artesanal" = mühsam, handwerklich; in der italienischen: „La pace sociale è laboriosa, artigianale" = arbeitsam, emsig, handwerklich.

Lehren wir sie den guten Kampf der Begegnung!" (FT 217). Zu lernen gilt es, dass der echte Dialog innerhalb der Gesellschaft die Fähigkeit voraussetzt, „den Standpunkt des anderen zu respektieren und zu akzeptieren, dass er möglicherweise gerechtfertigte Überzeugungen oder Interessen enthält" (FT 203). Das Einüben im Kleinen ermöglicht dann den Dialog im Großen unter der Voraussetzung, dass sich das Bewusstsein, zu einer Menschheitsfamilie zu gehören, ausgeprägt hat. „Das Bemühen um die Überwindung trennender Hindernisse ohne Aufgabe der eigenen Identität setzt voraus, dass in allen ein grundlegendes Zugehörigkeitsgefühl lebendig ist" (FT 230).

TOLERANZ UND TEILHABE

Zu einer Kultur des Dialogs gehört die Toleranz. Neun Mal taucht der Begriff in *Fratelli tutti* auf, davon allerdings vier Mal in seiner negativen Variante von „Intoleranz". Nach Einschätzung von Papst Franziskus bemächtigen sich „alle Arten fundamentalistischer Intoleranz der Beziehungen zwischen den Personen, Gruppen und Völkern" (FT 191). Formen von Fanatismus, von hermetisch abgeschotteten Denkweisen und die gesellschaftliche und kulturelle Fragmentierung würden wachsen. Der Papst beklagt die Intoleranz und Verachtung gegenüber indigenen Volkskulturen als eine richtiggehende Form der Gewalt. Er erkennt an, dass die verschiedenen Religionen einen wertvollen Beitrag zum Aufbau von Geschwisterlichkeit und zur Verteidigung der Gerechtigkeit in der Gesellschaft leisten. Zugleich verweist er darauf, dass in allen Religionen die Gefahr bestehe, „dass Glaubensüberzeugungen nicht entsprechend verstanden und so dargestellt werden, dass sie am Ende Fatalismus, Handlungslosigkeit oder Ungerechtigkeit nähren oder – als entgegengesetztes Extrem – Intoleranz und Gewalt" (FT 237). Gemeinsam mit dem Großimam der al-Azhar-Universität Kairo Ahmad AL-TAYYEB hat er die Verantwortlichen in Politik und Wirtschaft zu einer „Kultur der Toleranz, des Zusammenlebens und des Friedens"[8] aufgerufen (vgl. FT 285). Zur Toleranz gehöre auch,

---

[8] Papst Franziskus ist der erste Papst, der die arabische Halbinsel besuchte. Anlass war die Interreligiöse Konferenz für „menschliche Geschwisterlichkeit" vom 03.-05. Februar 2019. Bei diesem Treffen unterzeichneten Papst Franziskus und der Großimam der al-

dass ein gesunder Pluralismus die Religionsfreiheit und die (öffentliche) Ausübung der religiösen Praktiken respektiert (vgl. EG 255 und FT 279).

Papst Franziskus legt in *Fratelli tutti* keine systematische Darstellung des Begriffs der „Toleranz" vor, wie sie beispielsweise mit der „Erklärung von Prinzipien der Toleranz" durch die 28. Generalversammlung[9] der UNESCO gegeben ist. Diese Erklärung definiert direkt im ersten Abschnitt: „Toleranz bedeutet Respekt, Akzeptanz und Anerkennung der Kulturen unserer Welt, unserer Ausdrucksformen und Gestaltungsweisen unseres Menschseins in all ihrem Reichtum und ihrer Vielfalt. Gefördert wird sie durch Wissen, Offenheit, Kommunikation und durch Freiheit des Denkens, der Gewissensentscheidung und des Glaubens. Toleranz ist Harmonie über Unterschiede hinweg. Sie ist nicht nur moralische Verpflichtung, sondern auch eine politische und rechtliche Notwendigkeit. Toleranz ist eine Tugend, die den Frieden ermöglicht, und trägt dazu bei, den Kult des Krieges durch eine Kultur des Friedens zu überwinden."

Für Papst Franziskus bedeutet Toleranz nicht Beliebigkeit. Es bedürfe objektiver Wahrheiten und allgemein gültiger Prinzipien, denn sonst würden Gesetze nur als willkürlicher Zwang und als Hindernisse angesehen, die es zu umgehen gelte. Unter dem Deckmantel von vermeintlicher Toleranz führe ein Relativismus letztendlich dazu, dass die Mächtigen sittliche Werte der momentanen Zweckmäßigkeit entsprechend interpretieren (vgl. FT 206). Da niemand die ganze Wahrheit besitze, müsse „die Suche nach einer falschen Toleranz dem Realismus des Dialogs weichen, dem Realismus derer, die überzeugt sind, ihren Prinzipien treu bleiben zu müssen, gleichzeitig aber anerkennen, dass der andere ebenso das Recht hat, zu versuchen, seinen eigenen Prinzipien treu zu sein. Das ist die authentische Anerkennung des anderen, die nur durch die Liebe möglich ist; das bedeutet, sich in den anderen hineinzuversetzen, um zu entdecken, was es an Authentischem oder

Azhar-Universität Kairo, Ahmad al-Tayyeb, am 4. Februar 2019 ein gemeinsames *„Dokument über die Brüderlichkeit aller Menschen für ein friedliches Zusammenleben in der Welt"*. Die offizielle deutsche Übersetzung verwendet hier noch den Begriff „Brüderlichkeit". Erst in der Übersetzung der Enzyklika *Fratelli tutti* ist erstmalig auch offiziell von „Geschwisterlichkeit" in einem päpstlichen Dokument die Rede.
[9] GENERALVERSAMMLUNG DER UNESCO. Die 28. Generalkonferenz der UNESCO fand vom 25. Oktober bis 16. November 1995 in Paris statt.

zumindest Verständlichem unter seinen Motivationen und Interessen gibt" (FT 221). Papst Franziskus sieht es als Auftrag, den Wert von Respekt, von Liebe, die alle Verschiedenheiten umfasst, den Vorrang der Würde jedes Menschen vor seinen Ideen, Gefühlen, Handlungsweisen und sogar Sünden vorzuleben und zu lehren (vgl. FT 191). „Die Liebe zum anderen drängt uns aufgrund ihrer Natur, das Beste für sein Leben zu wollen. Nur wenn wir diese Art gegenseitiger Bezogenheit entwickeln, wird ein gesellschaftlicher Zusammenhalt möglich sein, der niemanden ausschließt, und eine Geschwisterlichkeit, die für alle offen ist" (FT 94).

Das Stichwort „Teilhabe" kommt in der Enzyklika *Fratelli tutti* nur einmal vor und zwar im Zusammenhang von Menschen mit Behinderungen als „verborgene Exilanten" der Gesellschaft (vgl. FT 98). Das Ziel ist die „aktive Teilnahme an der zivilen und kirchlichen Gemeinschaft". Dasselbe gilt für die Armen und an den gesellschaftlichen Rand Gedrängten. Das große Anliegen von Papst Franziskus ist die politische, wirtschaftliche und kulturelle Integration der Exkludierten, der Ärmsten der Armen. „Der Mensch an sich wird wie ein Konsumgut betrachtet, das man gebrauchen und dann wegwerfen kann. Wir haben die ‚Wegwerfkultur' eingeführt, die sogar gefördert wird. Es geht nicht mehr einfach um das Phänomen der Ausbeutung und der Unterdrückung, sondern um etwas Neues: Mit der Ausschließung ist die Zugehörigkeit zu der Gesellschaft, in der man lebt, an ihrer Wurzel getroffen, denn durch sie befindet man sich nicht in der Unterschicht, am Rande oder gehört zu den Machtlosen, sondern man steht draußen. Die Ausgeschlossenen sind nicht ‚Ausgebeutete', sondern Müll, ‚Abfall'." (EG 53). Ihren Schrei und den Schrei ganzer Völker gelte es zu hören, um „Werkzeug Gottes für die Befreiung und die Förderung der Armen zu sein, so dass sie sich vollkommen in die Gesellschaft einfügen können" (EG 187). Für Papst Franziskus ist ein authentischer, tiefgreifender und stabiler Wandel unmöglich, wenn er nicht die verschiedenen Kulturen, insbesondere die der Armen, miteinbezieht (vgl. FT 220).

## Polyeder als Hoffnungsbild

Welche geometrische Figur verkörpert am meisten Toleranz und Teilhabe? Für Papst Franziskus ist es das Polyeder. Es ist ein visionäres Hoffnungsbild, das uns als *Fratelli tutti*, als „Wir Geschwister alle", anspornt, nicht nur daran zu glauben, dass eine andere Welt möglich ist, sondern am Aufbau dieser neuen Welt Gottes (und der Menschen) mitzubauen.

## Literatur

Generalversammlung der Unesco: Erklärung von Prinzipien der Toleranz 1995. Online zugänglich unter: https://t1p.de/t5b3 (letzter Zugriff am 29.01.2022)

Papst Franziskus: Botschaft zum Weltfriedenstag 2013. Online zugänglich unter: https://t1p.de/l1ao (Letzter Zugriff am 29.01.2022).

Papst Franziskus: Evangelii gaudium. Verlautbarungen des Apostolischen Stuhls Nr. 194; Bonn 2013.

Papst Franziskus: Fratelli tutti. Über die Geschwisterlichkeit und die soziale Freundschaft. Verlautbarungen des Apostolischen Stuhls Nr. 227; Bonn 2020.

*„Lass dich nicht*
*vom Bösen überwinden, sondern*
*überwinde das Böse mit Gutem" (Röm 12,21)*

# Die ultima ratio
# militärischer Gewalt
# und die Abschreckung
# mit Massenvernichtungsmitteln
# als Problem von Toleranz und Teilhabe
# Eine friedenstheologische
# Gedankenskizze

*Ulrich Frey*

## DAS PROBLEM

Die Dekade zur Überwindung von Gewalt (2000-2010), ausgerufen von der VIII. Vollversammlung des Ökumenischen Rates (ÖRK) der Kirchen in Harare, hat keine Antwort auf die Problematik der Gewalt „in einer klar formulierten Theologie" gefunden, insbesondere zur militärischen Gewalt. Die IX. Vollversammlung des ÖRK 2006 in Porto Alegre hatte zwar den Zentralausschuss „ersucht, die Möglichkeit eines Studienprozesses zu erwägen, der alle Mitgliedskirchen und ökumenischen Organisationen für die Ausarbeitung einer umfassenden Erklärung zum Frieden mobilisiert, welche fest in einer klar formulierten Theologie wurzelt", u. a. zum „Wertekonflikt"

„hinsichtlich der territorialen Integrität und Unantastbarkeit menschlichen Lebens"[1]. Dazu ist es aber nicht gekommen. Gewalt ist die gemeinsame DNA der ultima ratio und der Abschreckung. Die Debatte zur Anwendung von militärischer tödlicher Gewalt als letztem Mittel und zur militärischen Abschreckung durch Massenvernichtungsmittel ist in friedensethischen Aporien stecken geblieben. Die Vorstellung des ÖRK ist nicht durchgedrungen, dass nämlich „die Wiederherstellung von Bedingungen in der Gesellschaft, unter denen die Bevölkerung im wesentlichen keiner Gefahr für Leib und Leben ausgesetzt ist, ein Mindestmaß an wirtschaftlichen, sozialen und medizinischen Leistungen gewährleistet ist, die fundamentalen Rechte und Freiheiten geachtet werden, Instrumente der Gewalt einer Kontrolle unterworfen sind und die Würde sowie der Wert aller Menschen betont werden – nicht durch Gewalt herbeigeführt werden können. In der Tat wird durch die Beschränkung legitimer Gewaltausübung auf Schutzmaßnahmen bekräftigt, dass Notlagen krisengeschüttelter Gesellschaften nicht im Schnellverfahren zu beheben sind, weder durch militärische Mittel noch durch Diplomatie, und dass in dem langen und aufwändigen Prozess der Wiederherstellung der Voraussetzungen für einen nachhaltigen Frieden die Schwächsten Anspruch haben auf Schutz, zumindest vor den gravierendsten Bedrohungen"[2]. Immer noch bestehen die NATO und ihre Mitglieder, auch die Verteidigungspolitik der Bundesregierung, und ganz oder teilweise die Kirchen auf der Notwendigkeit, sich auf friedensethische Dilemmata aus der Anwendung militärischer Gewalt als letztem Ausweg (ultima ratio) und der politischen Drohung mit oder gar dem tatsächlichen Einsatz von Massenvernichtungsmitteln wie Atomwaffen einzulassen.

Das Verständnis von Toleranz und Teilhabe soll im Folgenden kurz dargelegt werden. Weil beide nicht nur friedensethische, sondern im Grunde friedenstheologische Probleme sind, soll danach aus evangelischer Sicht skizziert werden, wie die Maximen von Toleranz und Teilhabe friedenstheologisch behandelt werden könnten.

---

[1] WILKENS: In deiner Gnade, Gott, verwandle die Welt, 343, 344.
[2] WILKENS: In deiner Gnade, Gott, verwandle die Welt, 340.

ZUM VERSTÄNDNIS VON TOLERANZ

Im Streit der drei großen Religionen (Christen, Muslime, Juden) über ihren Rang rät Gotthold Ephraim Lessing in der Ringparabel in „Nathan der Weise" (1779) zur Toleranz:

„Es eifre jeder seiner unbestochenen
Von Vorurteilen freien Liebe nach!
Es strebe von euch jeder um die Wette,
Die Kraft des Steins in seinem Ring' an Tag
Zu legen! Komme dieser Kraft mit Sanftmut,
Mit herzlicher Verträglichkeit, mit Wohltun,
Mit innigster Ergebenheit in Gott,
Zu Hülf'! ...“[3]

Der angeratene Wettstreit ist ergebnisoffen. Der von Nathan angerufene künftige Richter wird beurteilen, was die „Kindes- und Kindeskinder" am Ende vorzeigen können. Wendet man den aufklärerischen philosophischen Ansatz, der im Wettbewerb sowohl die Zustimmung als auch die Ablehnung der ultima ratio und der Abschreckung zulässt, auf die realen militärischen Sachverhalte der ultima ratio und der Abschreckung und ihrer jeweiligen möglichen Folgen an, ergibt sich eine tödliche Perspektive. Denn militärische Gewalt als Folge einer Entscheidung für die ultima ratio oder den atomaren Krieg kann die politische, gesellschaftliche und physische Existenz aller Beteiligten unwiderruflich vernichten, was jegliche lebenserhaltende Alternative und eine Auseinandersetzung dazu ausschließt.

Immanuel Kant entgeht diesem Unheil und Dilemma, indem er – ganz aktuell – in seinem „philosophischen Entwurf" „Zum ewigen Frieden" (1795) in den sechs Präliminarartikeln im Verhältnis zwischen Staaten verbietet (1) den „nur bedingten Friedensschluss; (2) die Zerstörung der Souveränität eines Staates; (3) konkurrierende militärische Hochrüstung; (4) Verschuldung von Staaten zugunsten des Überreichwerdens anderer Staaten; (5) gewaltsame Intervention; (6) Kriegführung, die einen Frieden im Vorhinein ausschließt (politischer Terrorismus, Kapitulationsbruch, Verratsanstiftung, Spionage)".[4] Im

---

[3] LESSING: Nathan der Weise, 82.
[4] MALTER, Rudolf (Hrsg.): Nachwort, 73.

50

Anhang zu den Präliminar- und Definitivartikeln führt er das „formale Rechtsprinzip" ein, den kategorischen Imperativ „Handle so, dass du wollen kannst, deine Maxime solle ein allgemeines Gesetz werden (der Zweck mag sein, welcher er wolle)" als „eine unbedingte Notwendigkeit"[5]. Das sei das Prinzip eines „moralischen Politikers" und eine „sittliche Aufgabe" als Grundlage der „Staatsweisheit". Die moralische Konsequenz ist dann: „Trachtet allererst nach dem Reich der reinen praktischen Vernunft und nach seiner Gerechtigkeit, so wird euch euer Zweck (und die Wohltat des ewigen Friedens) von selbst zufallen".[6] Dies hat seine theologische Parallele in der goldenen Regel in Mt 6,33: „Trachtet zuerst nach dem Reich Gottes und nach seiner Gerechtigkeit, so wird euch das alles zufallen".[7] Der moralische Politiker handelt nach den Prinzipien der Staatsklugheit und der Moral, der „politische Moralist" dagegen nach dem ihm passenden Vorteil des Staatsmannes[8]. Kant sieht den moralischen Politiker nicht als Einzelnen, sondern im Kollektiv aller als die „kollektive Einheit des vereinigten Willens", „damit ein Ganzes der bürgerlichen Gesellschaft werde, und da also über diese Verschiedenheiten des partikularen Wollens aller noch eine vereinigende Ursache desselben hinzukommen muss, um einen gemeinschaftlichen Willen herauszubringen, welche keiner von allen vermag".[9] Das bedeutet, dass Aporien zur ultima ratio und zur Abschreckung vermieden, verhindert und wenn nötig transformiert werden sollten. Die dramatische politische Aktualität der Kant'schen Philosophie und der Ernstfall Friede scheint in den Heidelberger Thesen (1959) auf: „Der Weltfriede wird zur Lebensbedingung des technischen Zeitalters" (These I) und: „Der Krieg als Institution muss in einer andauernden und fortschreitenden Anstrengung abgeschafft werden." (These III)[10]

---

[5] KANT: Zum ewigen Frieden, 44.
[6] KANT: Zum ewigen Frieden, 45.
[7] Die Übersetzung folgt der Lutherbibel 2017.
[8] Vgl. KANT: Zum ewigen Frieden, 38.
[9] Vgl. KANT: Zum ewigen Frieden, 37.
[10] EKD: Frieden wahren, fördern und erneuern, 76, 78.

ZUM VERSTÄNDNIS VON TEILHABE

„Teilhabe" ist ein Schlüsselwort zur Ermöglichung von Demokratie und wurde zum Leitbegriff der Theorie und Praxis demokratischer Entwicklung, als die zivile Konfliktbearbeitung aufkam. Die 1988 gegründete Plattform Zivile Konfliktbearbeitung konstatiert in ihrer Charta: „An der Schwelle zum 21. Jahrhundert steht die Welt vor einem unerträglichen Ausmaß an Gewalt, insbesondere bei innerstaatlichen Konflikten. Die Reduzierung und Überwindung dieser Gewalt erfordern vorrangig und zunehmend eine Entfaltung vielfältiger Ansätze ziviler Konfliktbearbeitung. Dazu ist es notwendig, dass sich Nicht-Regierungsorganisationen vermehrt engagieren und die Fähigkeit in der Gesellschaft zur konstruktiven Konfliktbearbeitung insgesamt gestärkt wird."[11] Hannah ARENDT, die zu Totalitarismus und Demokratie geforscht hat, hält das politische Denken für „repräsentativ in dem Sinne, dass das Denken anderer immer präsent ist. Eine Meinung bilde ich mir, indem ich eine bestimmte Sache von verschiedenen Gesichtspunkten aus betrachte". Der Prototyp des die Demokratie begründenden Gesellschaftsvertrages sei der „Mayflower-Pakt" der amerikanischen Gründungsväter. Die „große Bedeutung für die Zukunft lag darin, dass sich … ein politischer Raum gebildet hatte, in dem Macht und die Beanspruchung von Rechten möglich war, ohne dass man doch Souveränität besaß oder auch nur nach ihr verlangte".[12] Diese Position korrespondiert mit dem Ersten Definitivartikel zum Ewigen Frieden von Kant: „Die bürgerliche Verfassung in jedem Staate soll republikanisch sein". Die Bürgerinnen und Bürger einer Demokratie üben durch ihre Teilhabe also neben und potenziell auch gegen staatliche Autoritäten Macht aus – mit allen Versuchungen, diese Macht für eigene Interessen zu missbrauchen oder gar Anarchie zu verursachen.

Wendet man dieses Verständnis von Teilhabe auf die Sachverhalte der ultima ratio militärischer Gewalt und die militärische Abschreckung mit Massenvernichtungsmitteln an, wird wie im Falle der Toleranz klar, dass sich auch hinter der Teilhabe im Ernstfall nicht nur friedensethische, sondern auch theologische Probleme verbergen. Das ist besonders deutlich im Bereich der atomaren Abschreckung

---

[11] HOMEPAGE DER PLATTFORM ZIVILE KONFLIKTBEARBEITUNG.
[12] Hannah ARENDT, zitiert in: KLEIN: Der Diskurs der Zivilgesellschaft, 346f.

ausweislich der Bindung der Bundesrepublik an die Atomwaffen der USA in Büchel/Eifel durch die „nukleare Teilhabe".

### THEOLOGISCHE PROBLEME DER MILITÄRISCHEN ULTIMA RATIO UND ABSCHRECKUNG

Bevor theologische Wege zur Vermeidung, Verhinderung oder Transformation von Gewalt militärischer Art exemplarisch diskutiert werden, sollen einige einschlägige Stimmen zitiert werden.

*Ullrich HAHN* argumentiert grundsätzlich: „Gewalt ist atheistisch. Insbesondere die Rede von der ‚ultima ratio' macht deutlich, dass ... für unser Leben nicht an Gottes Gegenwart geglaubt wird, sondern an die ‚erlösende Kraft der Gewalt' (Walter Wink). Das Vertrauen auf die Gewalt ist dann auch eine Verleugnung des Weges Jesu. ... Gewalt ist aber auch unverantwortlich". ... „Die Feindesliebe hat gerade darin ihren Grund, dass die anderen so sind wie wir".[13]

Die *Landessynode der Evangelischen Landeskirche in Baden* hat in Nr. 10 ihres Beschlusses „Richte unsere Füße auf den Weg des Friedens" (Lk 1,79) vom 24. Oktober 2013 gefordert:

„Die landeskirchlichen Mitglieder der EKD-Synode sowie der Evangelische Oberkirchenrat werden gebeten, in den Gliedkirchen und Gremien der EKD (Synode, Kirchenkonferenz und Rat) sich dafür einzusetzen, dass das Gespräch über das Friedensthema vertieft weitergeführt wird und die Denkschrift von 2007 auf dem Hintergrund des badischen Diskussionsprozesses und der veränderten Situation hin zu einer eindeutigeren Option für Gewaltfreiheit im Sinne eines umfassenden Verständnisses des gerechten Friedens weiterentwickelt wird. Dabei sind Maßnahmen politischen Handelns, die zur Vorbeugung und Vermeidung von Eskalation dienen, verstärkt in den Blick zu nehmen".[14]

Die *Militärseelsorge* spricht sich unter Berufung auf die 5. These der Barmer Theologischen Erklärung und die „noch nicht erlöste Welt" für die ultima ratio aus:

---

[13] HAHN: Vom Lassen der Gewalt, 130f.
[14] EVANGELISCHE LANDESKIRCHE IN BADEN. Richte unsere Füße auf den Weg des Friedens, 12.

53

„ … Christliche Verantwortung in der noch nicht erlösten Welt. Die
Sorge für Recht und Frieden, die zur Verantwortung in der noch
nicht erlösten Welt gehört, kann dazu führen, dass es „nach dem
Maß menschlicher Einsicht und menschlichen Vermögens" zur
Anwendung von Gewalt kommen kann (Barmer Theologische
Erklärung, These 5). Aus christlicher Sicht macht die Anwendung
von Gewalt allerdings grundsätzlich schuldig. Dabei ist es
unerheblich, welche Form von Gewalt ausgeübt wird – und sei es
auch nur verbale Gewalt. Für die dem Positionspapier
zugrundeliegende Fragestellung der grundsätzlichen Ablehnung
von Gewalt hilft daher die dort getroffene Unterscheidung von
militärischer und polizeilicher Gewalt nicht weiter".[15]
Der *Mennonit Fernando* ENNS (Friedenskirchen) antwortet auf die
Militärseelsorge:
„Dieses theologische Argumentationsmuster ist ein Relikt aus der
Zeit, in der man noch an den ‚gerechten Krieg' als Christenpflicht
glaubte. Spätestens seit den Erfahrungen des 2. Weltkrieges ist
gerade in der deutschen Theologie klar geworden: Die
Unerlöstheit der Welt legitimiert gerade nicht unser unerlöstes
Handeln, sondern fordert gerade das erlöste Handeln der Christen
heraus. Kein Zweifel: diese Welt harrt noch ihrer Vollendung, der
Neuschöpfung durch die Gnade Jesu Christi. Aber die, die
tatsächlich an die geschehene Erlösung in Christus glauben,
partizipieren bereits an dieser erlösten Wirklichkeit, die mit
Christus in die Welt kam, um diese zu transformieren. Wer die
Unerlöstheit der Welt zum Argument nutzen will, ein unerlöstes
Leben als Christ zu führen, stellt damit nicht weniger als die
Erlösung in Christus selbst in Frage.
Dass wir mit der Realität des Bösen konfrontiert sind, dass wir
– als diejenigen, die die Erlösung glauben – mitten in *diese* Welt
gestellt sind, dafür ist uns das Kreuz Christi das eindrücklichste
Zeichen. So wie Jesus dem Bösen der Welt nicht ausgewichen ist,
so können auch wir ihm nicht ausweichen. Daraus wird aber kein
Argument, das Töten zu lernen, sondern wächst ja gerade
Herausforderung, das eigene Erlöstsein mitten in den Konflikten
dieser Welt zu bezeugen – so bruchstückhaft und kläglich wie das

---

[15] MILITÄRDEKANAT MÜNCHEN. Stellungnahme, 13.

auch immer gelingen mag. Das ist die *Verantwortung*, von der hier zu reden ist. Es ist ein Festhalten an der zugesagten und im Christusgeschehen vollbrachten Gnade Gottes, die uns zu einem solchen Zeugnis von der Wahrheit der Erlösung befreit. Gerade die unerlöste Welt braucht dieses leuchtende Zeugnis der Kirche – niemals umgekehrt: kirchliches Handeln und Argumentieren geleitet zu wissen vom Dunkel der unerlösten Welt".[16]

*Ines-Jacqueline* WERKNER, wissenschaftliche Mitarbeiterin der Evangelischen Studiengemeinschaft (FEST), argumentiert zur Verteidigung der Nuklearwaffen, die „politischen Ursachen eines Konfliktes im Auge zu behalten". Sie seien „Bestandteil eines Konzeptes des politischen Wandels ... ‚Nukleare Abschreckung' im Sinne der Heidelberger Thesen (1959) kann ‚eine heute noch mögliche', das heißt ethische verantwortbare Option darstellen, wenn sie an Rüstungskontroll- und Abrüstungsschritte rückgebunden wird, um einem Frieden in Freiheit näher zu kommen".[17]

ZUR DISKUSSION THEOLOGISCHER ANSÄTZE ZUR VERMEIDUNG, VERHINDERUNG ODER TRANSFORMATION VON MILITÄRISCHER GEWALT

Ein dominantes Thema bei der Debatte über die militärische ultima ratio und Abschreckung ist die Frage des Umgangs mit *Schuld und Vergebung*, wenn solche Gewalt ausgeübt oder unterlassen wird.

Leitend ist die Erinnerung des früheren Magdeburger Bischofs Werner KRUSCHE (1968-1983) an die Theologie der Barmer Theologischen Erklärung (1934) sowie – unmittelbar nach der Katastrophe des 2. Weltkrieges – an das Stuttgarter Schuldbekenntnis (1945), das zwar vom Rat der EKD beschlossen, aber in den Gliedkirchen nicht wirklich angenommen worden ist, und das Darmstädter Wort des Reichsbruderrates zum politischen Weg unseres Volkes (1947), das vom Rat der EKD nicht angenommen wurde. In seinem Vortrag „Schuld und Vergebung – der Grund

---

[16] ENNS: Kommentar zum „Entwurf eines Positionspapiers zur Friedensethik der Evangelischen Landeskirche in Baden" auf dem Studientag der Landessynode am 7.6.2013, 62.

[17] WERKNER: Neue friedensethische Herausforderungen, 153.

55

christlichen Friedenshandelns" am 19.6.1984 plädierte Krusche für ein „Bekenntnis der Schuld" (I), wandte sich gegen die „Verdrängung der Schuld" (II.1), gegen die „Privatisierung der Schuld (ihre kirchliche Internalisierung)" (II.2) und die „Ausblendung von Schuld" (II.3). Die Ostdenkschrift der EKD (1965) zur Lage der Vertriebenen würdigte er „nicht nur (als) Befreiung von der Vergangenheit, sondern zugleich Befreiung zur Zukunft" für ein Leben aus der Vergebung. Das ermöglichte konkrete Unterscheidungen „im Blick auf den gekreuzigten Herrn und in Erwartung seines Reiches" wie z. B. zwischen christlichem Glauben, Sozialismus und Kommunismus gegen die Ideologie des Antikommunismus. Krusche ermutigte zur Übernahme von Verantwortung, gegen den „Rückzug in einen unpolitischen Innerkirchlichkeitsraum" im Bewusstsein, dabei schuldig werden zu können. Aber Luthers Diktum akzeptierte er: „Pecca fortiter", („sündige kräftig, ... nimm die mögliche Schuld auf dich") und sein „sed crede fortius" („aber glaube ... daran, dass Gott deine Entscheidung in seine Hand nimmt ...")[18]

*Die Rechtfertigung von uns modernen Menschen vor Gott* für die Sünde der Gewalt ist nur unzureichend Teil unseres theologischen Lebens. Gewalt ist seit dem Mord des Kain „an seinem Bruder Abel (Gen 4) und in der gesamten Bibel ein durchgehendes Thema. Dennoch, so analysiert Fritz Erich ANHELM, ist der „rächende, richtende und strafende Gott" durch einen „aufgeklärten" Gott ersetzt worden. [19] Dieser hat wegen der alle Lebensbereiche umfassenden Säkularisierung und der daraus folgenden Emanzipation von Gott mit Gewalt nichts mehr zu tun. Er wird nur noch als moralische Instanz angerufen, wenn Menschen Böses tun. Der Umgang mit den alttestamentarischen Rachepsalmen (z. B. Ps 94; 52) zeigt dies. Aber Gewalt ist Sünde und die dramatischste Form der Abkehr des Menschen von Gott. Sie kann mit Moral nicht überwunden werden. Wie wir uns vor Gott wegen der Sünde der Gewalt rechtfertigen können, ist deshalb eine existenzielle Frage unseres seelischen und täglichen Lebens und der Gemeinschaften, in denen wir zu Hause sind.

---

[18] AKTION SÜHNEZEICHEN FRIEDENSDIENSTE u. a.: Schuld und Vergebung, 27.
[19] ANHELM: Rechtfertigung des mündigen Menschen und das Problem der Gewalt, 44.

Saulus hat diese Situation erlebt, als er auf dem Weg nach Damaskus von einem „Licht vom Himmel" (Apg 9,3-9) getroffen und durch den von ihm verfolgten Jesus zum Paulus wurde. Hier entstand wieder eine Beziehung zwischen Gott und dem Menschen Saulus. Paulus spätere Worte „Denn aus Gnade seid ihr gerettet durch Glauben, und das nicht aus euch: Gottes Gabe ist es, nicht aus Werken, damit sich nicht jemand rühme" (Eph 2,8-9) einigten Juden- und Heidenchristen zu einer Gemeinde. Sie gelten heute für alle Menschen aller Kulturen (Eph 2,14ff.). Nicht das Tun entscheidet, sondern der Glaube. Die Liebe zwischen den Menschen verdrängt die Feindschaft unter ihnen. Die Gottesferne begünstigt christlich ideologisierte religiöse Gewalt (Kreuzzüge, Rassismus, ethnische Konflikte, Menschenfeindlichkeit ...). Die Herstellung von Beziehungen zwischen Gott und den Menschen im Vertrauen allein auf die Gnade Christi in einer Kultur der Liebe kann zur Überwindung von Gewalt und damit der Sünde beitragen.[20] Solcher Glaube privatisiert das Verhältnis zu Gott nicht, sondern ebnet einen gemeinsamen ökumenischen Weg.

## Literatur

AKTION SÜHNEZEICHEN FRIEDENSDIENST www.asf-ev.de (zuletzt eingesehen am 28.12.2021)

OHNE RÜSTUNG LEBEN / VERSÖHNUNGSBUND (Hrsg.): Schuld und Vergebung christlichen Friedenshandelns, Vortrag am 19.6.1984 beim Kongress der EKD und der Nordelbischen Evangelisch-Lutherischen Kirche „Gottes Friede den Völkern" in Kiel, Broschüre, Berlin ³1985.

ANHELM, Fritz Erich: Die Rechtfertigung des mündigen Menschen und das Problem der Gewalt, in: epd-Dokumentation Nr. 6 vom 4.2.2002 „Theologie und Gewalt", 2002, 44-49

ENNS, Fernando: Kommentar zum „Entwurf eines Positionspapiers zur Friedensethik der Evangelischen Landeskirche in Baden" auf dem Studientag der Landessynode am 7.6.2013, in: epd-Dokumentation

---

[20] Vgl. zum Vorstehenden: ANHELM: Die Rechtfertigung des mündigen Menschen und das Problem der Gewalt, 44ff.

„Aufgabe und Weg: Kirche des gerechten Friedens werden", Nr. 34-35 vom 22.8.2017, 59-63

EVANGELISCHE KIRCHE IN DEUTSCHLAND: Frieden wahren, fördern und erneuern. Eine Denkschrift der Evangelischen Kirche in Deutschland, Gütersloh ⁴1982

EVANGELISCHE LANDESKIRCHE IN BADEN: Richte unsere Füße auf den Weg des Friedens (Lk 1,79). Ein Diskussionsbeitrag aus der Evangelischen Landeskirche in Baden, Evangelischer Oberkirchenrat Karlsruhe 2014

HAHN, Ullrich: Vom Lassen der Gewalt, edition pace, Norderstedt 2020.

HOMEPAGE DER PLATTFORM ZIVILE KONFLIKTBARBEITUNG: Die Charta. Online zugänglich unter: https://pzkb.de/ueber-uns/#ueber-uns (Letzter Zugriff am 17.10.2021).

KANT, Immanuel: Zum ewigen Frieden. Ein philosophischer Entwurf, Ditzingen 1984.

KLEIN, Ansgar: Der Diskurs der Zivilgesellschaft. Politische Hintergründe und demokratietheoretische Folgerungen, Opladen 2001.

LESSING, Gotthold Ephraim: Nathan der Weise, Ditzingen 1964.

LUTHER, Martin: Die Bibel nach Martin Luthers Übersetzung (Standardausgabe mit Apokryphen, revidiert 2017.) Stuttgart 2017.

MALTER, Rudolf (Hrsg.): Nachwort, in: KANT, Immanuel, Zum ewigen Frieden. Ein philosophischer Entwurf, Ditzingen 1984.

MILITÄRDEKANAT MÜNCHEN: Stellungnahme zum Positionspapier „Friedensethik" (21.5.2012), in: Evangelische Landeskirche in Baden, Entwurf eines Positionspapiers zur Friedensethik, 3.4.2012

WERKNER, Ines-Jacqueline: Neue friedensethische Herausforderungen. Autonome Waffen, Cyberwar und nukleare Abschreckung, in: Kirchenamt der EKD (Hrsg.), Auf dem Weg zu einer Kirche der Gerechtigkeit und des Friedens. Ein friedenstheologisches Lesebuch, Leipzig 2019, 141-158

WILKENS, Klaus (Hrsg.): In deiner Gnade, Gott, verwandle die Welt, Porto Alegre 2006, Lembeck 2007.

Heiliger Thomas Morus Heiligenfigur Holz geschnitzt
https://www.motivationsgeschenke.de/hl-thomas-morus/a-179470

# „daß niemand von seiner Religion Schaden haben darf"

## Religiöse Toleranz im Jahr 1516?
## Ein Bericht aus Utopia

*Thomas Nauerth*

Das 16. Jahrhundert gilt landläufig als Jahrhundert der Reformation. Die mit dem Thesenanschlag von Martin Luther 1517 einsetzenden innerkirchlichen Entwicklungen, die zu einem Auseinanderbrechen der selbstverständlichen Einheit von Kirche, Gesellschaft und Staat führten – und zu schweren innergesellschaftlichen wie zwischenstaatlichen Konflikten bis hin zum 30jährigen Krieg –, nehmen in wissenschaftlicher Forschung, Geschichtsschreibung und nicht zuletzt in Lehrplänen und Schulbüchern so viel Raum ein, dass andere Themen und Entwicklungen im 16. Jahrhundert weithin aus dem Blick geraten sind und nur noch für historische SpezialistInnen ein Thema zu sein scheinen. Dabei handelt es sich um Themen, die heute so aktuell sind, wie sie es damals waren.

Gegen Ende des 15. Jahrhunderts brach in Europa (in unterschiedlicher Geschwindigkeit) ganz neu die Frage auf, wie man Gesellschaft und Staat unter der Perspektive von Gerechtigkeit, Frieden und Gleichheit aller Menschen neu und besser organisieren kann. Damit stellte sich auch die Frage religiöser Toleranz neu.

Wenn solche großen gesellschaftlichen Fragen auftauchen, zeigt dies, dass sich im Denken der Menschen etwas verändert hat. Das immer schon so Gewesene, wird mit einem Mal als etwas angesehen, das man verändern kann, ja verändern sollte. Die Menschen gewinnen die Fähigkeit, ihre eigene Situation mit einem Blick von außen wahrzunehmen und zu analysieren. Diese Fähigkeit des kritischen Reflektierens von bislang nie hinterfragten Üblichkeiten betraf auch die Religion selber – und ist wohl der eigentliche Auslöser dessen, was man dann Reformation genannt hat. Man blickte neu auf die Grundlagen des christlichen Glaubens, man suchte neu nach diesen Grundlagen, man edierte und publizierte diese Grundlagen, um im Kreis der Lesenden und Gebildeten in ganz Europa eine Diskussionsgrundlage zu schaffen. Man spricht in Bezug auf diese neu gewonnene Fähigkeit zum kritischen Blick von außen im 15. und 16. Jahrhundert von der Bewegung des Humanismus. Der entscheidende Kopf der humanistischen Bewegung in Europa am Beginn des 16. Jahrhunderts war Erasmus von Rotterdam.[1] Dieser weilte von 1499 bis 1500 in England und schloss Freundschaft mit einem Juristen, der bald in den Dienst des englischen Königs treten sollte und von seinen geistigen Interessen ebenfalls ein klassischer Vertreter des Humanismus war: Thomas More oder latinisiert: Morus.[2] Die Freundschaft der beiden war eng, man sah sich auch später noch des Öfteren, blieb brieflich in Kontakt. Auf Betreiben des Erasmus erschien 1516 ein philosophischer Dialog in Form einer Erzählung, geschrieben von Thomas More.[3] Der Originaltitel lautet: *„De optimo rei publicae statu deque nova insula Utopia"* – *„Vom besten Zustand des Staates und der neuen Insel Utopia".*[4] Mit dem Titel *„Utopia"*

---

[1] Vgl. zur Person des Erasmus immer noch ZWEIG: Triumph und Tragik des Erasmus von Rotterdam.

[2] Zur Biographie vgl. nur HEINRICH: Thomas Morus und MUNIER, Urvater des Kommunismus und katholischer Heiliger.

[3] „Erasmus hat das Manuskript redigiert, seine Freunde aufgefordert, Verse und Briefe zu verfassen, die mit der Beschreibung der Neuen Insel abgedruckt werden könnten, selbst eine Vielzahl von Marginalien hinzugefügt, vermutlich sogar den Titel entworfen und schließlich die Drucklegung veranlasst und überwacht", so HAGEL:-Fiktion und Praxis, 39. Vgl. auch www.utopia2016.ch/wer-hat-die-utopia-geschrieben/ (abgerufen am 21.06. 2021). Die Vorgeschichte der „Utopia" ist eng mit der politisch-pädagogischen Schrift des Erasmus über die „Erziehung des christlichen Fürsten" (Institutio principis christiani) verbunden (vgl. die Darstellung bei RIBHEGGE: Erasmus von Rotterdam, 79). „In beiden Schriften findet eine erstaunlich kritische Auseinandersetzung mit der Feudalität der bestehenden Gesellschaft Europas statt. Sie entstanden fast zur gleichen Zeit. Morus gestaltete die Ausgangsszene der ‚Utopia' als ein Gartengespräch im Haus von Peter Gilles, wo auch Erasmus bei seinen Besuchen in Antwerpen wohnte" (Ribhegge, ebd., 84).

[4] Der Text der Utopia ist in deutscher Übersetzung online zugänglich unter: www.projekt-gutenberg.org/morus/utopia/index.html. Alle Zitate im Folgenden aus dieser Übersetzung.

Vgl. zum Text ansonsten auch das Projekt http://theopenutopia.org, das eine englische Übersetzung bietet. Der lateinische Text einer Druckausgabe von 1518 findet sich unter http://ds.ub.uni-bielefeld.de/viewer/fullscreen/2006024/1/ und ist ansonsten unter www.thelatinlibrary.com/more.html zu finden. (Abgerufen jeweils am 21. Juni 2021).Für den Lateinunterricht interessant: https://t1p.de/gydb (zuletzt eingesehen am 29.01.2021).

ist dieser in lateinischer Sprache verfasste Dialog in die Geschichte eingegangen, denn dieses Wort, von More erfunden, begründete gleich ein ganzes neues literarisches Genre, die Utopien. Ou-topos – Nicht-Ort oder auch „Notwendiger Nirgendsort", so hat es einmal jemand sprachspielerisch übersetzt.[5] Das Buch war so prägend, dass man fortan jeden Roman, in dem eine erfundene, positive oder negative, auf jeden Fall aber ganz andere Gesellschaft dargestellt wird, als Utopie bezeichnen wird. Die „Utopia" war bereits damals ein europäischer Erfolg, dem Druck 1516 in Löwen folgten weitere Drucke, 1517 in Paris und 1518 in Basel. Die erste deutsche Übersetzung erschien 1524. Das Buch war erwachsen aus den Gesprächen in den humanistischen Kreisen in England und war bestimmt für das humanistische Gespräch in ganz Europa.

Es geht in dieser Utopie mit den Mitteln literarischer Erzählung neben aller Kritik und Satire vor allem um die konstruktive Vision: Wie könnte es besser laufen, als es gerade eben gesellschaftlich läuft? Erasmus und andere Humanisten haben solche positiven Visionen in ihren pädagogisch-politischen Schriften nur indirekt anklingen lassen, Thomas More hat sie in der „Utopia" im Detail durchgespielt.

Die Erzählung ist literarisch raffiniert angelegt. In einem ersten Teil schildert More, wie er auf Dienstreise für den englischen König in Flandern einen fremden Seefahrer trifft, mit dem es zu einem ausführlichen Gespräch über die politischen Verhältnisse in England und Europa kommt. Dieser Gesprächspartner, der welterfahrene, philosophisch wie rhetorisch so gewandte Seefahrer Raphael Hythlodeus, ist unverkennbar eine fiktive Gestalt und erkennbar in vielen Punkten zugleich ein wahres Ebenbild des Erasmus. Gegen Ende des ersten Buchteils formuliert dieser fiktive Gesprächspartner:

„ich bin in der Tat der Ansicht, überall, wo es noch Privateigentum gibt, wo alle an alles das Geld als Maßstab anlegen, wird kaum jemals eine gerechte und glückliche Politik möglich sein."[6]

---

[5] KRAFT: Notwendiger Nirgendsort.

[6] Interessant ist, dass das Thema Eigentumslosigkeit bereits in einem der ersten Berichte aus den neuentdeckten Gebieten begegnet; Amerigo Vespucci schreibt 1502 an Lorenzo di Pier Francesco de' Medici: „Ich unternahm einiges, ihr Leben und ihre Bräuche kennenzulernen, weshalb ich 27 Tage unter ihnen aß und schlief, und folgendes erfuhr ich bei ihnen (...) es gibt unter ihnen kein persönliches Eigentum, weil alles gemeinsam ist (...). Und das für mich Verwunderlichste an ihren Kriegen und ihrer Grausamkeit ist, daß ich von ihnen nicht erfahren konnte, warum sie miteinander Krieg führen, denn sie haben

Es ist nur vernünftig, zumal in vordemokratischen, autoritären Zeiten wie dem 16. Jahrhundert, wenn man als realer Autor eines Buches mit solchen Ansichten darauf verweisen kann, dass man das selbst ja nicht gesagt hat, und dass man dem selbst auch widersprochen habe.[7] Der reale Autor Thomas More hat sich daher einen literarischen Stellvertreter gleichen Namens, eine fiktive Thomas More Figur, ins Buch geschrieben, die an dieser Stelle prompt widerspricht: „‚Aber ich bin gerade der entgegengesetzten Meinung', erwiderte ich, ‚daß man sich nämlich niemals dort wohl fühlen kann, wo Gütergemeinschaft herrscht. Denn wie könnte die Menge der Güter ausreichen, wenn jeder sich um die Arbeit drückt, weil ihn ja keine Rücksicht auf Erwerb zur Arbeit anspornt und weil ihn die Möglichkeit, sich auf den Fleiß anderer zu verlassen, träge werden läßt?'"

Auf diese Einwände der erzählten Figur Thomas More, Einwände, die bis heute immer wieder neu so oder so ähnlich formuliert werden, antwortet Raphael Hythlodeus, ein wahrlich wunderlicher Wiedergänger jenes himmlischen Boten Rafael aus der Tobiterzählung, mit Verweis auf seine besonderen Erfahrungen:

---

keinen Besitz, weder Imperien noch Königreiche, sie wissen nicht, was Erbschaft ist, das heißt Eigentum, oder Herrschsucht, nach meiner Meinung die einzigen Gründe für Kriege und alle Arten von Unordnung". Zitiert nach:www.uni-muenster.de/FNZ-Online/ expansion/europ_expansion/quellen/mundus.htm). Raphael Hythlodeus wird zu Beginn des ersten Buches der „Utopia" als Gefährte des Amerigo Vespucci bezeichnet!

[7] Man kann daher verstehen, dass es viele Interpreten bis heute wütend macht, dass man nicht herausbekommen kann, bzw. nicht so einfach herausbekommen soll, in welcher Weise die Ansichten der erzählten Figuren Thomas More und Raphael Hythlodeus mit den Ansichten des Buchverfassers Thomas More übereinstimmen. Es geht hier nicht nur um „ironische Brechung", wenn ein „Autor selbst namentlich in seinem Roman auftritt und hierbei den skeptischen Dialogpartner des Berichterstatters über Utopia spielt", so SEILER, Gesucht: Ein neues Utopia!, sondern der reale Autor Thomas More wollte im wortwörtlichen Sinne seinen Kopf im England des 16. Jahrhunderts nicht zu früh verlieren, daher schickt er immer wieder, wenn es politisch zu brisant wird, seine literarische Figur Thomas More ins Feld und unternimmt als Erzähler alles, um seine Autorschaft herunterzuspielen: er sei nur der Berichterstatter dessen, was er gehört habe (vgl. auch HAGEL: Fiktion und Praxis, 38, der das „Spiel mit Wahrheit und Fiktion" (ebd. 42) ausführlich analysiert).

„,Über diese deine Ansichten wundere ich mich gar nicht',
erwiderte Raphael; ,denn von einem solchen Staate hast du
entweder gar keine Anschauung oder nur eine falsche. Wärest du
jedoch mit mir in Utopien gewesen und hättest du dort mit eigenen
Augen die Sitten und Einrichtungen kennengelernt, wie ich es getan
habe, der ich über fünf Jahre dort gelebt habe und gar nicht wieder
hätte fortgehen mögen, außer um die Kenntnis von dieser neuen
Welt zu verbreiten, so würdest du entschieden zugeben, du habest
nirgends anderswo ein Volk mit einer guten Verfassung gesehen
außer dort.'"

Es ist eine raffinierte literarische Strategie, den Leser, die Leserin auf
diese Weise neugierig zu machen auf diesen so besonderen alternativen
Staat, ein Ou-Topos, der erkennbar ein Eu-Topos, ein Guter Ort, ist.[8]
Ganz im Sinne seiner Leser bittet Thomas More dementsprechend,
„mein lieber Raphael ... gib uns eine Beschreibung der Insel und fasse
dich nicht zu kurz ... Du kannst aber annehmen, daß wir alles wissen
möchten, was wir bis jetzt nicht wissen." In der „Utopia" gewinnt die
im Humanismus neu gewonnene Fähigkeit zum kritischen Blick von
außen literarischen Glanz.

Aufgrund der Erfahrungen des 20. Jahrhunderts steht heute beim
Lesen der Utopia die kommunistische Ausrichtung der utopischen
Gesellschaft häufig im Zentrum der Aufmerksamkeit.[9] Möglicherweise
war das im 16. Jahrhundert etwas anders.[10] Vielleicht war damals die
eigentliche Provokation das Schlusskapitel der Utopia, überschrieben
mit „Die Religion der Utopier" (De religionibus utopiensium). Schon
die Länge und Schlussstellung dieses Kapitels ist bemerkenswert,

---

[8] KYTZLER: Zur neulateinischen Utopie, hat darauf hingewiesen, dass das Wort Utopia
„eine wohl schlagende, aber sprachlich falsche Bildung" sei, weil die Negierung eines
Adjektivs oder Substantivs im Griechischen durch das sog. alpha privativum geschehe
(z. B. apolitisch). Kytzler vermutet, dass diese falsche Bildung bedingt sei durch das
„sprachspielerische Vergnügen" an der klanglichen Ähnlichkeit von Utopia mit Eutopia,
also dem „Glücksland" oder „gutem Land" (KYTZLER: ebd. 197f.; vgl. jetzt auch HAGEL:
Fiktion und Praxis, 39).

[9] Vgl. nur NAUERTH: Finding Utopia.

[10] Im Kapitel über die Religion der Utopier heißt es bezeichnenderweise, ihre Liebe zum
Christentum sei dadurch bestärkt worden, „daß sie gehört hatten, Christus habe an der
gemeinschaftlichen Lebensweise seiner Jünger Gefallen gefunden und sie sei bei den
Zusammenkünften der echten Christen noch heutiges Tags üblich." Zu denken ist dabei
an die damals viel weitere Verbreitung kommunitärer religiöser Lebensformen durch eine
Vielzahl an Ordenshäusern und Klöstern.

64

kommt dem Schluss doch häufig besonderes inhaltliches Gewicht zu. Auffällig ist weiter, dass ein enger sachlicher Zusammenhang mit den bisherigen Schilderungen der utopischen Verhältnisse nicht gegeben ist. Es hätte nicht unbedingt auch noch von besonderen religiösen Vorstellungen und Ordnungen gesprochen werden müssen, die Vermutung liegt also nahe, dass der reale Autor davon unbedingt noch sprechen wollte.

Utopia ist keine christliche Gesellschaft, das ergibt sich aus der erzählerischen Grundkonstellation eines Berichtes aus einem gerade erst neuentdeckten Stück Welt, es ist aber auch eine raffinierte erzählstrategische Entscheidung des realen Autors, um erzählerische Freiheit zu gewinnen. Das Schlusskapitel ergeht sich nun nicht in irgendeiner Form religiöser Exotik, sondern entwickelt auch hier eine ganz an der Vernunft orientierte gesellschaftliche Ordnung der religiösen Dinge unter dem Leitgedanken weitreichender Toleranz, „denn unter ihre ältesten Bestimmungen rechnen sie die, daß niemand von seiner Religion Schaden haben darf." Die Brisanz dieser immer wieder mit ganz unschuldig daherkommender Vernünftigkeit begründeten Regelungen utopianischer Religiösität und Kirchlichkeit dürften 1516 weit größer gewesen sein, als in unserer Gegenwart.[11]

Die Doppelbödigkeit, die die Utopia insgesamt auszeichnet, findet sich gleich zu Beginn dieses Kapitels. Zunächst wird über die religiösen Vorstellungen ausgeführt, was man bei einer heidnischen Gesellschaft damals wie heute erwartet:

„Die religiösen Vorstellungen sind ... verschieden, indem die einen die Sonne, die andern den Mond und wieder andere diesen oder jenen Planeten als Gottheit anbeten. Einige verehren auch einen beliebigen Menschen, der vor alters durch Tugend oder Ruhm geglänzt hat, nicht bloß als Gott, sondern sogar als höchsten Gott."

Hier kann der christliche Leser, die Leserin noch schmunzeln und sich seiner Überlegenheit als Verehrer des einzigen, wahren Gottes

---

[11] Vgl. hierzu die detaillierten Analysen bei KESSLER: Religious Freedom in Thomas Mores Utopia, der von einer „highly original strategy for managing the relationsship between religion and government" spricht (ebd. 228). „More was the first Western thinker to publish a comprehensive defense of religious freedom" (ebd. 208). Möglicherweise hat sogar John Locke bei seiner berühmten „Epistola de tolerantia" (1689) Anregungen von More aufgenommen, Kessler notiert, dass in der Bibliothek von John Locke zwei Exemplare der „Utopia" gestanden haben (ebd. 229 A. 48).

erfreuen. Doch dann erzählt der Berichterstatter überraschend von den ‚klügeren' Heiden in Utopia:

„Aber der weit größte und zugleich weitaus klügere Teil glaubt an nichts von alledem, sondern nur an ein einziges, unerkanntes, ewiges, unendliches und unerforschliches göttliches Wesen, das über menschliches Begriffsvermögen erhaben ist und dieses ganze Weltall erfüllt, und zwar als tätige Kraft, nicht als körperliche Masse; man nennt es Vater. Ihm schreibt man Ursprung, Wachstum, Fortschritt, Wandel und Ende aller Dinge zu, und ihm allein erweist man göttliche Ehren."

In den philosophischen Wörterbüchern des alten Europa wird solch eine Position später als Deismus notiert und vor allem mit dem Zeitalter der Aufklärung verbunden. In Utopia scheint die Aufklärung früher eingesetzt zu haben, der humanistische Autor nutzt dies, um dem christlichen Europa zu einer geistlich angemesseneren Sicht Gottes zu verhelfen. Das Kapitel über die Religion enthält zahlreiche solcher „Winke über die der Kirche zu wünschenden Verbesserungen"[12].

Die Begründung für den zentralen Grundsatz, dass niemand aufgrund seiner Religion Nachteile erfahren soll[13], rekurriert weniger auf die vorhandene Grundübereinstimmung in religiösen Dingen („stimmen auch alle anderen trotz aller Glaubensunterschiede in diesem einen Punkte überein, daß sie an *ein* höchstes Wesen glauben"), sondern auf die (ebenfalls natürlich rein fiktive) geschichtliche Erfahrung von der Gründung des Staates Utopia. Der Gründer Utopus, so die Erzählung, konnte die ursprünglichen Inselbewohner aufgrund

---

[12] GIESELER: Lehrbuch der Kirchengeschichte, 525.

[13] Man fragt sich bei diesen Schilderungen unwillkürlich, wie weit damals bereits Berichte über die gewaltsame Missionierung der Indios in Lateinamerika verbreitet waren. Die Adventspredigt des Anton Montesinos, die bei Bartolomé de Las Casas zu einem Umdenken führte und die Anlass für die 1512 erlassenen Gesetze von Burgos war, ist 1511 gehalten worden. In ihr heißt es: „Ihr seid alle in Todsünde und lebt und sterbt in ihr wegen der Grausamkeit und Tyrannei, die ihr gegen jene unschuldigen Völker gebraucht. Sagt, mit welchem Recht und mit welcher Gerechtigkeit haltet ihr jene Indios in einer so grausamen und schrecklichen Knechtschaft? ... Wie könnt ihr sie so unterdrücken und plagen ... durch das Übermaß an Arbeit ... Was tut ihr, um sie zu lehren, daß sie Gott, ihren Schöpfer, erkennen, getauft werden, Messen hören, Feiertage und Sonntage halten? Haben sie nicht vernunftbegabte Seelen? Seid ihr nicht verpflichtet, sie zu lieben wie euch selbst? Das versteht ihr nicht? Das fühlt ihr nicht? Was für ein tiefer Schlaf, welche Lethargie hält euch umfangen?" (zitiert nach: www.uni-muenster.de/FNZ-Online/ expansion/europ_ expansion/quellen/advent.htm; abgerufen am 21.06.2021).

ihrer religiösen Zerstrittenheit besiegen und einen neuen Staat aufbauen. Für diesen Staat Utopia:

„setzte er Religionsfreiheit (quam cuique religionem libeat sequi, liceat, ThN) für jedermann fest und bestimmte außerdem, wenn jemand auch andere zu seinem Glauben bekehren wolle, so dürfe er es nur in der Weise betreiben, daß er seine Ansicht ruhig und bescheiden auf Vernunftgründen aufbaue, die anderen aber nicht mit bitteren Worten zerpflücke. Gelinge es ihm nicht, durch Zureden zu überzeugen, so solle er keinerlei Gewalt anwenden und sich nicht zu Schimpfworten hinreißen lassen."

Wieder einmal wie so oft in diesem Staat Utopia also eine pragmatische Lösung, die durch ihre Vernünftigkeit besticht. Nicht eine Einheitsreligion wird durchgesetzt, sondern eine liberale Haltung der Toleranz unter der Leitperspektive (gesellschaftlicher) Friede wird entwickelt. Auf Ruhe und Bescheidenheit, auf Freundlichkeit und den Verzicht auf bittere Worte wird um des Friedens wegen unerbittlich geachtet: „Geht aber jemand in dieser Sache zu ungestüm vor, so bestrafen ihn die Utopier mit Verbannung oder Sklavendienst." Wie sehr dieses Gesetz in Utopia ernst genommen wird, musste, so die Erzählung, die kleine Expeditionsgruppe um Hythlodeus selbst erfahren, denn

„einer aus unserer Gemeinschaft wurde während meiner Anwesenheit verhaftet. Als Neugetaufter redete er (...) öffentlich über die Verehrung Christi mit mehr Eifer als Klugheit (...) verurteilte vielmehr ohne weiteres alle anderen Lehren, nannte sie unheilig und bezeichnete ihre Anhänger als ruchlose Gotteslästerer, die es verdienten, in die Hölle zu kommen."

So jemand wird in Utopia belangt, „aber nicht wegen Religionsverletzung, sondern wegen Volksverhetzung" (populo tumultus), so heißt es im Bericht des Raphael Hythlodeus. Es wird betont, dass diese Bestimmungen „nicht bloß im Interesse des [gesellschaftlichen ThN] Friedens, den ... beständiger Kampf und unversöhnlicher Haß von Grund aus" zerstören, erlassen wurden, sondern auch aus genuin theologischen Überlegungen heraus. Der Gründer Utopos habe über die Religion nicht entscheiden wollen,

„gleichsam in Ungewißheit darüber, ob Gott nicht doch einen mannigfaltigen und vielseitigen Kult haben wolle und deshalb die einzelnen auf verschiedene Weise inspiriere. Jedenfalls hielt er es für eine Anmaßung und Torheit, wenn jemand mit Gewalt und Drohungen verlangte, daß alle seine persönliche Ansicht über die Wahrheit teilten. Sollte aber wirklich nur einer Religion die meiste Wahrheit zukommen und sollten alle anderen wertlos sein, so würde sich dann schließlich einmal, das sah Utopus sicher voraus, die Macht der Wahrheit schon von selbst Bahn brechen und sich deutlich offenbaren, wenn man ihre Sache nur mit Vernunft und Mäßigung betreibe."

Diese tiefe Überzeugung, dass die Macht der Wahrheit schon von selbst sich ihre Bahn brechen wird, „wenn man ihre Sache nur mit Vernunft und Mäßigung betreibe" wird später vor allem Erasmus von Rotterdam in der Auseinandersetzung um die reformatorischen Aufbrüche und Bewegungen immer und immer wieder vortragen. Utopos hat auch — wie später Erasmus in der „Klage des Friedens" — verstanden, dass Gewalt ganz grundsätzlich nicht in der Lage ist, eine Klärung von Wahrheitsfragen zu erzwingen: „Kämpfte man aber mit Waffen und Aufruhr um die Religion, so werde die beste und erhabenste zwischen den nichtigsten Wahnvorstellungen der Streitenden erstickt werden wie die Saaten zwischen Dornen und Gestrüpp, da gerade die schlechtesten Menschen am hartnäckigsten seien."

Die auf diese Weise begründete Toleranz Utopias [14] findet nicht zuletzt auch im Kult ihren Ausdruck. Die Vernünftigkeit und der Pragmatismus der Menschen in Utopia haben verhindert, dass die Vielfalt der Kulte zu einer Ressourcen verschwendenden religiösen Bautätigkeit führt:

„Zwar ist in Utopien die Religion nicht überall die gleiche, aber all ihre, wenn auch verschiedenen und vielfältigen Formen kommen

---

[14] Es gibt allerdings eine bezeichnende Ausnahme: „Nur sollte niemand ... die Würde der menschlichen Natur so weit vergessen, daß er annehme, die Seele gehe zugleich mit dem Körper zugrunde oder im Laufe der Welt walte der blinde Zufall und nicht die göttliche Vorsehung. ... Wer das Gegenteil annimmt, ist in ihren Augen nicht einmal ein Mensch, weil er die menschliche Seele in ihrer Erhabenheit in den niedrigen Zustand tierischer Körperlichkeit herunterdrückt; weit weniger noch rechnen sie ihn zu ihren Mitbürgern.... So wird er allenthalben als ein unbrauchbarer Mensch von niedrigem Charakter verachtet. Aber eine wirkliche Strafe erleidet er nicht, weil es die Überzeugung der Utopier ist, daß es nicht im Belieben des Menschen steht zu glauben, was er will. ... Wohl aber verbieten sie ihm, seine Meinung zu verteidigen, jedoch nur vor der großen Masse ... in einem geschlossenen Kreise von Priestern und ernsten Männern, lassen sie es nicht bloß zu, sondern fordern auch noch dazu auf, weil sie zuversichtlich damit rechnen, sein Wahnsinn werde doch noch endlich einmal der Vernunft weichen."

trotz Verschiedenheit der Wege in einem einheitlichen Ziele zusammen, in der Verehrung eines göttlichen Wesens. Infolgedessen ist in den Tempeln nichts zu sehen oder zu hören, was nicht für alle Religionsformen ohne Unterschied passend erschiene." Das „House of One", dessen Grundsteinlegung in Berlin 2021 mit viel Pathos gefeiert wurde, steht demnach in Utopia schon lange: „Einen seiner Sekte etwa eigentümlichen Brauch vollzieht ein jeder innerhalb seiner vier Wände; den öffentlichen Kult dagegen führt man in einer Form durch, die keiner Religion etwas von ihren Besonderheiten nimmt. Daher ist auch kein Götterbild im Tempel zu sehen, so daß es jedem freisteht, unter welcher Gestalt er sich die Gottheit seinem persönlichen Glauben gemäß vorstellen will." Geradezu als Leitlinie für heutiges interreligiöses Beten liest sich folgende Bestimmung: „Die Gebete, die in Utopien abgefaßt werden, sind auch alle derart, daß sich jeder ihrer bedienen kann, ohne gegen seinen persönlichen Glauben zu verstoßen."[15] Genauso modern ist ihre Ansicht über die materiellen Aspekte religiöser Bräuche: „Wenn die Utopier opfern, so schlachten sie kein Tier, und sie können nicht glauben, daß sich Gott in seiner Güte über Blutvergießen und Morden freut; hat er doch den Lebewesen das Leben zu dem Zwecke geschenkt, daß sie leben. Sie verbrennen Weihrauch und ebenso anderes Räucherwerk; auch stecken sie zahlreiche Wachskerzen auf, nicht als ob sie nicht wüßten, daß das Wesen Gottes dieser Dinge nicht bedarf, ebensowenig wie ja auch der Gebete der Menschen, aber sie finden Gefallen an dieser harmlosen Art Gottesverehrung, und die Menschen fühlen, daß diese Düfte, Lichter und sonstigen Feierlichkeiten sie irgendwie innerlich aufrichten und zur Verehrung Gottes freudiger stimmen." Man kann solche Texte aus dem Jahr 1516 nicht lesen, ohne unweigerlich an die religiösen Auseinandersetzungen zu denken, die ab

---

[15] Bemerkenswert ist, dass die Utopier sogar im Gebet sich immer wieder vor Gott die Frage stellen sollen, welche Religion die Gott gefälligere wäre: Sollte es „eine bessere Religion geben, die auch Gott genehmer wäre, so bitte er darum, seine Güte möge es ihn erkennen lassen; er wolle ihm bereitwillig folgen, wohin er ihn auch führe. Sollte aber … seine Religionsauffassung die richtigste sein, so möge ihm Gott Beständigkeit verleihen und die anderen Menschen alle zu denselben Lebensgrundsätzen und zu derselben Vorstellung von Gott bekehren, falls er nicht in seinem unerforschlichen Willen auch an dieser Mannigfaltigkeit der Bekenntnisse Gefallen finde." Hier wird in einzigartiger Weise das Prinzip der religiösen Vielfältigkeit liturgisch ritualisiert.

dem Jahr 1517 in Europa begannen. Da wurde gerade über diese materiellen Aspekte der Frömmigkeit erbittert gestritten, man war sehr weit entfernt von der liberalen Haltung Utopias und ihrer weisen Einsicht in die Harmlosigkeit des menschlichen Bedürfnisses, seinen religiösen Gefühlen durch Düfte, Lichter und Feierlichkeiten einen gewissen materiellen Ausdruck zu verleihen.

Die Erzählung „Utopia" endet 1516 bezeichnenderweise mit einem offenen Schluss. Nachdem Raphael Hythlodeus seinen Bericht beendet hat, erlebt man einen sehr nachdenklichen Thomas More, also eine nachdenkliche literarische Thomas More Figur:

„Als Raphael mit seinem Bericht zu Ende war, fiel mir gar mancherlei ein, was mir an den Sitten und Gesetzen jenes Volkes überaus sonderbar vorkam ... kann ich zwar nicht allem zustimmen, was dieser übrigens unbestritten hochgelehrte Mann von reifer Lebenserfahrung gesagt hat, doch gestehe ich ohne weiteres, daß ich sehr vieles von der Verfassung der Utopier in unseren Staaten eingeführt sehen möchte. Allerdings muß ich das wohl mehr wünschen, als daß ich es hoffen dürfte."[16]

Als Thomas More diesen Schluss im Jahr 1516 formulierte, konnte er noch nicht ahnen, wie das 16. Jahrhundert weiter verlaufen würde. Es verlief ganz anders als die Protagonisten des Humanismus sich das gedacht und erhofft hatten. In gewisser Weise kann man sagen, dass ab 1517 mit Beginn dessen, was man später Reformation nennen wird, der vernunftgeprägte europäisch reformerische Diskurs allmählich abbricht und von scharfen religiösen Streitigkeiten überlagert wird. Die Frage, wie der reale Autor Thomas More in diesen religiösen Streitigkeiten agiert, und ob er dabei der utopischen Vorgabe gerecht geworden ist, hat eine vielfältige Debatte ausgelöst.[17] Wenig bedacht wird in dieser Debatte, wie groß das Erschrecken nicht nur Mores, sondern auch bei Erasmus war über die rabiate, polemische, derbe Art und Weise, wie insbesondere Luther seine Sache vorantrieb: „diese Bitterkeit deiner Feder und die hemmungslose Lust an Schmähungen und die mehr als übertriebene Keckheit der beißenden Witze und

---

[16] In der Ausgabe von 1518 sind diese Worte von einem unbekannten Leser (oder einer Leserin?) unterstrichen worden, vgl. https://t1p.de/rwz76
[17] Überblicke bieten BERGLAR: Die Stunde des Thomas More und REX: Thomas More and the heretics: Statesman or fanatic?

Grimassen, die du gegen alle anwendest, die sich gegen deine Lehrsätze zu mucksen wagen."[18] Erasmus fürchtete einen großen europäischen Religionskrieg: „Ich glaube ein kommendes grausames und blutiges Jahrhundert zu sehen ... Es ist eine lange Tragödie"[19]. Insofern war der entscheidende Grundsatz, der in Utopia alle religiöse Toleranz getragen hat, von Anfang an verletzt: „Gelinge es ihm nicht, durch Zureden zu überzeugen, so solle er keinerlei Gewalt anwenden und sich nicht zu Schimpfworten hinreißen lassen." Ganz in diesem Sinn und Geist schreibt Erasmus über seine Absichten beim Schreiben des Buches über den freien Willen „De libero arbitrio":

„es gefiel mir zu versuchen, ob du durch diese Höflichkeit geheilt werden oder zu einer sanfteren Antwort eingeladen werden könntest. Schließlich sah ich, daß die Lage der Menschheit sich reichlich zum Schlimmeren gewandt hat, und wollte daher nicht durch gehässige Schreibeweise Öl ins Feuer gießen."[20]

Man fürchtete von Seiten des Erasmus, wie auch des Thomas More, was später Stefan Zweig so formulieren wird: „Die Einheit der katholischen Religion, die das Abendland mehr als ein Jahrtausend verbunden, zerfällt, die Zeit der religiösen Kriege bricht an, die Reformation zerstört die Renaissance."[21]

---

[18] Erasmus: Hyperaspistes. Erstes Buch (1526), 305. Vgl. auch ebd. 439: „du, o Luther, scheinst mir gewissen schlaglustigen Elementarlehrern zu gleichen, die, obwohl sie zarte Knaben zum Unterricht übernommen haben, einen guten Teil der Zeit mit Prügeln, Geschimpfe und Schmähungen vertun." Bezeichnend ist auch ein Brief des Erasmus von Rotterdam an Martin Luther vom 11.4.1526: „Das quält mit mir jeden Gutgesinnten, daß Du mit Deinem anmaßenden, herausfordernden, aufrührerischen Gebaren die ganze Welt in verhängnisvollem Zwiespalt erschütterst ... den Schlechten und Neuerungssüchtigen Waffen zum Aufruhr gibst, kurz ... Heiliges und Unheiliges durcheinanderwirfst, wie wenn Du es darauf abgesehen hättest, daß die gegenwärtige schlimme Zeit keine Wendung zum Guten nähme ... ich würde Dir einen anderen, besseren Geist wünschen, wenn du nicht mit Deinem Geist so sehr zufrieden wärest." (Zitiert nach: Köhler: Erasmus von Rotterdam. Briefe, 372f.).

[19] Erasmus: Brief an Martin Bucer vom 11.11.1527. Zitiert nach: Köhler: Erasmus von Rotterdam. Briefe, 419 und 421. Bereits im „Hyperaspistes" hatte er, an Luther gewandt, formuliert: „Wir besitzen die Früchte deines Geistes, die Sache ist bis zu einer blutigen Katastrophe fortgeschritten, und wir befürchten noch Schrecklicheres, wenn Gott es nicht gnädig abwendet." (Erasmus: Hyperaspistes, 241).

[20] Erasmus: Hyperaspistes, 509.

[21] Zweig: Der europäische Geist in seiner historischen Entwicklung, 194f.

Man muss die Größe dieser Befürchtung in Rechnung stellen, um das Handeln sowohl von Erasmus, der mit großer Anstrengung seine Unabhängigkeit halten konnte (und deswegen bei beiden konfessionellen Parteien in Ungnade fiel[22]) als auch von More, der in staatliche Ämter eintrat, die ihn in eine unmittelbare (Mit-) Verantwortlichkeit brachten, zu verstehen.[23] Das bittere Fazit lautet, ab 1517 wurde Toleranz in religiösen Dingen in Europa für lange Zeit zunehmend utopisch.[24]

## Literatur

BERGLAR, Peter: Die Stunde des Thomas More. Einer gegen die Macht, Freiburg 1978.

ERASMUS VON ROTTERDAM: Hyperaspistes. Erstes Buch (1526), zitiert nach: Ausgewählte Schriften. Acht Bände. Lateinisch und Deutsch. Herausgegeben von Werner Welzig. Vierter Band. Darmstadt 1995, 197-675.

GIESELER, Johann Karl Ludwig: Lehrbuch der Kirchengeschichte. Band 2. Teil 4, Bonn 1835.

HAGEL, Michael Dominik: Fiktion und Praxis: Eine Wissensgeschichte der Utopie 1500-1800, Göttingen 2016.

---

[22] „,Wer den Erasmus zerdrückt, der würget eine Wanze, und diese stinkt noch tot mehr als lebendig', giftet Martin Luther. ... Der berühmte Gelehrte sei ein ‚fleischgewordener Teufel', schimpft Luther. Ausgerechnet das gegenreformatorische Konzil von Trient (1545-1563) sieht das ähnlich und setzt Erasmus' Werke auf den Index. Mit seinen zugleich idealistischen und gemäßigten Positionen können beide wenig anfangen." (MITWALI: Erasmus von Rotterdam.

[23] Erwogen auch von KESSLER: Religious Freedom in Thomas Mores Utopia, 228.

[24] „Gegen die Täufer und Spiritualisten jeder Couleur, auch die friedlichsten und duldsamsten, wurde von allen inzwischen Etablierten einschließlich der Lutheraner und Zwinglianer und Calvinisten mit äußerster Brutalität eingeschritten. Von 1520 bis 1528 gab es in Deutschland (ohne das habsburgische Österreich und die Schweiz) durchschnittlich 38 Todesurteile pro Jahr gegen Ketzer, davon waren zwei Drittel Täufer (die ohne Urteil Getöteten und Verfolgten nicht gerechnet). ... Für die dreißiger Jahre werden durchschnittlich 13 Todesurteile pro Jahr gezählt". (LAUBE: Zum Toleranzproblem in der frühen Reformation, 93).

HEINRICH, Hans Peter: Thomas Morus. Mit Selbstzeugnissen und Bilddokumenten, Hamburg ³1991.

KESSLER, Sanford: Religious Freedom in Thomas Mores Utopia, in: The Review of Politics 64 (2/2002) 207-229.

KÖHLER, Walter (Hrsg.): Erasmus von Rotterdam. Briefe, Wiesbaden 1947.

KRAFT, Dieter: Notwendiger Nirgendsort. Utopie–Verständnis und Mißverständnis einer verborgenen Kategorie (2012), in: Utopie. Magazin für Sinn & Verstand. Online unter: https://t1p.de/1kx52 (zuletzt abgerufen am 29. 01.2022)

KYTZLER, Bernhard: Zur neulateinischen Utopie, in: VOßKAMP, Wilhelm (Hrsg.): Utopieforschung. Interdisziplinäre Studien zur neuzeitlichen Utopie. Zweiter Band, Frankfurt 1985, 197-209.

LAUBE, Adolf: Zum Toleranzproblem in der frühen Reformation, in: Sitzungsberichte der Leibniz-Sozietät 84 (2006) 93 (=https://leibnizsozietaet.de › 2012/11 › 06_laube).

MITWALI, Valerie:Erasmus von Rotterdam: Der Fürst der Humanisten zwischen allen Stühlen (12.07.2021); www.katholisch.de/artikel/30507-erasmus-von-rotterdam-der-fuerst-der-humanisten-zwischen-allen-stuehlen.

MUNIER, Gerald:Thomas Morus. Urvater des Kommunismus und katholischer Heiliger, Hamburg 2008.

NAUERTH, Thomas: Finding Utopia, in: Plough Quarterly Magazine No 11 (2016) 27-35.

REX, Richard: Thomas More and the heretics: Statesman or fanatic?, in: LOGAN, George M. (Hrsg.),The Cambridge Companion to Thomas More, Cambridge 2011, 93-115.

RIBHEGGE, Wilhelm: Erasmus von Rotterdam, Darmstadt 2010.

SEILER, Ursula: Gesucht: Ein neues Utopia! www.zeitenschrift.com/artikel/gesucht-ein-neues-utopia. (abgerufen am 30.07.2018).

ZWEIG, Stefan: Der europäische Geist in seiner historischen Entwicklung (1932), in: Ders., Die schlaflose Welt. Aufsätze und Vorträge aus den Jahren 1909-1941, Frankfurt 1990.

ZWEIG, Stefan: Triumph und Tragik des Erasmus von Rotterdam (1935), Köln 2016.

# Toleranz, die auf Teilhabe ausgerichtet ist

## Aus dem interreligiösen Dialog lernen

*Michael Schober*

Betrachtet man den Begriff der Toleranz im Hinblick auf seine Bedeutung für den interreligiösen Dialog, so stellt sich fast zwangsläufig ein gewisses Unbehagen ein. Einerseits ließe sich sagen, dass Toleranz immer zu wenig ist, dass es um Respekt, Akzeptanz und gleichberechtigte Teilhabe gehen muss. Es kann nicht nur darum gehen, andere nur zu „erdulden" und zu „ertragen", wie es die Wortbedeutung nahelegt. Wenn die Toleranz die einzige Form der Verbindung darstellt, ist sie eine relativ schwache Verbindung. Ich lasse andere gerade mal so sein, wie sie sind, gehe nicht gegen sie vor, aber kümmere mich auch nicht besonders um sie, fühle mich selbst ihnen womöglich überlegen, verzichte aber auf direkte feindliche Handlungen.

Andererseits ist die Forderung, die die Toleranz an uns stellt, jemanden, der*die Ansichten vertritt, Traditionen lebt und Prinzipien hat, die wir explizit ablehnen, zu respektieren, an und für sich schon eine recht hohe Forderung. Gerade in unserer „Blasengesellschaft" ist in diesem Fall die „Nicht-Beziehung", das Ignorieren anderer eher die Regel, wenn nicht gar ein „Freund-Feind-Verhältnis" konstruiert und gelebt wird.

Last but not least ist noch zu bedenken, dass Toleranz insbesondere gegenüber Intoleranz und Fanatismus zu „repressive[r] Toleranz"[1] werden kann, indem sie unter der Prämisse „anything goes" sich gleichgültig gegenüber Unrechtsstrukturen, Menschenrechtsverletzungen und Angriffen auf die Menschenwürde zeigt und

---

[1] MARCUSE: Repressive Toleranz.

sich beispielsweise auch globaler Verantwortung entzieht. [2] Ein solchermaßen relativistisches Toleranzkonzept der „Nicht-(be)achtung" hebt sich selbst auf bzw. führt sich selbst ad absurdum, da eine Wahrnehmung anderer gar nicht mehr stattfindet und Unrecht(sstrukturen) geleugnet oder zumindest passiv hingenommen werden. Die logische Folge ist, dass ein solches Konzept auch nicht auf Teilhabe (aller) zielt.

Vor diesem Hintergrund möchte ich die These aufstellen, dass die Grundforderung der Toleranz auch für das Ideal einer Gesellschaft der Vielfalt wesentlich ist, dass sie aber, was die Beziehung zu anderen angeht, nicht bei einer bloßen Form der Duldung stehenbleiben kann, sondern auf wachsende Wertschätzung und gleichberechtigte Teilhabe hin ausgerichtet sein muss, also anderen Entwicklungsmöglichkeiten zuzugestehen und den eigenen Überlegenheitsanspruch aufzugeben hat. Toleranz muss folglich auf die Absolutheit des eigenen Wahrheitsanspruchs verzichten. Ausgenommen davon bleiben Fragen, die die Menschenwürde und unveräußerliche Menschenrechte angehen. Letztere sind ein Korrektiv für jede Tradition in einer demokratischen Gesellschaft, wobei die jeweilige Konkretisierung der darin inbegriffenen Normen und Werte im „herrschaftsfreien Diskurs"[3] jenseits von Machtfragen bzw. Asymmetrien immer wieder neu ausgehandelt und schließlich in einen neuen Grundkonsens überführt werden muss. Davon unberührt ist, dass die Achtung der Menschenwürde einen unveränderlichen Kern dieses Grundkonsenses vorgibt.

Warum reicht dann aber der Begriff der Teilhabe nicht aus? Ich meine, dass der Toleranzbegriff präziser den Weg zu einer partizipativen Gesellschaft beschreibt. So ist der Ausgangspunkt, auszuhalten, dass Andere Überzeugungen leben, die mir nicht nur fremd sind, sondern die ich sogar ablehne, ein wichtiger Schutz vor vereinfachendem Relativismus. Der Toleranzbegriff schützt hier die Differenz, der*die andere darf anders sein. Er*sie wird nicht auf die Annahmen eines Teilhabemodells verpflichtet, das ihm*ihr in

---

[2] SÖLLE: Über postmoderne Toleranz, 33.
[3] Vgl. HABERMAS: Was heißt Diskursethik?, 395. Dort beschreibt er das für die Diskursethik maßgebliche Verfahren der Normbegründung so: „In Argumentationen müssen die Teilnehmer davon ausgehen, daß im Prinzip alle Betroffenen als Freie und Gleiche an einer kooperativen Wahrheitssuche teilnehmen, bei der einzig der Zwang des besseren Arguments zum Zuge kommen darf."

Absolutheit vorgegeben ist. In gewisser Weise zeigt sich hier bereits, dass sich auch Vertreter*innen des (vor)herrschenden Diskurses ändern bzw. zu Veränderungen bereit sein müssen, damit schließlich von gleichberechtigter Teilhabe gesprochen werden kann.

Bezogen auf den Interreligiösen Dialog möchte ich in Fortführung meiner These formulieren, dass sich dort wesentliche Lernmöglichkeiten zur Einübung von Haltungen und Tugenden, die dem Ideal einer Gesellschaft der Vielfalt dienen, bieten, unter ihnen eine Haltung der Toleranz, die auf Teilhabe ausgerichtet ist.

Der große Tübinger Humanist Johannes Reuchlin (1455-1522) bestimmt mit seiner Mahnung „Verachtet nichts, nur weil es fremd und anders ist!"[4] eine wichtige Grenze des Toleranzdiskurses. Wenn ich etwas oder jemanden allein deswegen, weil es*er*sie anders ist, verachte, gibt es praktische keine Möglichkeit ernsthaften bzw. echten Verstehens, ist ein Dialog per se unmöglich. Eine Grundform von Achtung des*der anderen ist unabdingbar. Noch besser ist ein Interesse oder Neugier, die Bereitschaft, Neues zu erfahren und zu lernen. Für ein echtes Gespräch muss ich mein Vorurteil ablegen, meine vorgefasste Meinung dahingehend öffnen, dass ich zuhören kann. Ohne Zuhören entsteht kein Dialog, sondern ein An-einander-vorbei-Reden, kein Verstehen, sondern ein Miss-Verstehen, dass die bestehenden Gräben vertieft.

Nun kann aber die Situation eintreten, dass ich den*die andere*n sehr wohl verstehe, mir aber dessen*deren Ansichten „gegen den Strich" gehen. Hier wird die (oben beschriebene) Toleranz als Differenzanerkennung notwendig. Ansonsten endet das Gespräch bzw. ist allenfalls noch ein Themenwechsel möglich.

Eine besonders schwierige Situation entsteht, wenn es um Aussagen geht, die aus menschenrechtlicher Sicht bedenklich sind. Das betrifft viele Religionen hinsichtlich des Respekts vor sexueller Vielfalt. Um nicht auf andere zu zeigen, verweise ich auf die Aussagen des Katholischen Katechismus (2357-2359)[5] zur Homosexualität, die inzwischen etablierten Standards, wie sie beispielsweise im „Allgemeinen Gleichbehandlungsgesetz (AGG)" des Bundes festgehalten sind, kaum genügen können. Führt hier die

---

[4] Leider war es mir nicht möglich, die Belegstelle dieses bekannten Zitats, auf das ich in einer Ausstellung im Stadtmuseum Tübingen 2017 gestoßen bin, selbst zu verifizieren.
[5] KATECHISMUS DER KATHOLISCHEN KIRCHE, 596.

Toleranz gegen die reformbedürftige Lehrmeinung der katholischen Kirche nicht in eine Sackgasse bzw. wird sie gar repressiv?

Ich persönlich halte jedenfalls grundlegende Menschenrechte im interreligiösen Dialog für nicht verhandelbar, auch wenn es Grenzfälle in der Auslegung geben kann. So käme also neben einer Forderung grundlegender Toleranz die gleichzeitige Forderung hinzu, keine Abstriche bei der Geltung der Menschenrechte zu machen, wobei das „Wie", die Weise, wie der menschenrechtliche Anspruch eingebracht werden kann, zunächst einmal offenbleiben kann. Es geht hierbei für mich eher um einen Modus der Bewusstseinsbildung, weniger um einen der Anklage. In vielen Fällen kann man durchaus darauf vertrauen, dass die religiösen Traditionen, sich grundlegenden Forderungen der Menschenrechte gegenüber als anschlussfähig erweisen, wenn es zum Beispiel um das Tötungsverbot geht.

Ein weiterer Zugang im Dialog ist der der vielfach geforderten „Augenhöhe". Im Grunde sollte der Dialog immer schon so geführt werden, als wäre das Ziel der gleichberechtigten Teilhabe verschiedener religiöser Gruppen in unserer Gesellschaft schon erreicht. In interreligiösen Arbeitskreisen werden Entscheidungen deshalb in der Regel im Konsens getroffen, jede vertretene religiöse Gruppe hat deshalb quasi ein „Veto-Recht". Hier wird in der Praxis ein konsequenter Schutz für Minderheiten gelebt.

Bei interreligiösen Begegnungen ist es aber auch befreiend, wenn jenseits aller „Diplomatie" von „Mensch zu Mensch" gesprochen werden kann, was selbstverständlich sein sollte, aber es leider bei weitem nicht ist.

Gemäß den Stufen von Rainer Frost intensiviert sich die Beziehung mit jeder Stufe (Erlaubnis, Koexistenz, Respekt und Wertschätzung)[6], wobei erst ab Stufe 3 (Respekt) überhaupt von einer auf Gegenseitigkeit beruhenden Beziehung gesprochen werden kann. Über die Stufe vier hinaus geht die Beziehung, wenn gute Bekanntschaft und schließlich Freundschaft entstehen, der*die andere also zu den Personen im eigenen Nahbereich gehört. Dann ist Toleranz gegenüber dem*der anderen als Person nicht mehr in gleicher Weise notwendig – die strittigen Punkte werden im Op-

---

[6] Vgl. FORST: Toleranz im Konflikt, 42-48.

timalfall durch die bestehende, verlässliche Beziehung und das gewachsene Vertrauen aufgefangen.

Hinsichtlich des Eintretens für die Menschenwürde wurde bereits deutlich, dass es bei einem Dialog, der auf aufrichtige Begegnung hin angelegt ist, nicht um Selbstverleugnung bzw. der Leugnung der eigenen Position gehen kann. Dann wäre ja der Dialog sinnlos, da keine*r der Beteiligten etwas Neues von seiner*ihrem Gegenüber erfahren würde. Es ist deshalb ebenso ein Erfordernis, Zeugnis vom eigenen Glauben bzw. der eigenen Weltanschauung zu geben, um anderen ein tieferes Verstehen des Eigenen zu ermöglichen, nicht um sie zur Übernahme der eigenen Position zu bewegen. Damit wird eine für den interreligiösen Dialog wichtige Debatte eröffnet. So ist es mir sehr wichtig, diese Form des „Zeugnis-gebens"[7], des Stehens zu seiner*ihrer Überzeugung von dem christlichen, historisch äußerst belasteten Begriff der „Mission"[8] abzugrenzen.

Um es vorweg zu sagen: Für mich schließt ein aufrichtiger interreligiöser Dialog jede Absicht von Mission aus. [9] Oder umgekehrt, wie es Vigil formuliert:

„Mission ist Dialog, nur Dialog. […] [A]lles was nicht aufrichtiger Dialog oder sich dem Dialog entgegenstellt, [kann] nicht Teil der wahren Mission sein [. …] Dies gilt grundsätzlich für alle Religionen – in besonderer Weise aber für das Christentum."[10]

Jeder Gedanke, den der*die andere von mir aufnimmt, beruht auf dessen*deren eigener freier Entscheidung. Insofern kann als Grenzfall auch nicht ausgeschlossen werden, dass eine*r der Gesprächspartner*innen einen Gedanken, eine Position aus freien Stücken aufnimmt, weil er bzw. sie ihn „über-zeugt" oder im Extremfall sogar auch die Konfession oder Religion wechselt. Aus meiner Sicht ist das aber kein anzustrebendes Ziel, sondern ein in seinem Wert „neutraler", also weder positiver, noch negativer Akt, der aufgrund der Freiheit der Dialogpartner*innen möglich ist.

---

7 Für mich liegt darin eine mögliche Verwirklichung des kirchlichen Grundvollzugs der „martyria".
8 Erinnert sei hier nur an die vielen Opfer der Eroberung Lateinamerikas ab 1492 und die Nicht-Achtung und Zerstörung der indigenen Religionen.
9 Dieser Gedanke wurde von mir bereits an anderer Stelle formuliert. Vgl. SCHOBER: Interreligiöse Öffnung als ein Beitrag zu einer Gesellschaft der Vielfalt, 602f.
10 VIGIL: Mission ist Dialog, 31 und 43.

Aus eigener Erfahrung kann ich sagen, dass es mir wohler ist, wenn letzteres nicht der Fall ist. So stellt der Schritt der Konversion implizit auch die Anfrage, ob die Atmosphäre im Dialog, zu der auch die Annahme der Verschiedenheit gehört, gut genug war. Dies aber nur als erfahrungsbezogene Nebenbemerkung. Die Freiheit des Denkens und Glaubens entscheidet diesen Fall meines Erachtens eindeutig. Keine Form von Zwang im Glauben, wie es uns die Religionsfreiheit gebietet, die beispielsweise im Koran schon angelegt ist (vgl. Sure 2,256). Ich verzichte also auf „eine werbende Grundhaltung"[11], zumindest, was die Zugehörigkeit zu einer religiösen oder weltanschaulichen Gruppe angeht.

Andererseits ist auch zu bedenken, dass es schon um der eigenen Ehrlichkeit willen nicht darum gehen muss, die eigenen (vielleicht auch unbewussten) Wahrheitsansprüche zu leugnen. Mit Recht weist die muslimische Theologin Silvia HORSCH darauf hin, dass sonst viele potenzielle Gesprächspartner*innen per se gar nicht zum Zug kommen, auch wenn Mission nicht die „Motivation für theologischen Austausch"[12] bilden kann:

„Es erscheint daher der Sache angemessener, die Vertretung des eigenen Wahrheitsanspruchs und Mission (im Sinne des Zeugnisses, nicht im Sinne aggressiven Werbens) tatsächlich nicht vom Dialog zu trennen, sondern vielmehr dieses Verhältnis zu reflektieren. Wenn es zur Voraussetzung für Dialog gehören würde, keinen eigenen Wahrheitsanspruch zu vertreten, wären viele überzeugte Anhänger*innen ihrer jeweiligen Religionen davon ausgeschlossen oder könnten zumindest nicht aufrichtig in diesen hineingehen.

Und schließlich liegt im Umgang mit sich ausschließenden Wahrheitsansprüchen eine Chance: Wir können lernen, mit diesem ‚schmerzlichen Dissens'[13] zu leben, die Anderen zu respektieren, auch wenn wir ihre Glaubensüberzeugung nicht teilen

---

[11] KRÄMER: Mission im Dialog, 30.
[12] Vgl. HORSCH: Gelingensvoraussetzungen interreligiöser Begegnung, 140.
[13] So formuliert es Annette Kick, Beauftragte für Weltanschauungsfragen in der Württembergischen Landeskirche: „An diesem Punkt bleibt ein für beide Seiten schmerzlicher Dissens. [...] Unsere Aufgabe ist es, unseren Glauben auch Muslimen gegenüber in Wort und Tat zu bezeugen; aber nicht seine Anerkennung erzwingen zu wollen." (Kick: Missionsauftrag, das Verhältnis zu anderen Religionen und konkrete Wege des interreligiösen Dialogs, 2f.)

können. Das Aushalten der Unterschiede ist schwieriger als das Feiern der Gemeinsamkeiten – beides ist jedoch für eine multireligiöse Gesellschaft in der Moderne notwendig."[14] Der große Gewinn interreligiöser Begegnungen liegt dementsprechend nicht darin, dass es danach z. B. mehr Jüd*innen, Christ*innen oder Muslim*innen gibt, sondern dass sich im Gespräch in allen Gruppen der eigene Glaube vertieft und das gegenseitige Verständnis wächst. Das ist für das gesellschaftliche Zusammenleben von Menschen mit verschiedenen sozialen und kulturellen Hintergründen in unserer globalisierten Welt eine schlichte Notwendigkeit.

Durch das wachsende gegenseitige Verständnis kann dann unter Umständen auch gemeinsames Handeln möglich werden, was ein erwünschtes, aber nicht unerlässliches Ergebnis solcher Dialogprozesse sein kann.

Solchermaßen gelingende Dialoge im Kleinen haben positive Rückwirkungen auf das gesellschaftliche Klima im Ganzen im Sinne eines Mehr an gegenseitiger Toleranz, Akzeptanz und Solidarität.

*Anderen das Ihre zu lassen*, ist also eine Tugend, die im interreligiösen Dialog gelernt werden kann. Unterstrichen sei hier nochmals, dass es sich um ein an den anderen interessiertes „Sein-Lassen" handelt und nicht um Gleichgültigkeit oder Indifferenz. Es geht gerade nicht, wie Dorothee Sölle zu Recht mahnt, um eine Art „Hyde-Park-Toleranz"[15], nach der jede*r an Speakers' Corner (vor-sich-hin-)reden kann, ohne auf wirkliches Interesse zu stoßen.

Das *Interesse an den anderen* ist für den Dialog wesentlich und lässt so auch die Differenz manchmal schmerzhaft erfahren. Diese auszuhalten, führt zu mehr Gelassenheit, wenn nicht Immunität, gegenüber emotionalisierenden, Hass schürenden Debatten und ist derzeit wichtiger denn je.

*Jede*r Einzelne in seiner*ihrer jeweiligen community zählt*: Deshalb sind einerseits Entscheidungen – wie oben schon beschrieben – nach Möglichkeit gemeinsam im Konsens zu treffen und nicht einfach per Mehrheitsprinzip. Ähnliches wäre auch für grundlegende Entscheidungen in unserer Gesellschaft wünschenswert. Andererseits ist

---

[14] HORSCH: Gelingensvoraussetzungen interreligiöser Begegnung, 142f.
[15] SÖLLE: Sympathie, 79.

der Binnenpluralismus jeder gesellschaftlichen Gruppe immer mit zu bedenken, um Einzelne vor (neuen) Stereotypisierungen zu schützen.

Durch die beschriebene *Grenze der Toleranz bei Fragen mit menschenrechtlicher Dimension*, ist sie auch nicht blind oder passiv gegenüber Unrecht(strukturen). Nein, es geht eben nicht alles, auch nicht im interreligiösen Dialog. Und, um ein drastisches Beispiel zu nennen: Folter bleibt Folter und kann durch nichts, aber auch gar nichts gerechtfertigt werden und damit auch weder durch Kultur, Tradition und Religion. Dies gilt ebenso für die weibliche Genitalverstümmelung, aber auch für vermeintlich „mildere" Verletzungen der (Menschen)Würde der Frauen.

Hinzu kommt die Tugend *Zeugnis zu geben*, die eigene Überzeugung bzw. den eigenen Glauben im Sinne gegenseitigen Verstehens zu vertreten. Auch diese Tugend ist in einer Zeit, in der gerade in den sozialen Medien die hämischen und hasserfüllten Zuschauer*innen-Kommentare dominieren, es „in" ist, die Fehler anderer in überzogener Selbstgerechtigkeit zu kommentieren, ohne selbst etwas Konstruktives oder gar eine bessere Alternative einzubringen, ein wesentliches Gut. Hier kann die im Dialog erlernte „Zivilcourage" Mut machen, sich selbst Gedanken zu machen, gegen den Strom zu schwimmen und Solidarität zu zeigen.

Last but not least ist die Erfahrung der *Verbundenheit in Verschiedenheit*[16] eine wichtige Ressource, die über einen schwachen Toleranzbegriff deutlich hinausgeht und die einen Ansatz bietet, Teilhabe aller Menschen guten Willens zu ermöglichen bzw. in Ansätzen schon Wirklichkeit werden zu lassen.

---

[16]ARSLAN / BALLNUS / BEILSCHMIDT / SCHOBER / SCHREINER: In Kooperation lehren, in Begegnung lernen, 35 (Eigene Hervorhebung).

# Literatur

ARSLAN, Hakki / BALLNUS, Jörg / BEILSCHMIDT, Theresa / SCHOBER, Michael / SCHREINER, Martin: In Kooperation lehren, in Begegnung lernen – Interreligiöse Studientage für christliche und muslimische Theologiestudierende 2017 in Goslar, in: CIBEDO-Beiträge 1/2018, 34-35.

FORST, Rainer: Toleranz im Konflikt. Geschichte, Gehalt und Gegenwart eines umstrittenen Begriffs, Frankfurt ³2012.

HABERMAS, Jürgen: Was heißt Diskursethik?, in: Höffe, Otfried (Hrsg.): Lesebuch Ethik, München ³2002, 393-396.

HORSCH, Silvia: Theologische Grundlagen und Gelingensvoraussetzungen interreligiöser Begegnung und Zusammenarbeit aus islamischer Sicht, in: Espelage, Christian / Mohagheghi, Hamideh / Schober, Michael (Hrsg.): Interreligiöse Öffnung durch Begegnung. Grundlagen – Erfahrungen – Perspektiven im Kontext des christlich-islamischen Dialogs, Hildesheim 2021, 139-151.

KATECHISMUS DER KATHOLISCHEN KIRCHE: Deutsche Ausgabe, München / Wien / u. a. 1993.

KICK, Annette: Missionsauftrag, das Verhältnis zu anderen Religionen und konkrete Wege des interreligiösen Dialogs. Online zugänglich unter: https://t1p.de/sjea (Letzter Zugriff am 29.01.2022).

KRÄMER, Klaus: Mission im Dialog, in: Ders. / Vellguth, Klaus: Mission und Dialog. Ansätze für ein kommunikatives Missionsverständnis, Freiburg i. B. u. a. 2012, 16-30.

MARCUSE, Herbert: Repressive Toleranz, in: Ders. / Wolff, Robert Paul / Moore, Barrington: Kritik der reinen Toleranz, Frankfurt a. M. ⁵1968.

SCHOBER, Michael: Interreligiöse Öffnung als Beitrag zu einer Gesellschaft der Vielfalt – ein Resümee in Thesen, in: Espelage, Christian / Mohagheghi, Hamideh / Schober, Michael (Hrsg.): Interreligiöse Öffnung durch Begegnung. Grundlagen – Erfahrungen – Perspektiven im Kontext des christlich-islamischen Dialogs, Hildesheim 2021, 593-605. Das Buch ist auch online zugänglich unter: https://nbn-resolving.org/urn:nbn:de:gbv:hil2-opus4-11973.

SCHWAB, Hans-Rüdiger: Johannes Reuchlin. Deutschlands erster Humanist. Ein biographisches Lesebuch, München 1998.

SÖLLE, Dorothee: Die Sowohl-als-auch-Falle. Über postmoderne Toleranz, in: Dies.: Mutanfälle. Texte zum Umdenken, München 1996, 30-33.

SÖLLE, Dorothee: Sympathie. Theologisch-politische Traktate, Stuttgart 1978.

VIGIL, José Maria: Mission ist Dialog, nur Dialog, in: Krämer; Klaus / Vellguth, Klaus (Hrsg.): Mission und Dialog. Ansätze für ein kommunikatives Missionsverständnis, Freiburg i. B. / u. a. 2012, 31-43.

00:01 Uhr get
*entspringen*
*der staubreichen erde*
*zum quicklebendigen*
*quellwerden*

*entspringen*
*allen unfreien bindungen*
*zum erfrischenden*
*labsal*

*entsprungen*
*kennen wir die alle ketten*
*sprengende*
*liebe*

# Auf der Suche nach einem anderen Wir

## Postkolonial-theologische Anfragen an Toleranz und Teilhabe

*Stefan Silber*

„Wir müssen uns [...] zusammenschließen in einem ‚Wir‘, welches das gemeinsame Haus bewohnt", schreibt PAPST FRANZISKUS in seiner Enzyklika *Fratelli tutti* (FT 17) angesichts der globalen Herausforderungen durch die Klimakatastrophe, durch Ungerechtigkeit und Krieg, und mitten in einer von der Covid-19-Pandemie gezeichneten Welt. In der Hoffnung auf eine Zeit nach dieser „Gesundheitskrise" fährt er fort: „Gott gebe es, dass es am Ende nicht mehr ‚die Anderen‘, sondern nur ein ‚Wir‘ gibt" (FT 35). Wie können wir dieses „Wir" verstehen? Muss man es von der Andersheit der „Anderen" abgrenzen oder ihr gar entgegensetzen? Welche Art von „Wir" kann in der gegenwärtigen Welt vielfacher Krisen und Probleme Lösungswege eröffnen, auf denen die Toleranz gegenüber Menschen, die von „uns" als „anders" wahrgenommen werden, und ihre Teilhabe, ihre Zugehörigkeit zu einem globalen Wir ermöglicht und konstitutiv werden?

In diesem Beitrag werde ich in drei Schritten zunächst Strukturen in der Gegenwart untersuchen, in denen das „Ich" den Vorrang vor dem „Wir" zu haben scheint. Danach richte ich einige kritische Anfragen vor allem aus postkolonialer und befreiungstheologischer Perspektive auf eine allzu selbstverständliche Verwendung des Wortes „Wir". Zuletzt wende ich diese Kritik auf eine Vertiefung der Konzepte „Toleranz" und „Teilhabe" an, die auch einem globalen friedenstheologischen und -politischen Horizont gerecht werden kann.

ICH STATT „WIR"? KRITISCHER BLICK IN DIE GEGENWART

„Covid 19 ist mit einem Röntgengerät verglichen worden, durch das Brüche in dem fragilen Skelett der Gesellschaften bloßgelegt wurden, die wir aufgebaut haben" [1], sagte UN-Generalsekretär António GUTERRES in einem dramatischen Appell bereits im Juli 2020. Er beklagt weiter: „Es deckt überall Irrtümer und Unwahrheiten auf: [...] Den Mythos, dass wir alle in demselben Boot sitzen, denn obgleich wir alle auf demselben Meer sind, ist es offensichtlich, dass manche von uns sich in Superjachten befinden, während andere sich an treibende Trümmer klammern." [2] Anders als ein Röntgengerät hat Covid 19 jedoch die Brüche in der Gesellschaft nicht nur offengelegt, sondern noch verstärkt. Strukturen weltweiter Ungerechtigkeit und Ausbeutung verfestigten sich in einem ungleichen Zugang zu Gesundheitsversorgung und Impfstoffen. Die Schere zwischen arm und reich öffnete sich weiter, und Krisenmaßnahmen weltweit wie Ausgangssperren und Kontaktverbote riefen vielerorts Hunger und Krankheit hervor. Währenddessen setzten sich Kriege und gewalttätige Auseinandersetzungen, ökologische Zerstörung und ethnische Vertreibung, Migrationsabwehr und Rüstungsspirale ungebremst und teilweise – wie in Brasilien – verstärkt fort. Die wirtschaftlich mächtigsten Staaten – allen voran Nordamerika und Europa, aber ebenso China – übten sich in Rhetoriken von Solidarität und globalem Zusammenhalt und förderten doch zugleich egoistische nationale Pandemiepolitiken und die ungebremste Akkumulation auf Seiten der Krisengewinnler[3].

Der globale Egoismus erscheint nicht nur auf wirtschaftlicher und politischer, sondern auch auf der kulturellen Ebene: Gerade in den ohnehin schon historisch privilegierten Gesellschaften des Globalen Nordens und des Westens zeigen sich derzeit gefährliche Tendenzen zur Abschottung und zur Priorisierung der eigenen Interessen: „America first!" scheint als Parole weltweite Nachahmer zu finden; auch in Europa mehren sich die Stimmen, die entweder einen

---

[1] GUTERRES: Tackling the Inequality Pandemic [eigene Übersetzung].
[2] Ebd.
[3] Vgl. etwa: GIGANTISCHE GEWINNE FÜR TECH-KONZERNE.

europäischen oder einen nationalen Chauvinismus fördern. Die Kritik an solchen Tendenzen wird dagegen gerne mit einer arroganten Selbstviktimisierung beantwortet: Der Untergang des Abendlandes, der Verfall Europas oder die Selbstabschaffung Deutschlands werden beschworen, wenn koloniale und neokoloniale Privilegien sowie gewohnte Hierarchien und Sonderrechte in Frage gestellt werden.

Auch angesichts von Menschenrechtsbewegungen wie dem Feminismus, der *Black-Lives-Matter*-Bewegung oder verschiedener queerer Gemeinschaften zeigt sich das Problem eines egoistischen Opfergestus auf Seiten der Privilegierten: Differenz und Andersheit werden als Bedrohung und nicht als Bereicherung der eigenen Identität aufgefasst; die eigenen Privilegien werden selbst auf Kosten derjenigen verteidigt, die durch sie in ihren Rechten und in ihrer Freiheit beschnitten werden.

Solche kulturellen und gesellschaftlichen Egoismen berühren und verschränken sich mit den wirtschaftlichen und politischen – und sie verstärken sich gegenseitig. Sie finden darüber hinaus einen Widerhall in der Welt der Religionen: Das Christentum ist wie die anderen Religionen nicht davor gefeit, sich solche Überheblichkeit zu eigen zu machen. Gerade das europäische Christentum steht durch seine koloniale und imperiale Geschichte in besonderer Weise in der Gefahr, Weltmission und Evangelisierung der Völker mit universalisierender Weltherrschaft zu verwechseln[4]. Die Nähe mancher christlicher ReligionsführerInnen zu den ProtagonistInnen chauvinistischer, ausschließender und ausbeutender Politik sollte daher ein Anlass zu profunder Selbstkritik darstellen.

## WER IST EIGENTLICH „WIR"?

Was genau meinen wir, wenn wir das Wörtchen „Wir" verwenden? Ein kurzer Blick in eine Fremdsprache kann hier zur Klärung beitragen: Im Quechua, der Sprache der Inkas in den Anden, die heute noch von Millionen Menschen vor allem in Peru und Bolivien gesprochen wird, gibt es zwei Übersetzungen für das „Wir".

---

[4] Vgl. SILBER: Postkoloniale Theologien, 94-99.

*Noqanchis*, das inklusive Wir, meint eine Gesamtheit von Menschen, die über sich selbst sprechen. *Noqayku*, das exklusive Wir, wird von einer Gruppe verwendet, die mit anderen oder über andere spricht, die nicht zur Gruppe gehören. Also beispielsweise: „Wir *(noqayku)* laden euch zum Essen ein" – „Danke, wir *(noqayku)* kommen mit euch mit." – „Dann gehen wir *(noqanchis)* gemeinsam!" Die Quechuagrammatik macht dadurch eine Differenzierung im Wir sichtbar, die in anderen Sprachen nicht leicht auszudrücken ist: Im Deutschen müssen wir solche Differenzierungen mit „wir alle", „wir, ihr aber nicht", „wir im Unterschied zu euch" usw. umschreiben.

Die Unbestimmtheit des „Wir" kann sich auch in anderen Bereichen zeigen, für die auch das Quechua keine einfache sprachliche Lösung bietet: Wer genau gehört zu diesem angesprochenen Kollektiv dazu, wer nicht? Wer hat welche Rechte und Pflichten inne? Wer kann bestimmen, wie Zugehörigkeit, Rechte und Pflichten geregelt sind? Welche unausgesprochenen, aber selbstverständlichen Inklusionen und Exklusionen, Über- und Unterordnungen, Auf- und Abwertungen werden durch den Gebrauch des Begriffes mittransportiert, aber nicht offengelegt? Sind Frauen in einem bestimmten „Wir" mitgemeint, Nicht-Weiße, Nicht-Staatsbürger, Kinder, Wohnsitzlose, MigrantInnen? All dies ist nicht selbstverständlich und muss kritisch beachtet und hinterfragt werden können.

Selbst ein gut gemeintes und völlig inklusiv gedachtes Wir kann Menschen durch Mechanismen der Selbstexklusion ausschließen, wenn sie aufgrund unbewusster Vorannahmen davon ausgehen, selbstverständlich nicht gemeint zu sein oder aufgrund kultureller, politischer oder sogar ästhetischer Differenzwahrnehmungen keine innere Zugehörigkeit verspüren[5]. Die Beschwörung eines gemeinsamen Wir kann dieses nicht bewirken, wenn es nicht von zahlreichen anderen Maßnahmen auf struktureller, kommunikativer, kultureller, wirtschaftlicher Ebene (und anderen) begleitet wird.

Die niederländische feministische Theologin Wietske DE JONG-KUMRU bringt dies so auf den Punkt: „Einfach andere Menschen an den Tisch des Dialogs einzuladen, reicht nicht aus, um das Privileg derjenigen aufzulösen, die bereits am Tisch sitzen."[6] Durch eine

---

[5] Vgl. a. a. O., 103-108.
[6] DE JONG-KUMRU: Postcolonial Feminist Theology, 103 [eigene Übersetzung].

solche Einladung entsteht noch keine Tischgemeinschaft von Gleichen. Vielmehr besteht sie nach wie vor aus Einladenden und aus Gästen, aus Privilegierten und Dazugebetenen. Ein gemeinsam gesprochenes Wir an diesem Tisch kann diese Differenzen nicht beseitigen, aber auch nicht mehr offenlegen. Vielmehr gefährdet es den Dialog grundlegend, indem es die Unterschiede zwischen den verschiedenen Menschen am Tisch unsichtbar macht. Innerhalb der Metapher der Tischgemeinschaft könnten mögliche Lösungen für den Dialog darin bestehen, dass alle vom Tisch aufstehen und gemeinsam an einen anderen Ort gehen oder dass durch eine veränderte Sitzordnung deutlich gemacht wird, dass die Privilegien der früheren Tischgemeinschaft sichtbar bleiben und zur Disposition stehen.

Eine ähnlich kritische Anfrage richtet der brasilianische indigene Wissenschaftler Ailton KRENAK an das Konzept der Menschheit. Gibt es eigentlich – so fragt er – überhaupt so etwas wie „die Menschheit"? Während der Kolonialzeit habe die Überzeugung vorgeherrscht, dass es „eine erleuchtete Menschheit gab, die sich auf den Weg zu der verdunkelten Menschheit machen musste, um diese an dieses unglaubliche Licht zu ziehen"[7]. Diese Spaltung der Menschheit, die von denen hervorgerufen wurde, die mit ihr ihre Eroberungs- und Ausbeutungspläne rechtfertigen konnten, sei bis heute nicht überwunden. Was heute als „Menschheit" gilt, hält Krenak für einen elitären, exklusiven „Club", zu dem er selbst gar nicht gehören möchte, weil er „meistens nur unsere Fähigkeiten zur Erfindung, unsere Kreativität, unsere Existenz und Freiheit beschränkt"[8].

Im Gegensatz zu diesem Club würden Indigene, Nachfahren ehemaliger SklavInnen und andere Menschen, die einen traditionellen, mit dem Land verbundenen Lebensstil pflegen, als „rohe, rustikale, biologische Untermenschheit"[9] eingestuft. Solche Abwertungen und das Verständnis der Menschheit als etwas von der Natur getrenntes führen Krenak dazu, sich einer solchen universalen „Menschheit" nicht zugehörig zu fühlen, „die alle anderen [Menschheiten] und alle anderen Wesen ausschließt"[10].

---

[7] KRENAK: Ideias, 8 [eigene Übersetzung].
[8] Ebd.
[9] A. a. O., 11.
[10] A. a. O., 23.

So wie Krenak begründet, warum er nicht „der Menschheit" angehören möchte, muss ernst genommen und verstanden werden, dass und warum es Menschen gibt, die sich jeweils einem „Wir", zu dem sie gerechnet oder auch mit Wohlwollen eingeladen werden, nicht zugehörig fühlen. Ein Wir, das nur zu den Bedingungen der Privilegierten zu haben ist, kann solche Widerstände und Zurückweisungen auslösen. Jedes Wir, das in einem Kontext von Ungerechtigkeit und Unterordnung gesprochen wird, kann stillschweigend bestimmte Hierarchien und sogar Exklusionen beinhalten, die eine echte Gleichberechtigung und Anerkennung gleicher Würde innerhalb dieses Wir verhindern. Dazu gehören in der Gegenwart nicht nur die kulturell ererbte eurozentrische Überheblichkeit, sondern auch Sexismus und Rassismus, von denen weltweit viele Kulturen zutiefst geprägt sind, gerade auch im Westen.

Der Appell an ein gemeinsames Wir kann auch dazu missbraucht werden, Verletzungen und Verantwortlichkeiten der Vergangenheit zu überspielen. Judith GRUBER zeigt, wie die Erinnerung an geschlagene Wunden, verbunden mit einer gewissen „Heilungsverweigerung"[11] helfen kann, die Verantwortlichen für diese Wunden zu entmachten und eine gemeinsame, aber transformierte Zukunft zu eröffnen. Auch die Auferstehung des Gekreuzigten wird im Neuen Testamente nur durch eine „Hermeneutik von Wunden, Tränen und Abwesenheit bestätigt"[12] . Ebenso muss ein die Menschen verbindendes Wir, wie es Papst Franziskus für die nahe Zukunft erhofft, bereit sein, sich an die Wunden der Vergangenheit zu erinnern, sie anzuerkennen und zu betrauern.

Ein solches *anderes Wir*, das sich der hintergründigen Schwierigkeiten und der Missbrauchbarkeit des Konzeptes „Wir" bewusst ist und diese zu vermeiden sucht, muss die Differenzen und Unterschiede, die Hierarchien und Abhängigkeiten, die Verletzungen und Tränen, die durch ein vorschnelles Wir übertüncht zu werden drohen, sichtbar und offen halten. Widerstand und Vorbehalte gegen das Wir müssen als Verweis darauf interpretiert und akzeptiert werden, dass Menschen sich nicht zu einem Wir

---

[11] GRUBER: Heimsuchungen, 144.
[12] Ebd.

vereinnahmen lassen wollen, das ihnen nicht die Freiheit lässt, sie selbst mit ihrer eigenen Geschichte und ihren eigenen Wunden zu sein.

## TOLERANZ UND TEILHABE IN EINEM ANDEREN WIR

Mit diesen postkolonialen und befreiungstheologischen Überlegungen zu einem anderen Wir lässt sich nun ein vertieftes Verständnis von Toleranz und Teilhabe entwickeln. Denn auch diese beiden Begriffe lassen sich – ebenso wie das „Wir" – in einem vorschnellen Sinn oberflächlich und missbräuchlich einsetzen und zeitigen so gerade entgegengesetzte Konsequenzen.

Toleranz kann sich in diesem Sinn (positiv) zu einer aktiven Bejahung von Differenz und Pluralität entwickeln. Die Andersheit der Anderen wird dann nicht nur „toleriert", sondern als Geschenk aufgefasst, das mich transformieren kann. Zu dieser Andersheit gehört die Geschichte der Anderen mit ihren positiven und leidvollen Erfahrungen, mit ihren Erfolgen und ihren Wunden. Toleranz beinhaltet dann auch die Verantwortung, die ich für meinen Teil in der Geschichte übernehmen muss, oder für den Teil, für den meine Vorfahren, mein Land, meine Religion Verantwortung tragen.

Diese Art von Toleranz bedeutet, dass Menschen miteinander in Beziehung treten und gemeinsam einen Weg beginnen, der von den Vorerfahrungen und den Vorgeschichten beider geprägt sein wird und der das Potenzial hat, beide zu verändern. Sie geht über die (an sich schon wünschenswerte) Erlaubnis hinaus, dass beide so sein dürfen, wie sie sind, und fördert den lebendigen Austausch, das wechselseitige Wachstum beider in Freiheit.

Dies gilt ebenso für das Konzept der Teilhabe. Über einen schwachen Begriff von Teilhabe hinaus, in dem es reichen würde, dass andere etwas von dem mitmachen dürfen, was manche schon tun, kann er eine wechselseitige Beziehungsaufnahme bezeichnen, in der beide an den jeweils anderen teilhaben können. Auch hier ist es notwendig, versteckte Hierarchien und Differenzen, Wunden und Verletzungen nicht zu verschweigen oder unsichtbar zu machen. Denn in einer Welt des verallgemeinerten Egoismus, nach einer über fünfhundertjährigen Geschichte europäischer Expansion und

Überlegenheit und angesichts von zahlreichen versteckt wirkenden Exklusionsmechanismen wie Sexismus und Rassismus kann es keine Teilhabe geben, ohne dass zugleich die Geschichte verweigerter Teilhabe immer wieder kritisch erinnert wird.

Ansonsten erscheinen der Widerstand gegen ein gemeinsames Wir und die Verweigerung der angebotenen Teilhabe nur allzu nachvollziehbar. Denn die Gefahr des Missbrauchs von Toleranz und Teilhabe können bei vielen Menschen den Verdacht aufkommen lassen, erneut – wie so oft in der Geschichte – von den aktuell Mächtigen mit Dialogangeboten über den Tisch gezogen zu werden. Die Weigerung, das Angebot einer schwachen Toleranz oder einer oberflächlichen Teilhabe anzunehmen, entspricht der Freiheit zur Gestaltung der eigenen Geschichte und zum Zusammenschluss in einem eigenen, exklusiven Wir, das dieser Geschichte gerecht wird. Auch diese Weigerung muss – in einem starken Sinn – toleriert und sogar gefördert werden, um mit Toleranz und Teilhabe niemanden gegen seinen Willen und unter Verletzung seiner Freiheit zu vereinnahmen.

Toleranz und Teilhabe schließen aus der Perspektive des im zweiten Abschnitt beschriebenen anderen Wir daher die Verantwortung für die Wunden der Anderen ausdrücklich ein, auch wenn die Wunden nicht von mir geschlagen wurden oder von jemandem, mit dem ich in Beziehung stehe. Papst Franziskus schreibt daher: „Treten wir in Kontakt mit den Wunden, berühren wir das Fleisch der Verletzten. [...] Achten wir auf die Wahrheit dieser Gewaltopfer" (FT 261). Denn in diesen Wunden offenbart sich nach Überzeugung des Papstes die Wahrheit über die Geschichte, die alleine Toleranz und Teilhabe wirklich glaubhaft ermöglichen.

Im Sinne dieses lebendigen und dynamischen Offenhaltens der Verschiedenheit ist so verstandene Teilhabe dann aber kein Gegensatz zur Andersheit, die überwunden werden müsste, so wie das Eingangszitat von Papst Franziskus fälschlich verstanden werden könnte. Was der Papst vielmehr überwinden möchte, ist diejenige Andersheit, die mich gleichgültig lässt oder mir Angst macht. Teilhabe in dem hier beschriebenen Sinn bewirkt jedoch, dass es zugleich ein „Wir" und „Andere" gibt, dass unser Wir ein Miteinander von Anderen ist, da ich selbst erkennen kann, dass ich ebenfalls ein „Anderer" bin.

## Friedenstheologische Konsequenzen

Dieses vertiefte Verständnis von Toleranz und Teilhabe bringt auch fruchtbare Konsequenzen für die Friedenspraxis in vielen verschiedenen Arten von Konflikten mit sich, sei es auf persönlicher, nationaler oder internationaler Ebene. Denn ein reiner Appell an ein gemeinsames Wir besitzt meistens nicht die Kraft, einen komplexen Konflikt wirklich zu lösen. Dazu ist der von Papst Franziskus angesprochene Blick auf die Wunden, auf die Erfahrungen der Opfer von Gewalt und Ungerechtigkeit, die es auf allen Seiten eines Konfliktes gibt, erforderlich.

Toleranz kann Frieden schaffen, wenn sie nicht nur ein stillschweigendes Dulden der Andersheit anderer Menschen ist, sondern die Differenz als Anlass zur Beziehungsaufnahme und zu einem gemeinsamen Lernprozess – auch über die Fehler der Vergangenheit – versteht. Ebenso muss Teilhabe die bereitwillige Aufnahme der Unterschiedlichkeit und die Anerkennung der im Konflikt bestehenden Ungleichheiten und Ungerechtigkeiten umfassen. Auf diese Weise kann sich ein *anderes Wir* entwickeln, in dem die Eigenheit jedes einzelnen Menschen und die Besonderheiten jeder Gruppe nicht mehr geleugnet werden, sondern als Ausgangspunkt eines gemeinsamen Weges dienen.

Dieses *andere Wir* wird dem Frieden nicht nur unter den Menschen, sondern in der gesamten Schöpfung dann ganz besonders dienen, wenn es nicht nur die Eigenheiten und Differenzen innerhalb der Menschheit, sondern in der gesamten Natur umfasst. Wie insbesondere indigene Kulturen weltweit immer noch wissen und in ihrem Alltag praktizieren, gehören Tiere und Pflanzen, die Erde und das Wasser, Acker und Wald, die Ahnen und die Nachkommen ebenso zu dem großen Wir, das unser gemeinsames Haus bewohnt, wie auch Papst Franziskus schreibt. Im Respekt vor diesem großen, anderen Wir und in der lebendigen Wertschätzung jedes einzelnen Wesens kann sich auch der Frieden zwischen den Menschen entwickeln.

92

# Literatur

GIGANTISCHE GEWINNE FÜR TECH-KONZERNE, Tagesschau, 30.10.2020. Online zugänglich unter: https://www.tagesschau.de/wirtschaft/tech-gewinne-corona-101.html (Letzter Zugriff am 7.7.2021).

GRUBER, Judith: Heimsuchungen. Mit welchen Soteriologien können wir identitären Versuchungen entkommen?, in: dies. / Sebastian Pittl / Stefan Silber / Christian Tauchner (Hrsg.): Identitäre Versuchungen. Identitätsverhandlungen zwischen Emanzipation und Herrschaft. Identitary Temptations. Identity Negotiations between Emancipation and Hegemony (CONCORDIA Monographien 73), Aachen 2019, 136-146.

GUTERRES, António: Tackling the Inequality Pandemic: A New Social Contract for a New Era. Opening remarks at Nelson Mandela Lecture. Online zugänglich unter: https://t1p.de/2yvw (Letzter Zugriff am 29.01.2022).

JONG-KUMRU, Wietske De: Postcolonial Feminist Theology. Enacting Cultural, Religious, Gender and Sexual Differences in Theological Reflection (ConctactZone. Explorations in Intercultural Theology 16), Zürich/Berlin 2013.

KRENAK, Ailton: Ideias para adiar o fim do mundo, São Paulo: Companhia das Letras 2019 (E-Book).

PAPST FRANZISKUS: Enzyklika Fratelli tutti über die Geschwisterlichkeit und die soziale Freundschaft, Assisi, 3. Oktober 2020. Zitiert als FT, Nummer des Abschnittes.

SILBER, Stefan: Postkoloniale Theologien. Eine Einführung (UTB 5669), Tübingen 2021.

# Vertrauenskrisen
# als Herausforderung für den Frieden

*Anja Vollendorf*

Dieser Beitrag geht der Fragestellung nach, wie Menschen mit einem ver-rückten Verhältnis zur Wahrheit tolerabel am gesellschaftlichen Diskurs partizipieren. Dient das dem Frieden? Der Beitrag will lediglich ein paar Anstöße geben. Er intendiert weder die vollständige Beantwortung der Frage noch enthält er ein fertiges Konzept. Ein paar Impulse mögen zum Weiterdenken einladen. Drei Praxis-Beispiele:

1. Kontext Demokratische Republik Kongo, Pastor K. (Paraphrase): „Wenn ich Ja sage, heißt das auch Ja und ich mache das, was ich zusage. Wenn ich nein sage, mache ich das nicht. In unserem Kontext kommt es darauf an, die Wahrheit zu sagen und danach zu handeln."

2. Kontext eines Wohnungslosen in einem Wohnhaus der Wohnungslosenhilfe (Paraphrase): „Ich gehöre hier gar nicht her. Das sind ja alles Alkoholiker hier. Ich bin Epileptiker. Ich habe bei einem Brand meine Wohnung verloren. Hier bleibe ich nicht."

3. Kontext Parteitag AFD Dresden 2021: „Der Parteivorsitzende Meuthen sagte hingegen zur Eröffnung, die AfD wolle ‚zeigen, dass diese Verbotsorgien, dieses Einsperren, diesen Lockdown-Wahnsinn, dass es all das nicht braucht, wenn man den Menschen vertraut.' Den regierenden Parteien falle nichts anders als ‚plumper und undifferenzierter Lockdown' ein. Die AfD lebe Eigenverantwortung."[1]

Im christlichen Kulturkreis ist das Verhältnis zur Wahrheit ein enges. „Eure Rede aber sei: Ja, ja; nein, nein. Was darüber ist, das ist vom Übel." Mt 5,37 wird gleichsam positivistisch verstanden, im Sinne von „Ja ist nicht Nein und Nein ist nicht Ja", als wäre das, was

---

[1] Artikel: Protest gegen den AfD-Parteitag.

darüber hinausgeht, eine Lüge. Was nicht Ja oder Nein ist, ist etwas ganz anderes, etwas Ausgeschlossenes, das nicht mehr zum Ja bzw. Nein gehört. Der biblische Kontext des Schwörens bei Matthäus macht aber deutlich, dass es um Menschen geht, die eine äußere Instanz als Bekräftigung der eigenen Wahrheit heranziehen, die entweder gar nichts mit dem Sachverhalt zu tun hat (Haare des Hauptes) und/oder sich dem Einflussbereich des Schwörenden entzieht (Jerusalem). Die Wahrheit wird übertrieben oder überdehnt und damit zur Lüge.

Der kongolesische Pastor hat die weitverbreitete Praxis im Land vor Augen, die das Ja so weit überdehnt, dass es ein Nein meint, was aber nicht ausgesprochen wird. So wird die Situation oft verkompliziert. Ob ein Ja oder Nein gemeint ist, muss an der Person abgelesen werden, nicht an der verbalen Äußerung. Am Ende kann ein Willkürstaat entstehen. Es geht nicht mehr um die Sache, sondern einzig und allein um den (weniger oft um die), der was zur Sache sagt. Wenn es sich um eine*n Höhergestellte*n handelt, ist nur seine bzw. ihre Wahrheit interessant, die immer als richtig gilt. Recht und Unrecht verschwimmen. Ein Pastor plädiert für Klarheit.

Im zweiten Beispiel handelt es sich um fünf Sätze, die klar sind und faktenbasiert glaubwürdig erscheinen. Da sagt jemand die Wahrheit, denke ich bei mir. Der Widerspruch besteht darin, warum er sich dann in einer Einrichtung der Wohnungslosenhilfe befindet. Ich kann, wenn ich seine Aussagen für wahr nehme, mich empören und mich solidarisch für ihn einsetzen, dass er eine eigene Wohnung bekommt und aus der Einrichtung, in der er irrtümlich wohnt, ausziehen kann. Ich kann aber auch misstrauisch reagieren, wenn ich diese Sätze höre, an seiner Wahrheit zweifeln und an einen Menschen ohne eigene Krankheitseinsicht denken. Das Leben in einem Haus mit Menschen, die diesen Menschen fachkompetent begleiten, kann ihn schützen.

Das dritte Beispiel kommt aus dem Kontext einer rechtspopulistischen Partei, deren Mitglieder zweifellos Probleme mit der faktenbasierten Wahrheit haben (z. B. Holocaust-Leugner, Corona-Leugner). Der Parteivorsitzende nutzt beim COVID-19-Thema die Tatsache aus, dass es erhebliche Wissenslücken zum Umgang mit dem Problem der Pandemie gibt. Wichtige Wahrheiten sind zum Thema nicht bekannt. Oder neue Wahrheiten kommen ans

Tageslicht, die erst vor kurzem eingeschlagene für wahr gehaltene Wege ad absurdum führen. Eine Wahrheit überholt eine ehemalige Wahrheit aus der Vergangenheit, die sich als haltlos erwiesen hat. Das lässt sich rechtspopulistisch ausnutzen. Allein andere einer „Verbotsorgie" zu bezichtigen, aber selbst ein Parteiprogramm vorzuhalten, in dem klar benannt ist, was gesellschaftlich geboten und verboten gehöre, strapaziert nicht nur die Toleranz einer Gesellschaft, sondern auch den vernünftigen, demokratischen Diskurs einer Gesellschaft über das Gebotene und Verbotene. „Eigenverantwortung" ist da eben nicht gegeben, wo gegen LGBTQ u. a., den Zwang zum Bezug von (Braun-)Kohlestrom oder den Zwang, Menschen ohne Maske gegenüber sitzen zu müssen, argumentiert wird.

Glaube heißt Vertrauen. Vertrauen entsteht, wenn da jemand Ja sagt, auch Ja meint und entsprechend handelt (Praxisbeispiel 1). Vertrauen entsteht, wenn mir nicht Fakten verschwiegen werden, die das Beurteilen der bekannten Fakten in ein anderes Licht stellen (Praxisbeispiel 2). Vertrauen entsteht, wenn nicht Übertreibungen und Inkonsequenz eigene und fremde Haltungen konterkarieren (Praxisbeispiel 3).

Der Frieden ist allemal gestört, wenn Vertrauen nicht entstehen kann. Ausgehend von der Konflikttheorie Johan Galtungs und seiner Definition des Konflikts als „Inkompatibilität zwischen Zielsetzungen oder Wertvorstellungen von Akteuren in einem Gesellschaftssystem."[2] muss es friedensfördernd darum gehen, Zielsetzungen und Wertvorstellungen von Akteur*innen einander immer mehr, im Sinne eines niemals endenden Prozesses anzunähern, und damit die Kohäsion, den Zusammenhalt, in einer Gesellschaft zu stärken. Ideal wäre der Weg ständig aufeinanderfolgender Win-win-Situationen. Aber nach Galtung reichten auch Lösungen der Konflikttransformation ohne Gewinnausschüttung, sofern sie von allen Beteiligten akzeptiert werden und durch starke Institutionen sichergestellt werden. Nach dem Nachhaltigkeitsziel 16 „Frieden, Gerechtigkeit und starke Institutionen" der Agenda 2030 geht es darum, „leistungsfähige,

---

[2] GALTUNG: Konflikt als Lebensform, 110.

rechenschaftspflichtige und inklusive Institutionen auf allen Ebenen aufzubauen"[3], d. h. Institutionen, denen Menschen vertrauen.

Heißt das, dass Menschen mit einem ver-rückten Verhältnis zur Wahrheit von solchen Institutionen, von denen die Vereinten Nationen sprechen, zurecht gerückt werden müssen? Geht es nur so, Vertrauen zu schaffen?

Ad 1. Der kongolesische Pastor als Vertreter der Institution Kirche rückt willkürliches Handeln mit seinem Plädoyer für Verbindlichkeit zurecht.

Ad 2. Die Einrichtungsleitung der Wohnungslosenhilfe ergänzt die Faktenlage, trägt zur Wahrheitsfindung bei und entwickelt aufgrund dessen einen Hilfeplan für und mit dem Betroffenen.

Ad 3: Der Diskurs über den Diskurs bewegt eine politische Partei u. a. zu einem besonneneren Umgang mit dem politischen Gegner und einem toleranteren Umgang mit der Bevölkerung.

Was heißt das für ein Verständnis von Diakonie, die sich an der Liebe zum Nächsten orientiert? Ist sie „leistungsfähig", „rechenschafts-pflichtig" und „inklusiv" auf allen ihren Ebenen?

Schon lang ist Diakonie nicht nur nach innen leistungsfähig im Sinne der Sorge um den Nächsten, indem professionelle soziale Arbeit mit christlichem Selbstverständnis geleistet wird, sondern auch nach außen hin, indem gegenüber dem Staat diese Leistungen auch rechenschaftspflichtig nachgewiesen werden müssen. Das christliche bzw. kirchliche Selbstverständnis der Diakonie wird derzeit stark diskutiert, und das Thema der Inklusivität mag sich auf den ersten Blick auf Bereiche von Menschen mit Beeinträchtigungen und Behinderungen sowie ihre Partizipation am gesellschaftlichen Leben beziehen. Weiter gedacht steht hier aber auch die interkulturelle Öffnung, die Öffnung der ACK-Klausel[4] im Falle von Einstellungen von Mitarbeiter*innen und die Praxis interkulturellen und interreligiösen Lebens bei Mitarbeitenden und Klient*innen zur Diskussion. Gelegentlich wird dies unter dem Stichwort der Diversität diskutiert. Noch weiter gefasst betrifft es das Thema der hybriden religiösen Identität[5]. Wie inklusiv kann also die Diakonie

---

[3] Siehe u. a. Ziele für nachhaltige Entwicklung, Bericht 2021.

[4] Mitarbeiter*innen der Diakonie sind Mitglied in einer der Kirchen der Arbeitsgemeinschaft Christlicher Kirchen (ACK).

[5] Vgl. Mitschriften der Verfasserin zu Beiträgen während der Weltmissionskonferenz in

sich verhalten, wenn es um Menschen mit einem ver-rückten Wahrheitsbegriff und -gefühl geht?

Mit der Erklärung „Wir für Menschenrechte und Vielfalt"[6] vom 18. Februar 2021, die von Initiativen, Einrichtungen und Verbänden ausgeht, die sich für Inklusion und Teilhabe von Menschen mit Behinderung oder psychischer Beeinträchtigung einsetzen, die auch von vielen diakonischen Verbänden und Einrichtungen unterzeichnet worden ist, ist der AFD eine klare und entschiedene Ablehnung entgegengebracht worden. Die Erklärung ist ein ausdrückliches Plädoyer für eine offene und vielfältige Gesellschaft und gegen Hass, Gewalt, Diskriminierung und Ausgrenzung.

Gerade weil es um eine tolerante Gesellschaft geht, werden die, die sich intolerant gerieren, nicht toleriert. Gerade weil es um Partizipation aller geht, werden die, die Partizipation verunmöglichen wollen, dezidiert abgelehnt. Das ist das entscheidende Kriterium in Sachen Toleranz und Teilhabe.

Mit dieser Erklärung ist eine klare Sprache gewählt, sowohl in schwieriger als auch in leichter Sprache, im Sinne der Rede von „Ja, ja; nein, nein" Mt 5,37. Auch schreckt Diakonie hier nicht vor einer politischen Ansage zurück, und äußert sich dezidiert präventiv. Sie entspricht hier also gerade nicht dem oft geäußerten Vor-Urteil, dass sie nur versuche, die gesellschaftlichen Wunden zu verbinden statt präventiv die Verwundung der Gesellschaft zu verhindern. Diakonie kommt ihrem präventiven Auftrag gezielt nach und verbindet dies mit einer politisch zu verstehenden Erklärung. Die Erklärung spricht Wahrheit aus: Die AFD duldet in ihren Reihen Menschen- und Lebensfeindlichkeit. Diakonie urteilt, dass dies nicht „hinnehmbar" ist. Sie endet mit dem, was sie stattdessen als Zielperspektive aufzeigt: „Wir setzen uns ein für eine menschliche und lebenswerte Zukunft für uns alle!" Die Erklärung bezieht sich auf den deutschen Kontext. Sie rekurriert darauf, dass eine Stimmung erzeugt wird, die „unsere" Gesellschaft spaltet. Es ist jedoch jede Einschränkung von Menschlichkeit und Vielfalt sowohl in Deutschland als auch weltweit ein Angriff auf die globale menschliche Zukunft.

Menschen mit einem ver-rückten Verhältnis zur Wahrheit können also tolerabel am gesellschaftlichen Diskurs partizipieren.

---

Arusha 2018, unveröffentlicht.
[6] WIR FÜR MENSCHLICHKEIT UND VIELFALT.

Vertrauenskrisen, die Angst und Unsicherheit hervorrufen, können überwunden werden, wenn Wahrheiten miteinander in einen Diskurs treten können und sich bewähren können. Die Wahrheit braucht Kriterien dafür, wie weit Menschen sie unbeschadet verrücken dürfen. Sie braucht die Menschlichkeit für die Überwindung von Vertrauenskrisen. Denn die Grenze der Toleranz von Wahrheiten ist erreicht, wenn eine vermeintliche Wahrheit den Schalom Gottes für den Menschen und den Frieden der Welt beschädigt. Dabei geht es nicht um das Zurückhalten unangenehmer Wahrheiten – ganz im Gegenteil –, sondern um den Wahrheitsraum[7], in dem der Friede für eine menschliche Zukunft wachsen kann. Ein solcher Wahrheitsraum kann allerdings durchaus gewisse Ver-rücktheiten im Sinne bunter Vielfalt aushalten.

## Literatur

ARTIKEL: PROTEST GEGEN AFD-PARTEITAG – Meuthen kritisiert „Lockdown-Wahnsinn" vom 10.04.2021. Online zugänglich unter: https://www.welt.de/politik/deutschland/article230094711/AfD-Parteitag-in-Dresden-Partei-bestimmt-keinen-Spitzenkandidaten.html (Letzter Zugriff am 08.11.2021)-

CRÜSEMANN, Frank: Das Alte Testament als Wahrheitsraum des Neuen, Gütersloh, 2011

GALTUNG, Johann: Konflikt als Lebensform. In: Ders.: Strukturelle Gewalt. Reinbek 1975, 108-136.

HOMEPAGE DER VEREINTEN NATIONEN: ZIELE FÜR NACHHALTIGE ENTWICKLUNG. Ziel 16: Frieden, Gerechtigkeit und starke Institutionen. Online zugänglich unter: https://unric.org/de/17ziele/sdg-16/ (Letzter Zugriff am 12.04.2021). https://www.un.org/depts/german/millennium/SDG%20Bericht%202021.pdf (Letzter Zugriff 08.11.2021)

WIR FÜR MENSCHLICHKEIT UND VIELFALT: Erklärung für Menschlichkeit und Vielfalt. Online zugänglich unter: www.wir-fmv.org (Letzter Zugriff am 28.12.2021).

---

[7] Zum Begriff des Wahrheitsraums vgl. Frank Crüsemann, Das Alte Testament als Wahrheitsraum des Neuen, Gütersloh, 2011.

# Schlag nach beim Rabbi!

## Die Kommentare zum Pentateuch und zu den Psalmen von Samson Raphael Hirsch[1]

*Johannes Weissinger*

Für jemanden, der die Bibel in der Übersetzung Martin Luthers bzw. der Zürcher Bibel kennengelernt hat [2] und liest, halten die Übersetzungen und Auslegungen des Rabbiners Samson Raphael Hirsch (1808-1888) manche Überraschungen bereit und eröffnen ihm neue Sichtweisen auf die biblischen Texte. Einige Beispiele, die auch das Thema Toleranz und Teilhabe berühren, seien im Folgenden genannt.

### DIE MENSCHEN SIND FÜREINANDER GESCHAFFEN

Psalm 33,15 heißt in der Lutherbibel „Er lenkt ihnen allen das Herz, er gibt acht auf alle ihre Werke." Die Zürcher Bibel übersetzt: „er, der

---

[1] Samson Raphael Hirsch (1808-1880), ein Schüler des Isaac Bernays, war seit 1851 Rabbiner der orthodoxen „Israelitischen Religionsgesellschaft" in Frankfurt a. M. Er wurde „zum eigentlichen Begründer der modernen Orthodoxie." (ROSENBLUTH: Hirsch, 301) Die Werke, aus denen zitiert wird, sind: „Der Pentateuch. Übersetzt und erläutert (1867-1878), Übersetzung und Erklärung der Psalmen (1882). Der Pentateuchkommentar wird zitiert nach der Jubiläumsausgabe Sinai, Publishing Tel-Aviv 1986 (vgl. HIRSCH: Pentateuch), der Psalmenkommentar nach: Die Psalmen übersetzt und erläutert von Samson Raphael Hirsch, Erster Teil (Buch 1 und 2) und Zweiter Teil (Buch 3, 4 und 5), Verlag von J. Kauffmann Frankfurt am Main, 1914, 3. unveränderte Auflage (vgl. HIRSCH: Psalmen).
Zu S. R. Hirsch vgl. JÜDISCHES LEXIKON, Sp 1621f, NEUES LEXIKON DES JUDENTUMS, 199; Pinchas E. Rosenblüth, Samson Raphael Hirsch – Sein Denken und Wirken, in: Liebeschütz, H. u. Paucker, A. (Hrsg.), Das Judentum in der deutschen Umwelt. Studien zur Frühgeschichte der Emanzipation, Tübingen 1977, 293-325, 301.

[2] Benutzt wurden: Die Bibel nach der Übersetzung Martin Luthers, revidiert 1956/1964, Stuttgart 1970; Die Heilige Schrift des Alten und Neuen Testaments, Stuttgart 1972. Diese Zürcher Bibel wurde in den Jahren 1907 bis 1931 übersetzt.

aller Herzen gebildet, der achthat auf all ihre Werke." S. R. Hirsch übersetzt: „Er, der für einander bildet ihr Herz, der aufmerkt auf ihre Taten alle." Das entscheidende Moment aus der Bestimmung des Menschen, an der Gott das Tun der Menschen prüft, wird durch das Wort jachad bezeichnet, das Hirsch mit „für einander" übersetzt und dazu ausführt: „jachad: ‚für einander', für ein sich gegenseitig tragendes, förderndes und helfendes Zusammenleben, hat Gott das Menschenherz gebildet (...) Erst mit dem Mitgefühl, mit der Nächstenliebe, mit der Tatbereitschaft für des anderen Wohl, (...) erst damit beginnt das Menschliche im Menschen."³

Dieses jachad steht auch am Ende des ersten Verses von Psalm 133, der bei Luther lautet: „Siehe, wie fein und lieblich ist's, wenn Brüder einträchtig beieinander wohnen!"⁴ Hirsch übersetzt: „Seht, wie gut, wie lieblich, wenn Brüder auch zusammen wohnen!" Seine Auslegung nimmt Bezug auf die Hoffnung, die mit der Alija, der Rückkehr ins Land, zu seiner Zeit verbunden war: „Wie gut, wie lieblich war es und wird es wieder sein, wenn diejenigen, die, wenngleich weithin voneinander zerstreut, durch die geistige Einheit ihrer Überzeugungen, ihrer Lebensgrundsätze und Lebensbestrebungen ‚Brüder' sind, ‚auch räumlich in einem Lande wieder zusammenwohnen werden!'" Die Wiedervereinigung im Lande sieht Hirsch „nur dann als etwas Gutes und herrlich Beglückendes (...), wenn wir als im Geiste geeinigte Brüder das Land betreten ... (erg.: und) bewohnen werden." Diese Einigung ist „nur im rückhaltlosen Anschluss aller (...) an das eine gemeinsame Gottes-Gesetz zu finden."⁵

Wird das Zusammenwohnen von Brüdern in Psalm 133 als gut und beglückend besungen, so kommt eine zwar nicht wortgleiche, aber ähnliche Wendung (statt jachad jachdaw) in Genesis 13,6 in einem entgegengesetzten Zusammenhang vor. Lot und Abraham trennen sich, weil das Land ihr Zusammenbleiben nicht erträgt, wie Luther übersetzt: „Und das Land konnte es nicht ertragen, dass sie beieinander wohnten." So auch Hirsch: „Und so trug sie das Land nicht zusammen zu bleiben". Als Grund wird in Genesis 13,6 genannt, dass ihre „Habe" bzw. ihr „Vermögen" zu groß war. Die

---

³ HIRSCH: Psalmen, 160.
⁴ Hervorhebung – hier wie im Folgenden – im Original.
⁵ HIRSCH: Psalmen, 272.

naheliegende Deutung, dass das Land nicht mehr ausreiche, den (zu) groß gewordenen Herden Lots und Abrahams genügend Weidefläche zu bieten, weist Hirsch ab. „Wäre das Ganze nur eine Herde, eine Wirtschaft, ein Wesen gewesen, so hätte es ausgereicht."[6] Ihr *sonstiges Vermögen*[7] war zu groß. Ihr Silber und Gold etc. musste, weil man sich nicht einig ist und sich nicht traut, gesondert aufbewahrt werden. Deshalb braucht Lot, weil er nur für den eigenen Erwerb wirtschaftet, auch *gesonderte* Weideflächen.

Dazu kommt für Hirsch ein weiterer Grund: In Genesis 13,7 werden neben den Kanaanitern, die in Genesis 12,6 als Bewohner des Landes genannt werden, als weitere Bewohner die Perisi (Peresiter) hinzugefügt. Die Folgen sind nach Hirsch gravierend. Lebt nur ein Volk im Land, braucht es nur so viel Fläche in Besitz zu nehmen, wie es gerade braucht. „Wohnen jedoch verschiedene Stämme im Lande, so sucht jeder *vorweg* alles zu nehmen, auch das nicht sofort Nötige, damit ihm der Nachbar nicht zuvorkomme. Darum war der Boden für Abraham und Lot (ergänzt J.W.: zusätzlich) beschränkt."[8] Die zwei Gründe sind also nach Hirsch jeweils nicht geographischer, sondern sozialer Art.

Abraham ergreift die Initiative zur Trennung. Vers 8: „Da sprach Abram zu Lot: Lass doch nicht ferner Zwiespalt sein zwischen mir und dir und (dadurch auch) zwischen meinen und deinen Hirten; denn wir sind ja verwandte Männer." In dem hebräischen Text wird die Präposition ben (zwischen) wiederholt. Das deutet Hirsch dahingehend, dass der Streit gegenseitig ist: „mir gefällt manches nicht an dir, und dir auch manches nicht an mir, daher kommt auch der Streit zwischen unsern Leuten." So soll es nicht bleiben. „Wo aber keine Einigkeit, da bringt Trennung Frieden."[9]

Eine letzte Beobachtung Hirschs sei erwähnt: Im hebräischen Text steht am Versende nicht nur das eine Wort achim (Brüder), sondern es stehen die zwei Wörter anaschim (Männer) und achim (Brüder) da. Nach Hirsch heißt das: „Gehen wir auch als Männer auseinander, haben nicht eine Lebensrichtung, so sind wir doch Verwandte."[10] Mit

---

[6] HIRSCH: Pentateuch, 200.
[7] Die hervorgehobenen Wörter – wie auch in den folgenden Hirsch-Zitaten – im Original gesperrt gedruckt.
[8] HIRSCH: Pentateuch, 200.
[9] Ebd.
[10] Ebd.

der Trennung wird Abraham nicht gleichgültig, was aus Lot wird. Das zeigt der Fortgang der Erzählung, die hier nicht weiter verfolgt werden soll.

Habe ich bisher, dem Stichwort jachad folgend, den Bogen von Psalm 33 zu Psalm 133 und weiter zu Genesis 13 geschlagen, so will ich im Folgenden den Bogen von Psalm 133 zurück über Psalm 33 zur Erzählung von der Schöpfung in Genesis 1 und 2 schlagen. Das Zusammenwohnen der Brüder wird in Psalm 133 tow, gut, genannt, weil die Brüder verwirklichen, wozu Adonai, Gott, ihre Herzen gebildet hat und bildet. In dem Ausruf ma-tow, wie gut, in Psalm 133 klingt das am Ende eines jeden Schöpfungstages wiederholte „dass es gut war" – bzw. das „sehr gut" nach dem sechsten Schöpfungstag – an. Im Zusammenwohnen wird gut, was Genesis 2,18 noch als lo-tow, nicht gut, bezeichnet wird: *es ist nicht gut, dass der Mensch allein sei.* (Luther) Auch Hirsch übersetzt so, weist aber das Verständnis ab, als ob es hier um die Frage ginge, was für den Menschen gut sei. Dass es für den Menschen nicht gut sei, allein zu sein, stehe nicht da, so Hirsch. Sondern: Es ist überhaupt noch nicht gut; die Erdwelt wird ihr Ziel der Vollkommenheit, das sie durch den Menschen erreichen soll, nicht erreichen, solange Adam allein ist. Die Menschenaufgabe ist für einen zu groß. Darum: „eben für die volle Lösung der Menschenaufgabe schuf Gott zum Manne das Weib." Erst Mann und Frau zusammen sind: „Adam"[11].

## DER EINZELNE IST TEIL EINES GANZEN ODER: JEDER MENSCH IST EINZIG. FEHLT EINE*R, IST DAS GANZE NICHT GANZ

Die Bitte des aus Todesnot und Gottverlassenheit zu Gott um Rettung flehenden Menschen im Psalm 22, Vers 21 übersetzt Luther – wenig präzise – mit „Errette meine Seele vom Schwert, mein Leben von den Hunden!" Die Übersetzung der Zürcher Bibel „Errette vor dem Schwerte mein Leben, aus der Gewalt der Hunde mein Kleinod." macht neugierig. Was bedeutet „mein Kleinod"? Im Hebräischen

---

[11] Ebd, 56.. Vgl. auch die Auslegung zu Genesis 2,23: „der Name ischah bezeichnet somit nicht die Abhängigkeit des Weibes vom Mann, sondern vielmehr die Gleichheit, die Zusammengehörigkeit Beider, die Teilung der einen einheitlichen Menschenaufgabe auf beide Geschlechter." (Ebd., 59).

steht das Wort jechidi, das Wort jachid mit dem angehängten Personalpronomen der ersten Person Singular. Die Bedeutung von jachid wird in den Lexika von Koehler/ Baumgartner und Gesenius mit „einzig, allein, einsam" angegeben. Hirsch übersetzt: „Rette vom Schwert meine Seele, aus Hundes-Macht mein Einziges!" und erklärt das Wort jechidi: „das, was du nicht noch einmal auf Erden hast, was meine Einzigkeit, meine Eigentümlichkeit bildet. Das ganze sittliche Heiligtum, das du in mich gelegt, mir anvertraut hast, befindet sich jetzt in der Gewalt von ,Hunden', läuft Gefahr, mit mir zugrunde zu gehen."[12] Die Pointe dieser Auslegung sehe ich darin, dass der*die Betende Gott daran erinnert, dass es in der Frage, was aus dem*der Betenden wird, auch um Gott geht, um die Abhängigkeit Gottes von seinen Zeugen*innen, letztlich um die Ganzheit seiner Schöpfung.

## ZWISCHENBEMERKUNG

Angesichts des exegetischen Befundes, dass die synoptischen Evangelien die Passion, Kreuzigung und Auferweckung nach der Struktur des Psalms 22 erzählen, wie man an dem Schrei Jesu am Kreuz und in der Verwendung der Motive Spott der Vorübergehenden und Verlosen der Kleider (Psalm 22, 2, 8f und 19) zur Schilderung von Jesu Verlassenheit sehen kann, eröffnet Hirschs Auslegung auch Perspektiven zum Verständnis von Kreuz und Auferweckung Jesu – erst recht, wenn man zu dem Umschlag von der Klage zum Lobpreis in Psalm 22,23 die Stellen aus Exodus 3,7 und 4,22f, die Befreiung Israels als Gottes erstgeborenen Sohnes zum (Zeugen-) Dienst, hinzunimmt.

Was diese Auslegung Hirschs für das Zusammenleben der Menschen (und Völker) wie für das Selbstverständnis der Menschen austrägt, möchte ich an zwei Zitaten verdeutlichen.

Der Bad Berleburger Arbeitskreis für Toleranz und Zivilcourage, der sich im Jahr 2000 nach der Schändung des Gedenkmals für die ermordeten jüdischen Bürger*innen der Stadt gebildet hatte, hat zu verschiedenen Anlässen ein Spruchtransparent gezeigt: Es gibt kein Unrecht, das bloß einem Einzelnen angetan wird. Leo BAECK 1922.

---

[12] HIRSCH, Psalmen 112.

Dieser Satz ist eine freie Wiedergabe aus Leo Baecks Buch *Das Wesen des Judentums:* „Staat und Gesellschaft sind oft als Feind dem Judentum entgegengetreten, sie haben sich so oft ihm gegenüber zum Büttel konfessionellen Seelenfanges herabgewürdigt; sie haben vergessen, daß es kein Unrecht gibt, das bloß *einem* zugefügt würde, daß jedes Unrecht ein Unrecht gegen alle, gegen die Gesamtheit ist, und daß es, vom Staate begangen oder geduldet, zuletzt gegen ihn selber sich richten muß."[13]

Diesem Satz Leo Baecks möchte ich einen Satz aus einem anderen Kontext zur Seite stellen: „Ich bin ein Teil des Ganzen im menschlichen Kosmos. Ich trage dazu bei, daß niemand vergißt, dieses Ganze zu sehen." Geschrieben hat diesen Satz Fredi SAAL in einem Brief an Klaus DÖRNER im April 1988. Das angeführte Zitat steht in folgendem Zusammenhang: „Als wirklich schwer behinderter Mensch, der nur mit allergrößten Schwierigkeiten ohne die Hilfe anderer den Alltag überstehen könnte, habe ich das Recht, ja die Pflicht, mich meiner Umwelt zuzumuten. Ich bin Teil des Ganzen im menschlichen Kosmos. Ich trage dazu bei, daß niemand vergißt, dieses Ganze zu sehen, wie ich auch von anderen mit ihrer eigenen Individualität darauf gestoßen werde, in ihnen einen Teil des Ganzen zu sehen, ohne den es den Menschen nicht gibt in seiner Totalität."[14]

## GOTTES THORA WEIST DEN MENSCHEN AN SEINE MITMENSCHEN, AN SEINE VERPFLICHTUNG FÜR DIE GANZE MENSCHHEIT

In Genesis 18 steht in Vers 18f, was Gott mit Abraham vorhat. Hirsch übersetzt: „Abraham soll ja auch zu einem großen und mächtigen Volke und durch dieses alle Völker der Erde gesegnet werden. Denn

---

[13] BAECK, Wesen 308f; Hervorhebung im Original. Ein offensichtlicher Schreibfehler ist stillschweigend korrigiert.
[14] DÖRNER 113.

ich habe ja nur deshalb mein besonderes Augenmerk auf ihn gerichtet, damit er seine Kinder und sein Haus nach sich verpflichte, dass sie den Weg Gottes hüten, Pflichtmilde und Recht zu üben, damit Gott über Abraham bringe, was er über ihn ausgesprochen." Das hebräische Wort, das Hirsch mit Pflichtmilde übersetzt, ist zedaka, mit Recht wird das Wort mischpat wiedergegeben. Auffällig in Genesis 18 ist nach Hirsch die Reihenfolge, in der beide Wörter hier genannt werden. Denn die Regel ist: „Erst mischpat, dann zedaka ... Mit der einen Hand rauben und unredlich sein und mit der andern Hand von dem Geraubten und unredlich Erworbenen Almosen geben, ist der jüdischen Wahrheit ein Greuel"[15]. Hirsch verweist auf Jes 61,8. Mischpat als das einfache Recht ist die Basis für das Zusammenleben, denn die Rechtsansprüche, die ein Mensch gegen den anderen hat, sind zu erfüllen. Für den Schalom muss aber zu mischpat zedaka hinzutreten, dasjenige, was Hirsch mit dem seltsamen Wort Pflichtmilde bezeichnet. Die als zedaka geforderte Milde ist dem Empfänger gegenüber eine Wohltat, Gott gegenüber eine Pflicht. „Was der Nächste nur zu hoffen hat, hat Gott ein Recht zu fordern, und Gott fordert für den Nächsten!"[16]

So ist für den Armen gesorgt in einer Weise, die den Wohltäter nicht hochmütig macht und den Empfänger der Wohltat nicht erniedrigt, weil der Mensch, der selbst keinen eigenen sich aus Besitz oder Leistung herleitenden Anspruch geltend machen kann, „im Namen Gottes" aufrecht vor dem Reichen stehen kann und der Reiche sich als Verwalter eines den Armen gehörenden Schatzes zu begreifen hat. So hat auch der Besitzlose einen Anteil an dem Segen von Acker und Flur.[17]

In Genesis 18,19 ist die Reihenfolge von mischpat und zedaka umgestellt, weil es hier den „jüdischen Protest gegen Sodoms Lebens- und Staatsmaxime (gilt) (...) Unter dem Regime eines sodomitischen

[15] HIRSCH: Pentateuch, 264.
[16] HIRSCH: Pentateuch II 346, Auslegung zu Ex 25,29.
[17] Vgl. HIRSCH: Psalmen 330, Auslegung zu Psalm 72.

Rechts, wo nur Leistung, nicht Bedürfnis einen Anspruch begründet, ist Armut und Elend geächtet, findet höchstens nur der Leistung verheißende Begüterte wie Lot eine Stätte (...) und das Zedaka-lose Recht verkehrt sich in Unmenschlichkeit und Härte."[18] Dieser Vorordnung der zedaka vor dem mischpat entspricht im Grundgesetz der Bundesrepublik die Vorordnung der Grundrechte, besonders die Unantastbarkeit der Würde des Menschen in Artikel 1, vor den folgenden Bestimmungen des Grundgesetzes.

## TEILHABE AUCH AN DER SCHULD FRÜHERER GENERATIONEN?

Für die Nachgeborenen Nazi-Deutschlands ist – hoffentlich – eine bedrängende Frage, was die Selbstvorstellung Gottes im Dekalog Ex 20 für sie bedeutet.

„Denn ich, der HERR, dein Gott, bin ein eifernder Gott, der die Missetat der Väter heimsucht bis ins dritte und vierte Glied an den Kindern derer, die mich hassen, aber Barmherzigkeit erweist an vielen Tausenden, die mich lieben und meine Gebote halten." So steht es in der Luther-Bibel an der Stelle Exodus 20,5-6. Die Zürcher-Bibel spricht von der „Schuld", die „bis in die dritte und vierte Generation"[19] heimgesucht wird. Hirsch übersetzt die besagte Stelle in Vers 5: „ich, (...), dein Gott, bin ein sein ausschließendes Recht fordernder Gott, denke die Sünde von Eltern an Kindern, an dritten und vierten Geschlechtern, denen, die mich hassen." Das Verb poked, das gewöhnlich mit heimsuchen wiedergegeben wird, erklärt er, wenn es „von der göttlichen Waltung" gebraucht wird, als „über etwas das ihm Gebührende oder Entsprechende verhängen"[20], das dazugehörende Objekt awen als „die bewußtvolle Hingebung an ein unserer Bestimmung nicht entsprechendes Ziel ... (als) bewußten Abfall vom Rechten"[21].

Bevor Hirsch die Auslegung dieser Redewendung beginnt, stellt er fest: „Klar ist es, daß dieses ‚Maß' der göttlichen Waltung (…) ausdrücklich nur da und dann ausgesprochen ist, wo und wann die

---

[18] HIRSCH: Pentateuch, 264.
[19] „Generationen" in der Übersetzung der (revidierten) Zürcher-Bibel 2007.
[20] HIRSCH, Pentateuch II 204.
[21] Ebd.

auf einander folgenden Geschlechter alle (...) die von Gott ihnen angewiesene Bestimmung hassen."[22]

Im Einzelnen erwägt Hirsch vier Möglichkeiten des Verständnisses, ohne sich für eine zu entscheiden. „Heißt es: Gott *denkt* (..)? Wenn Kinder, wenn Enkel, auch noch wenn Urenkel den Weg des Abfalls fortwandeln, so denkt Gottes Waltung noch an den ersten Schritt, den die Eltern gethan, erwägt, daß (...) die Umkehr noch möglich, und versucht durch Leidenserziehung die Kinder, die Enkel, oder auch noch die Urenkel zu sich zurückzuführen; ist aber bis ins vierte Geschlecht die Umkehr nicht erfolgt, so geht das weitere Geschlecht in seinen Sünden zu Grunde? – Heißt es: Gott *richtet* den Abfall der Eltern an Kindern etc., wenn sie ihn hassen? In Schuld und Unglück der in Abfall fortwandelnden und um ihres Abfalls willen gezüchtigten Kinder, Enkel und Urenkel wirkt der Abfall der Eltern fort, die durch ihr Beispiel die Kinder auf den Abweg geführt und durch ihre Verschuldung Sünde und Elend an die Wiege ihrer Kinder zu Begleitern durchs Leben gestellt? – Heißt es, Gott *straft* die Eltern durch das Elend, das sie mit ihrem auf die Kinder vererbten Abfall auf deren Lebensweg gehäuft? – Heißt es – wie ...[23] – Gott *trägt* den Kindern, Enkeln und Urenkeln den Abfall der Väter zu sühnen *auf*? Statt die Eltern sofort um ihres Abfalls willen zu verderben, wartet Gott bis ins vierte Geschlecht, ob nicht noch Enkel und Urenkel wieder gut machen werden, was die Eltern verschuldet, und läßt erst dann das unverbesserliche Geschlecht in der fortgesetzten Schuld zu Grunde gehen? –

Was jedoch auch immer in Wahrheit dieses Maß der göttlichen Waltung sein möge, zwei Wahrheiten sprechen sich in ihm mit dem ernstesten Ernste zu unser aller Beherzigung aus: Indem derselbe eine einzige Gott, der der Leiter unserer Handlungen sein will, (...) uns das Leben *für* die Erfüllung seines Gesetzes giebt und erhält: so vollziehen wir selber mit der Treue oder dem Abfall von seinem Gesetze den Bau oder die Zerstörung unseres Lebens. (...)

(...) Um unserer Kinder willen sollten wir uns (...) geistig wach und wacker halten."[24]

---

[22] Ebd.
[23] Hirsch verweist auf die Verwendung des Verbums poked in Numeri 4,27.
[24] HIRSCH, Pentateuch II 204f.

Auch hier erlaube ich mir eine Aktualisierung: Was die Verantwortung der Nachgeborenen, unseres Staates und unserer Kirchen für die Folgen der Nazi-Verbrechen angeht, sollten wir der letzten der vier Erwägungen Hirschs folgen: Es ist ein Zeichen der Langmut Gottes, dass uns noch die Chance der Wiedergutmachung bleibt, konkret: wir können z. B. die ausstehenden Schulden aus dem den Griechen 1941 auferlegten Zwangskredit endlich begleichen und auch andere Reparationsforderungen anerkennen. Einzelheiten sind auf der Homepage des Vereins Respekt für Griechenland. [25] nachzulesen. Die Rede von Vergebung und Versöhnung ist ohne die Bereitschaft zur Wiedergutmachung hohl und heuchlerisch. Die Fragwürdigkeit des Begriffs Wiedergutmachung ändert an dieser Feststellung nichts, eher im Gegenteil.

Was für Samson Raphael Hirsch gilt, gilt auch für dessen ältesten Sohn Mendel Hirsch (1833-1900).[26] Auch dessen Übersetzungen und Auslegungen verdienen eine längst überfällige Lektüre und Rezeption. Wenn diese nicht einigen wenigen, die diese Schriften besitzen, vorbehalten bleiben soll, müssten sie freilich erst einmal nachgedruckt und auf einfache Weise zugänglich gemacht werden.

---

[25] www.respekt-fuer-griechenland.de

[26] Mendel Hirsch war der Direktor der Realschule der Israelitischen Religionsgesellschaft in Frankfurt a. M. Mendel Hirsch hat die Haftoroth, die Prophetenlesungen zu den wöchentlichen Thoraabschnitten, und die zwölf (kleinen) Propheten übersetzt und erläutert. Die entsprechenden Bücher erschienen 1896 bzw. 1900, jeweils im Verlag A. J. Hofmann, Frankfurt.

# Literatur

BAECK, Leo: Das Wesen des Judentums, 6. Auflage, Wiesbaden o. J.

DIE BIBEL. Nach der Übersetzung Martin Luthers, revidiert 1956/1964, Stuttgart 1970.

DIE HEILIGE SCHRIFT DES ALTEN UND NEUEN TESTAMENTS, Zürcher Bibel 1942, Stuttgart 1972

DEVENTER, Jörg: Hirsch, Samson Raphael, in: SCHOEPS, Julius H. (Hrsg.), Neues Lexikon Des Judentums. Gütersloh/ München 1992, 199.

DÖRNER, Klaus: Tödliches Mitleid. Mit einem Beitrag von Fredi Saal, Gütersloh ³1993.

GESENIUS, Wilhelm: Hebräisches und Aramäisches Handwörterbuch, Unveränderter Neudruck der 1915 erschienenen 17. Auflage, Berlin, Göttingen, Heidelberg 1954.

HIRSCH, Mendel: Die Haftoroth übersetzt und erläutert von Dr. Mendel Hirsch, Frankfurt a.M. 1896.

HIRSCH, Mendel: Die zwölf Propheten, übersetzt und erläutert von Dr. Mendel Hirsch, Frankfurt a.M. 1900.

HIRSCH, Samuel Raphael: Der Pentateuch. Übersetzt und erläutert von Samson Raphael Hirsch (1867-1878), Erster Teil: Die Genesis, Tel-Aviv 1986.

HIRSCH, Samuel Raphael: Der Pentateuch. Übersetzt und erläutert von Samson Raphael Hirsch (1867-1878), Zweiter Teil: Exodus, Tel-Aviv 1986.

HIRSCH, Samuel Raphael: Die Psalmen übersetzt und erläutert von Samson Raphael Hirsch, Erster Teil (Buch 1 und 2) und Zweiter Teil (Buch 3, 4 und 5). (1882).Dritte unveränderte Auflage, Frankfurt a. M. ³1914.

JOSEPH, Max, HIRSCH, Samson Raphael, in: JÜDISCHES LEXIKON Band II, Nachdruck der ersten Auflage 1927, Königstein/ Ts. 1982, Sp. 162f.

LEXICON IN VETERIS TESTAMENTI LIBROS, hg. von KOEHLER, Ludwig und BAUMGARTNER, Walter, Leiden 1958.

ROSENBLÜTH Pinchas E.: Samson Raphael Hirsch – Sein Denken und Wirken, in: LIEBSCHÜTZ, Hans und PAUCKER, Arnold (Hrsg.): Das Judentum in der deutschen Umwelt 1800 – 1850. Studien zur Frühgeschichte der Emanzipation, Tübingen 1977, 293-325.

ZÜRCHER-BIBEL Revidiert 2007, Zürich 2007.

00:06 Uhr gov
*unsere schuld:*
*dass wir*
*unsere grenzen*
*mit deinen*
*möglichkeiten*
*verwechselten –*

*unsere schuld:*
*dass wir*
*deine*
*möglichkeiten*
*nicht innerhalb*
*unserer grenzen*
*vermuteten –*

# Beiträge zur Friedenstheologie

*„Schwule Priesterpaare am NATO-Altar sind auch keine Lösung"*

# Zur Kritik der bürgerlichen Wohlfühl-Kirchenreform im Licht weltkirchlicher Widersprüche[1]

*Peter Bürger*

Katholische Gläubige auf dem Weg zur Messe von Papst Franziskus in Quito (Ecuador). Bild: Agencia de Noticias ANDES / CC-BY-SA-2.0 – www.heise.de

---

[1] Dies ist eine für den Druck gekürzte Fassung des 3. Teils einer Artikelreihe „Kirchenrevolte für die Liebenden". Der Link zur vollständigen Fassung mit allen Nachweisen sowie zu den vorhergehenden beiden Teilen findet sich am Ende des Beitrages.

Der Bischof von Rom repräsentiert in religiöser Hinsicht derzeit mehr als 1,3 Milliarden Menschen, einen nennenswerten Teil der Weltbevölkerung also. PAPST FRANZISKUS weiß, dass uns der Globus im Atomzeitalter um die Ohren fliegt, wenn nicht einmal die so eng verwandten drei „Abrahams-Religionen" – einschließlich ihrer Denominationen – sich an einen gemeinsamen Familientisch hinsetzen können. Auch deshalb ist er – ungeachtet der Lamentos mancher Lokalkirchenredakteure in reichen Ländern – vom 5.-8. März 2021 in den Irak gereist.

KIRCHE IM ZIVILISATORISCHEN ERNSTFALL

Es ist zu spät auf dem Planeten Erde für kleinschrittige ökologische Transformationen und ein Zuwarten auf jenen Sankt-Nimmerleinstag, an dem die demokratisch schon längst nicht mehr kontrollierbaren Konzernkomplexe – in einer Quadratur des Kreises – ihren einzigen Daseinszweck „Profitmaximierung" (Beispiel: Impfstoffpatente) freiwillig austauschen durch eine neue Vorgabe: „Wirtschaften allein zum Wohl der gesamten menschlichen Gattung und im Bewusstsein von begrenzten planetarischen Ressourcen".

Es ist zu spät, in dieser Welt für eine weithin nur noch aus „ungedeckten Schecks" und „virtuellen" Wettbüros bestehende Geldapparatur mit Fetischcharakter, zu spät für Heimatträume im Format von Marketing-Regionen, vor allem auch zu spät für die Heilsreligion des Militärischen und die Unterhaltung von Todesindustrien, deren profitable Massenproduktion die Herrschaft über Räume absichert und eine möglichst effiziente Vernichtung von möglichst vielen Mitgliedern unserer Spezies ermöglicht ...

Gerade auch von den Religionen sollten wir erwarten dürfen, dass sie den Blick auf das *Ganze* öffnen, uns befreien zu einer ungeschönten Analyse zukünftiger Barbarei und im Transzendieren der Sterblichkeit unseres eigenen kurzen Erdendaseins die *nach uns Kommenden* via „Zeitkonferenz" an den Weichenstellungen der Gegenwart beteiligen.

Unter solchen Vorzeichen würden Kirchen und Religionen helfen, „dem Rad in die Speichen zu fallen" (D. BONHOEFFER), und sich auf dem gesamten Globus einbringen in die Kooperationen für eine andere ökonomische, politische wie kulturelle *Hegemonie*, in der das Lebensdienliche – nicht das Todbringende – zur maßgeblichen Richtung wird.

Dies ist unzweifelhaft die „Agenda" des gegenwärtigen Bischofs von Rom, der auch präzise benennt, dass die ökonomisch „Nutzlosen" am Ende wie Müll entsorgt werden. Das Lager derjenigen, die dieser Agenda gleichgültig oder feindlich gegenüberstehen, bildet mitnichten ein einheitliches Gefüge. Vielmehr sabotieren konträre Strömungen, die sich untereinander wie Feuer und Wasser verhalten, gleichermaßen den Weg einer neuen Weltkirchlichkeit im zivilisatorischen Ernstfall.

## SELBSTVERSTÄNDLICH GIBT ES WIDERSPRÜCHE UND LAGER IN DER WELTKIRCHE

Umso fahrlässiger ist es, wenn neuerdings aus Bequemlichkeit, Verzweiflung oder Geschichtsvergessenheit immer öfter schwadroniert wird, innerhalb der römisch-katholischen Gemeinschaft seien Gegensatzpaare wie „aufgeklärt – fundamentalistisch", „konservativ – fortschrittlich", „liberal – autoritär" oder „rechts – links" letztlich gegenstandslos.

Dass es nur mit Mühe gelingt, Vielfalt und Widersprüchlichkeit eines Verbundes von deutlich mehr als einer Milliarde Menschen zumindest in einem vagen Überblick zur Anschauung zu bringen, versteht sich von selbst.

Die leichtsinnigen Einheitsvoten sind allerdings schon erledigt, wenn ein fremdenfeindlicher und homophober Nationalkatholizismus in Polen sich unfähig zeigt zur Umkehr, italienische Politiker die „Muttergottes" zur Abwehr von Migranten anrufen oder demnächst womöglich die von traditionalistischen Katholiken unterstützte Rechte in Frankreich auf der Regierungsbank sitzt.

Den autoritären Schatten eines 1869/70 neu konstruierten römischen Kirchengebildes, welches auf dem letzten Konzil 1962-1965 nur auf halbherzige Weise wieder evangelisiert worden ist, kann niemand leugnen. Zu den unseligen Früchten gehören u. a. Kooperationen mit italienischen und deutschen Faschisten sowie alle klerikal-faschistischen Regime des 20. Jahrhunderts. Die deutschen Rechtskatholiken, die an der Zerstörung der Weimarer Republik beteiligt waren, kann man schlechterdings nicht in einen Topf werfen mit den katholischen Pazifisten, Sozialisten und Zentrumsdemokraten der 1920er Jahre. Die vom Staat besoldeten deutschen Bischöfe, die ab 1939 dem Rasse- und Vernichtungskrieg Predigtbeihilfe gewährten, standen mitnichten für die Kirche jener Laien und Leutepriester, die durch Konzentrationslagertorturen ermordet wurden.

Widerspruchsfrei kann man auch nicht behaupten, die an der Seite der Militärdiktaturen stehenden Kirchenkomplexe der Reichen in Lateinamerika und ihre Sympathisanten im Kardinalskollegium seien mit gleichem Recht als „katholisch" zu bezeichnen wie die Märtyrerkirche der Armen des Kontinents, die seit den 1970er Jahren blutig verfolgt wurde.

Genauso gehören z. B. heute schwule Priester, die sich für menschenfreundliche Reformen stark machen, zu einer anderen Gruppe als jene sich selbst hassenden homosexuellen Kleriker, die im gleichen Atemzug Homophobie, Priesterselbstanbetungsreligion und materielle Privilegien in der Kirche zementieren wollen.

Falls man mit der Unterscheidung von „Lagern" auf *ästhetische* Empfindlichkeiten zielen will, so verbleiben Etiketten wie „konservativ" freilich zumeist an der Oberfläche. Als linker Katholik kann ich mich z. B. leidenschaftlich darüber aufregen, wenn Frömmigkeitsformen aus meiner wirklich sehr katholischen Kindheit mit seichtem Pastoral-Entertainment kombiniert werden. Ich käme aber nie auf die Idee, dass Stilbrüche die Grundlage der christlichen Gemeinde bedrohen oder eine goldene Monstranz Gegenstand von göttlicher Offenbarung wäre.

Es gibt schließlich das Paradoxe und Ambivalente, welches einem *allzu platten* Lagerdenken wirklich entgegensteht: Einige katholische Konservative aus dem föderalistisch-großdeutschen Spektrum gehörten z. B. zu den frühesten Feinden der Nationalsozialisten und arbeiteten punktuell mit Linken zusammen.

Ein ausgewiesener Reaktionär wie Kardinal Alfredo OTTAVIANI (1890-1979) erkannte als erster, dass im Zeitalter der Massenvernichtungstechnologie aus der kirchlichen Lehrtradition nur eine mögliche Konsequenz bleibt: Jegliches Kriegführen ist zu untersagen. („Bellum omnino interdicendum esse.")

Ganz anders der US-Militärkardinal Francis Joseph SPELLMAN (1889-1967), der vielleicht aufgrund einer heimlichen Liaison mit einem Broadway-Tänzer durch staatliche Dienste erpressbar war. Er wollte mit seiner Clique die Ächtung der Atombombe durch das letzte Konzil verhindern und spendete dem Morden der US-Streitkräfte in Vietnam bedenkenlos seinen Segen.

### DAS NEOLIBERALE PARADIGMA DER „UNTERNEHMERKIRCHE"

Die frappante Anpassungsfähigkeit eines gleichsam staatskirchlich subventionierten Katholizismus könnte ich am Beispiel meines westfälischen Heimatbistums Paderborn gut illustrieren:

– Nach der heißen Phase des Kulturkampfs (1871-1878) war man im Kaiserreich dem heiligen Hohenzollernregime bis 1918 vollkommen ergeben.

– Dem Ersten Weltkrieg folgte eine patriotische Zentrumslinie – mit deutschnationalen Sprenkeln.

– 1933 erklärte die Bistumsleitung ihre unverbrüchliche Treue zur staatlichen Autorität und tolerierte völkische Töne in der Kirchenzeitung, um sodann die militärische „Daseinssorge des deutsches Volkes" 1939-1945 eifriger als alle anderen mitzutragen.

- Während der Adenauer-Ära legitimierte die Hoftheologie der Diözese – mit Vorbehalten gegenüber der Demokratie – selbstverständlich Remilitarisierung und Atombombe, aber auch die bereits abgeschaffte Todesstrafe.
- In den neoliberalen Jahrzehnten schließlich setzte – zunächst unter Beibehaltung der Priester-Alleinherrschaft – eine rasante Modernisierung ein. Der Planungsprozess des superreichen Bistums für neue „Pastoralräume", dokumentiert u. a. in kostspieligen – aber weitgehend inhaltsleeren – Events und Hochglanzbroschüren, wurde von professionellen Unternehmensberatern gelenkt.

Schließlich firmierte die Presseabteilung der Diözese zeitweilig gar als „Marketingabteilung", was – wie Joseph RATZINGER sicher auch anmerken würde – einem Ausverkauf der christlichen Gemeinde gleichkommt. Zuerst, so schien es, konnte die Bistumsleitung gar nicht verstehen, was Kritiker:innen so anrüchig daran fanden.

In der Marketing-Kirche ist Ästhetik eine ganz wichtige Sache. Mitunter verspürt man keine Skrupel, Jugendliche, die kaum über einen Begriff vom Abendmahlssakrament verfügen, vor goldenen Monstranzen – flankiert von Beleuchtungsspektakeln und elektronischen Klängen – niederknien zu lassen.

Punktuell wurde sogar die Soziallehre der Kirche revidiert in Richtung der ideologischen Verschleierungen des Sozialabbaus („Innovation", „Eigenverantwortung", „Aktivierung", „Effizienz" etc.). Spirituelle Prominenz engagierte sich in einer Initiative für die Sache der Marktradikalen.

Die Pastoral der im kirchlichen Raum angewandten neoliberalen Wirtschafts-, Sozial- und Kulturwissenschaften übt sich in Produktdesign, betreibt Marktforschung, will über eine gute *Performance* verfügen und bedient *Kunden*. Sie ist das Gegenteil einer Kirche, die in Elend und Dunkel hineingeht, sich von den Armen – in miteinander geteilter Bedürftigkeit – verändern lässt und Partei ergreift. Mitunter gibt man ganz ungeniert zu verstehen, man wolle der bürgerlichen Gesellschaft *nützliche Dienstleistungen* erweisen.

Den Beschädigungen von Menschen und Sozialräumen durch die Religion der Ökonomisierung des Lebens soll heilsam begegnet werden, aber keineswegs durch Systemänderung oder Aufmüpfigkeit. Vielmehr geht es darum, den Subjekten eine andere – positivere – *Einstellung zu den Verhältnissen* zu vermitteln, während die Verhältnisse selbst bleiben können wie sie sind. Gestresste Manager:innen erhalten – gegen höhere Gebühren – Exerzitien auf höchstem Niveau, damit sie wieder mit einem ruhigen Gewissen schlafen können und ihre „Innovationskraft" zurückerlangen. Der prophetische Ansatz der hebräischen Bibel wird im Einzelfall explizit als überholt betrachtet. Religion dient im nahen Kontext – so lange dies einstweilen noch erwünscht scheint – als „Ornament und Kulisse" (Johann Baptist METZ) der bürgerlichen Gesellschaft, zielt aber nicht auf die Umwerfung von Verhältnissen, „in denen der Mensch ein erniedrigtes, ein geknechtetes, ein verlassenes, ein verächtliches Wesen ist" (Karl Marx).

Die neoliberale Kirche lässt sich nicht aus der Fassung bringen durch repressive Kürzungen der Grundsicherung oder dramatische Zivilisationsentwicklungen. Etwas Friedfertigkeit und etwas Ökologie im Kleinen genügen. Man hält sich auch fern von Schauplätzen, auf denen es etwa zu Berührungen mit Polizeigewalt kommen könnte.

Mit diesem Ansatz kann man allerlei Menschenfreundliches kombinieren, auch Esoterik, jesuanische Blütenlese und Lebensmitteltafel. Die Armen selbst sind freilich *innerhalb* der bürgerlichen Wohlfühlkirche weithin unsichtbar, zumal dort, wo das überkommene konfessionelle Milieu sich längst in Luft aufgelöst hat.

Selbstredend sollten Verantwortliche in der Kirche für Supervision, rationale Betriebsführung oder taugliche Organisationsformen Sorge tragen. Doch was hat dies, nebst anderen Formalien, schon mit einer überzeugenden Theologie und Pastoral in den Spuren Jesu zu tun?

Den Kundigen muss sich der Magen umdrehen, wenn auch das *„Qualitätsmanagement"* in der praktischen Theologie Anwendung findet. Was dieses Zauberwort etwa im neoliberalen Gesundheitswesen für Auswirkungen zeitigte, wissen die Praxiserprobten: Weniger Personal, qualitativ schlechtere Pflegeplanungen, immer mehr und differenziertere Pflegeleistungs-

Ziffern auf dem Papier oder im Computer und gleichzeitig Patienten, bei denen niemand mehr die Zeit findet, auch nur die vordringlichsten Bedürfnisse wahrzunehmen ... Eine Analyse zur „unternehmerischen Kirche im Anschluss an die abstürzende (Post-)Moderne" hat Herbert BÖTTCHER im letzten Jahr veröffentlicht.[2] Im Editorial der Zeitschrift „exit!"[3] vermerkt Roswitha SCHOLZ dazu einleitend:

„Der Text [...] zeigt auf, wie sich die Kirchen statt im ‚Heiligen Geist' im ‚Geist des Kapitalismus' reformieren wollen. Rat suchen sie bei Konzepten der Organisationsentwicklung, die auf der Grundlage der Systemtheorie operieren. [...] Heraus kommen dabei Anpassungsprozesse an eine (post)moderne Krisengesellschaft [...] Ohne Reflexion auf gesellschaftliche Vermittlungszusammenhänge sollen vom Druck der Krisenverhältnisse gestresste und in Depression getriebene Individuen erreicht und so versorgt werden, dass sie sich in den Verhältnissen wieder wohl oder wenigstens besser fühlen. Die angebotenen religiösesoterischen Produkte sollen nicht an ihrem Wahrheitsanspruch, sondern an ihrer Nützlichkeit gemessen werden.

In der Kirche eine Heimat finden sollen gleichzeitig aber auch Menschen, die angesichts des ‚Relativismus' der Postmoderne nach Sinn und Identität suchen. Angesichts dieser Problemlagen öffnen sich die Kirchen identitärem und autoritärem Denken und Handeln. Dies alles lässt die Inhalte der jüdisch-christlichen Tradition nicht unberührt. Sie werden individualisiert und esoterisiert und sollen dabei existentialistisch und/oder in der Objektivität ‚ewiger Wahrheiten' gesichert werden. Auf der Strecke bleiben die emanzipatorischen Gehalte der jüdischchristlichen Tradition, die auf einer herrschaftskritisch zugespitzten Unterscheidung von Transzendenz und Immanenz beruhen."

LACKMUSSTEST FÜR WELTKIRCHLICHE ZUVERLÄSSIGKEIT:

---

[2] BÖTTCHER.: Auf dem Weg zu einer „unternehmerischen Kirche" im Anschluss an die abstürzende Moderne..
[3] SCHOLZ: Editorial, o. S.

„DIE WAFFEN NIEDER!"

Die weltkirchliche Botschaft des Bischofs von Rom zur Corona-Pandemie lautet „Gesundheit statt Waffen":
„Wenn wir den Prozess [der gegenwärtigen Krise] als Chance nutzen, können wir uns unter dem Banner der menschlichen Geschwisterlichkeit auf das Morgen vorbereiten, zu dem es keine Alternative gibt, denn ohne eine übergreifende Vision wird es für niemanden eine Zukunft geben." [...] „Es ist nicht länger zu ertragen, dass wir weiterhin Waffen herstellen und mit ihnen handeln und dabei riesige Summen an Kapital ausgeben, das dazu verwendet werden sollte, Menschen zu heilen und Leben zu retten".

Papst Franziskus (Dio e il mondo che verrà, 2021)
Das zielt auf mächtige Länder wie Deutschland, das 2016-2020 im Vergleich zu 2011-2015 seine Beteiligung am globalen Waffenhandel um 21 Prozent gesteigert hat und unter den größten Waffenexporteuren Platz vier einnimmt.

Im Zentralkomitee der deutschen Katholiken dominieren Persönlichkeiten aus jenem politischen Parteienspektrum, das ob seiner unverbrüchlichen Treue zur Nato-Doktrin als „regierungstauglich" gilt. Wem will man nun folgen, der römisch-katholischen Militärministerin aus der CDU (bis September 2021) oder der Weltkirche? Es ist an der Zeit, dass das Laiengremium endlich Klartext spricht zur Schande der deutschen Todeslieferungen in alle Welt, sich der pax-christi-Forderung nach einem generellen Waffenexportverbot im Grundgesetz anschließt und der Explosion des nationalen Rüstungshaushalts jegliche Assistenz verweigert – zugunsten menschendienlicher Investitionen. Erst dann wissen wir mit Gewissheit, dass es in deutschen Landen *nicht* um eine neoliberale Wohlfühlkirchenreform geht.

Zu den Friedensschritten der Weltkirche unter Franziskus gehört die nachdrückliche Unterstützung des am 22. Januar 2021 in Kraft getretenen Atomwaffenverbotsvertrags der Vereinten Nationen. Die Botschaft des Papstes ist unmissverständlich: Christenmenschen dürfen sich an Entwicklung, Herstellung, Erwerb, Lagerung, Zielort-Transport, Scharfstellung oder gar Zündung einer Atombombe nie und nimmer beteiligen.

Vom deutschen Militärbischof Franz OVERBECK (Essen), dessen Bundeswehr-Personal und Bundeswehr-Logistik vom Staat finanziert wird, erwartet der Staatskomplex, dass er im Sinne der Nato-Doktrin die Fortführung der deutschen Atombombenteilhabe stützt. Hier geht es um den *Lackmustest* schlechthin! Wird Bischof F. Overbeck, der so beharrlich den homosexuell Liebenden beisteht, sich mit Leidenschaft und ohne Hintertüren auch der Ächtung aller Nuklearwaffen durch die Weltkirche anschließen? Oder wird er, wie es das System von einem Staatsmilitärbischof erwartet, das Bekenntnis wider die gotteslästerliche Bombe vernebeln?

## „KATHOLIZITÄT" IST KEINE KONFESSIONSBEZEICHNUNG

Einen Aufwind erfahren im 3. Jahrtausend *„konfessionalistische* Katholizismen"*, die kaum noch etwas mit leibhaftigen sozialen Lebensräumen zu tun haben. Besonders anfällig für diese Spielarten sind gerade nicht jene Katholik:innen, die noch in den – nunmehr weitgehend aufgelösten – katholischen Milieulandschaften aufgewachsen sind und z. B. schon als Kinder entdecken konnten, dass auch der prachtvollste Hochaltar an der Hinterseite mit schnöden Sperrholzplatten verschalt ist.

Zu den Kennzeichen der neueren Varianten gehören eine *Vereinzelung* der – vielfach konvertierten bzw. „neu bekehrten" – Frommen und deren Fixierung auf völlig nachgeordnete, ja *nebensächliche Gegenstände* der Religion. Konfessionalistische Phänomene, die die herrschenden Weltverhältnisse in keiner Weise in Frage stellen, dafür aber Stellwände und Grenzmauern zwischen Menschen errichten, sind passgenau für jenen „Spätkapitalismus", der sie auch hervorgebracht hat.

Die Theologiestudierenden nach dem letzten Konzil (1962-1965) waren gewissermaßen noch „stolz", dass ihre Kirche kein lokaler, selbstgenügsamer Heimatverein ist, sondern vielmehr nichts von alledem geringschätzt, was *außerhalb* von Kirche und Christentum als „gut und wahr" ansichtig wird:

„Gemäß ihrer Aufgabe, Einheit und Liebe unter den Menschen und damit auch unter den Völkern zu fördern, fasst sie [die Kirche] vor allem das ins Auge, was den Menschen gemeinsam ist und sie zur Gemeinschaft untereinander führt."

(Erklärung „Nostra Aetate")

Wir halten fest: Es geht hier vor einem halben Jahrhundert nicht um die Fahndung nach *Trennendem*, sondern um das Verbindende in der Menschenwelt. (Zur „Wirkungsgeschichte" gehören z. B. auch die kirchlichen Beiträge zur Solidarität mit Flüchtenden.)

In der katholischen Journalistengeneration der „Generation Benedikt" schreibt man nun gerne Texte über klerikale Kopfbedeckungen und anderen Firlefanz. (Farbigkeit und Folklore als Marktvorteile.) Sogenannte „Alleinstellungsmerkmale" und Identitätsangebote sollen das religiöse Marketing voranbringen.

Fast immer geht es hier – wie bereits vermerkt – um Oberflächliches und Banalitäten. An allen Ecken sehen wir in den einschlägigen Portalen spitze Bischofsmützen. Aber kein Mensch vermag zu erklären, welchen sittlichen Nährwert eine Mitra haben soll und warum sich deren Träger den Kopf nicht lieber frei halten.

Die verschärfte *Hardliner-Variante* der konfessionalistischen Religion (Fundamentalismus als Marktvorteil) spielt sich vorzugsweise im Internet ab, wo Solist:innen ein Publikum suchen und sich gegenseitig aufputschen zu mancherlei Wahnsinn.

Neuerfindungen aus dem 19. Jahrhundert steigen im rechten, „identitären Katholizismus" gerne zu „ewigen Wahrheiten" auf, die angeblich schon immer und überall Geltung hatten. Es werden hochpolitische Komplexe anvisiert, für deren Propagierung Latein, Messgewand und Weihrauch lediglich Instrumente sind. Dazu zwei Beispiele:

In den ersten drei Jahrhunderten unserer Zeitrechnung war es strikt unvereinbar mit dem Christsein, sich in irgendeiner Weise an *Todesurteilen* und deren Vollstreckung zu beteiligen. Das mit den Herrschenden symbiotisch verbundene Staatskirchentum revidierte dies später, und die den Weisungen Jesu so eindeutig widersprechende Totmachstrafe erhielt sogar ein eigenes Lehrbuchkapitel zugewiesen. Unter dem gegenwärtigen Bischof von Rom ist die kategorische Ablehnung aller Todesurteile endlich wieder in den Katechismus gelangt. Die rechtskatholischen Prophet:innen in den USA schreien nun: „Das ist ein Abfall vom wahren, unveränderlichen Glaubensgut."

Wenn der Papst von einer „*Wirtschaft, die tötet*" spricht, steht er in bestem Einklang mit der biblischen und altkirchlichen Überlieferung – aber auch z. B. mit einem Vorgänger wie PAUL VI. Doch die kapitalistischen „Katholiban" sehen hier erneut einen Beweis dafür, dass Franziskus Häretiker ist. Sie verfügen über beträchtliche „social media"-Kompetenzen und das Wohlgefallen reicher Gönner:innen. „Katholisch" ist für diese Kreise stets nur, was dem Kapital nützt. Nicht die „Autorität der Leidenden" gilt, sondern der Zynismus von Leuten, die den Abgrund negieren oder verfeierlichen wollen.

Einen Jesus, der die selbst kreierte Religion des schönen Beiwerks stört, muss man exkommunizieren. Die „Konfessionalist:innen" erklären statt seiner ausgewählte historische Gegebenheiten, die der biblischen Botschaft oft auf krasse Weise widersprechen, zum einzig wahren Kirchentum. All dies ist in Wirklichkeit alles andere als „katholisch".

Das theologische Zentrum der Katholizität lässt sich vielleicht gut mit einigen Ausführungen Meister Eckharts (1260-1328) verdeutlichen. Die innerste „wahre menschliche Geburt" verbindet den Einzelnen mit seiner Mitte und im gleichen Atemzug mit allen anderen, auch mit dem Menschen jenseits der Meere, den er noch nie gesehen hat (sowie mit den Menschen vergangener Zeiten und den Menschen, die nach uns geboren werden). Das „Individuellste" und das Umfassendste, sie bilden keinen Gegensatz mehr.

Katholizität ist also schier unvereinbar mit Abkapselung und Ausschließung: Sie zielt auf den weitesten *geistigen, zeitlichen und räumlichen Horizont*. Gemäß dem Grundprinzip der „Einheit in Vielheit" (sowie der Gemeinschaft mit den Anderen, die wirklich *anders* sind und es auch bleiben sollen) zeigt sich Katholizität in einer besonderen *Weise des Sehens* (auf das Ganze schauen) und der *Befähigung zu umfassender Kooperation*.

Kurzum: Katholizität ist mitnichten ein Besitzobjekt der Christen des lateinischen Ritus. Katholizität ist *keine* Konfession, sondern ein Bewusstsein – eine Haltung, Wahrnehmungsform, Energie und Praxis, die Menschen wie Gemeinschaften befähigt, Mauern zu überspringen! Um in dieser Spur noch weiter zu gehen: Ohne „Katholizität" gibt es keine Zukunft für die menschliche Spezies.

## EIN KONZIL FÜR DAS 3. JAHRTAUSEND – ABER WELCHE AGENDA?

Nahezu alle gegenwärtig beratenen Fragen der *innerkirchlichen* Reform ließen sich ohne dogmatische Entscheide lösen oder zumindest einer Auflösung näher führen. Der Rekurs auf das Fehlen vermeintlich göttlicher Ermächtigungsgesetze hat noch nie überzeugt. Die Beteiligung aller Gläubigen an der Wahl eines Bischofs war z. B. in der Alten Kirche eine – sogar „päpstlich" eingeforderte – Selbstverständlichkeit. Verheiratete Priester gibt es – wie im ganzen ersten Jahrtausend – längst im lateinischen Ritus und in den unierten Ostkirchen. Hier müsste nur die viel beschworene Ökumene mit den Orthodoxen einmal exemplarisch in der Kirchenordnung umgesetzt werden.

Niemand kann dem Papst verbieten, im Zuge neuer Regularien Frauen (als „Laiinnen") in das Kardinalskollegium aufzunehmen. Selbst ein Joseph RATZINGER hat gemäß einer jahrzehntelangen Übung Frère ROGER, dem evangelischen Prior der Brüder von Taizé, die Kommunion gereicht.

In Entsprechung zu Revisionen bezogen auf Religionsfreiheit, Todesstrafe oder Atombombe ist auch eine Neuausrichtung in der „Sexualmoral", die so lange als repressives Bindungsinstrument der Kirche missbraucht worden ist, möglich ...

Für Menschen guten Willens gäbe es also Wege. Doch die klerikalen Fundamentalist:innen blockieren auf Schritt und Tritt Lösungen im Rahmen der längst vorhandenen Spielräume, weil sie theologisch völlig nachgeordnete Fragen, die die dogmatischen Grundlagen des Christentums gar nicht berühren, zu Fetischen („Götzen") machen. Ohne diese Fetische würde offenbar ihr ganzes Religionsgebäude zusammenbrechen.

Deshalb fordern nun im Gegenzug bürgerlich-liberale Erneuerer:innen allen Ernstes ein eigenes Weltkonzil zur Durchführung jener *innerkirchlichen* Reformen, die Rom – der „blockierte Riese" – vor allem wegen einer fundamentalistischen Minderheit nicht auf dem Wege von Weisheit und evangelischer Freiheit verwirklichen will oder kann. Dann wird am Ende in einer großen Konzilsaula über den *Zölibat* der römisch-katholischen Kleriker disputiert, während der Planet womöglich schon in Flammen steht. Vor diesem Hintergrund haben alle Beteiligten, die den zivilisatorischen Ernstfall des 3. Jahrtausends begreifen, die Pflicht, durch gemeinsames Handeln möglichst vieler – miteinander kommunizierenden – Ortskirchen die Reformen in solchen Fragen, die nicht zwingend eine weltkirchliche Uniformität erfordern, *von unten* her zu ermöglichen.

Denn ein internes „Reförmchen-Konzil" würde die lateinische Weltkirche zu einem Zeitpunkt der globalen Krisis vor der ganzen Weltgesellschaft blamieren. Wieder einmal würde die Kirchenapparatur um sich selbst kreisen, während bereits der Tod von Millionen und Abermillionen Menschen vor der Haustür bereitet wird. Eine solche Blamage, nein Schande muss auf jeden Fall überflüssig gemacht werden.

Indessen bleibt aber keine Zeit mehr, mit der Einberufung einer Versammlung der weltweiten Christenheit noch länger zu warten. Es sollte sich von selbst verstehen, dass diese eben keine Teilsynode zur Beratung *konfessioneller* Reformfragen etc. sein kann, sondern nur ein wahrhaft Ökumenisches Konzil, auf dem sich alle – nicht nur die römischen Katholiken, nicht nur die Christen – verständigen über eine Agenda des Überlebens und ihre Bereitschaft zur Zusammenarbeit der ganzen menschlichen Familie erklären.

Mit einem beschwingten Zivilisations- und Geschichtsoptimismus – wie noch 1962-1965 – lässt sich die „Tagesordnung" freilich nicht mehr ausrichten. Der Ernstfall von Katholizität ist: Jetzt.

# Literatur

BÖTTCHER, Herbert: Auf dem Weg zu einer „unternehmerischen Kirche" im Anschluss an die abstürzende Moderne. In: Verein für kritische Gesellschaftswissenschaften e.V., Koblenz (Hrsg.): Exit! 17. Jg. (2020), Nr. 17 (Untertitel der Zeitschrift: Krise und Kritik der Warengesellschaft).

SCHOLZ, Roswitha: Editorial. In: Verein für kritische Gesellschaftswissenschaften e.V., Koblenz (Hrsg.): Exit! 17. Jg. (2020), Nr. 17 (Untertitel der Zeitschrift: Krise und Kritik der Warengesellschaft). Online zugänglich unter: https://t1p.de/ge7u (Letzter Zugriff am 29.01.2022)

WEITERE BEITRÄGE DES AUTORS ZUM THEMA:

Teil 1.
Peter Bürger: Kirchenrevolte für die Liebenden. Die Vatikanische Theologenpolizei hilft den katholischen Reformern auf die Sprünge. – Die vom Papst initiierte „zärtliche Revolution" soll den homosexuellen Paaren zugute kommen. In: telepolis, 22.03.2021: https://www. heise.de/tp/features/Kirchenrevolte-fuer-die-Lieben-den-5994107.html

Teil 2.
Peter Bürger: Rom und die blutige Geschichte der Verfolgung von Schwulen und Lesben. Ohne Befreiung aus der homophoben Angst kann die Weltkirche weder wahrhaftig noch gewaltfrei werden (Kirchenrevolte für die Liebenden: Teil 2). In: telepolis, 28.03.2021: https://www.heise.de/tp/features/Rom-und-die-blutige-Geschichte-der-Verfolgung-von-Schwulen-und-Lesben-6000013.html

Teil 3.
Peter Bürger: „Schwule Priesterpaare am NATO-Altar sind auch keine Lösung". Zur Kritik der bürgerlichen Wohlfühl-Kirchenreform im Licht weltkirchlicher Widersprüche (Kirchenrevolte: Teil 3, Schluss). In: telepolis, 04.04.2021: https://www.heise.de/ tp/features/Schwule-Priesterpaare-am-NATO-Altar-sind-auch-keine-Loesung-6003769.html?seite=all

Lincoln Kathedrale - Foto:
https://commons.wikimedia.org/w/index.php?curid=26479449

# Radulfus Niger – Kreuzzugskritik

*Matthias-W. Engelke*

1940 entreißt George Bernard FLAHIFF (1905-1989) Radulfus Niger dem Vergessen. Der Basiliuspriester und spätere Erzbischof von Winnipeg/Kanada und Kardinal veröffentlichte mitten im Krieg einen Aufsatz über diesen englischen Weltgeistlichen, ca. 800 Jahre nach dessen Geburt. Radulfus Niger und sein Werk werden schon bald nach seinem Tod nicht mehr erwähnt. Zu seinem Werk gehört die zeitgenössisch „umfassendste Kreuzzugskritik"[1]: *„De re militari et triplici via peregrinationis Ierosolimitane".* Was sagt diese Vergessenheit über die Christenheit dieser Zeit aus?

Sieben Jahre später veröffentlicht Flahiff einen zweiten Aufsatz zu Niger mit dem sprechenden Titel *„Deus non vult!"* und einer Auswahl von Abschnitten aus Nigers Kreuzzugskritik im lateinischen Original. Dies genügte, dass Ludwig SCHMUGGE diese Schrift 1977 in einer historisch-kritischen Ausgabe veröffentlichte. Bis heute aber sind seine Texte nicht auf Deutsch verfügbar. Dem will dieser kleine Beitrag abhelfen, indem die Kapitel, die Flahiff 1947 auswählte, hier zum ersten Mal auf Deutsch publiziert werden.

Flahiff wurde wohl auf Niger aufmerksam, nachdem 1934 ein Brief von Niger, vermutlich von 1182, veröffentlicht worden ist[2], der neuen Aufschluss zur Biografie Nigers gibt. Flahiff trägt die bis dato bekannten Daten zusammen und erwägt die Ungewissheiten. Demnach wurde Niger um das Jahr 1140 geboren, weil er 1166 als Magister erwähnt wird. Sein Geburtsort ist unbekannt. Wo Niger studiert hat, ist nicht mit Sicherheit festzustellen. Flahiff vermutet in Paris[3], MEWS in Poitier[4], MÜNSTER-SWENDSEN Köln[5]. Niger gehörte zeitweilig zum Hof Heinrich II., wurde aber wahrscheinlich als Unterstützer des Erzbischofs von Canterbury, Thomas Becket, wie dieser vom König ins Exil gezwungen. Vermutlich verfasste Niger in

[1] SCHMUGGE: Wandlungen, 98.

[2] FLAHIFF: Niger, 105, Anm. 7: Martin PREISS, *Die politische Tätigkeit und Stellung der Cisterzienser im Schisma von 1159-1177* (Eberings Historische Studien 248, Berlin, 1934), Anhang II, 260-265, bes. 261.

[3] Vgl. FLAHIFF: Niger, 106.

[4] Vgl. MEWS: Niger, 849.

[5] Vgl. MÜNSTER-SWENDSEN: Prevent, 205f.

Paris seine Kommentare zu biblischen Büchern, bevor er nach dem Tod Heinrichs II. (1189) nach England zurückkehren konnte. Neben seiner Kreuzzugskritik ist seine Schrift „Philippicus" hervorzuheben. In ihr erläutert Niger die Bedeutung hebräischer Namen des Alten Testaments, indem er auf die Unterstützung eines konvertierten Juden aus York zurückgreift. Ihm widmet er diese Schrift und nennt sie nach seinem Namen. Das ist auch darum außergewöhnlich, weil 1190 die jüdische Gemeinde in York Opfer eines Pogroms wurde. STAUB zufolge lassen sich traumatische Nachwirkungen dieser Verfolgung in dem Werk nachweisen.[6] Trotzdem ist der Text von Niger nicht frei vom Antijudaismus und zeitgenössischen Feindbildern (vgl. u. RN III 85).

Eine Gesamtedition von Nigers Schriften liegt bislang nicht vor. Die Handschriften seiner Werke – ausschließlich Kopien[7] – liegen alle in Lincoln. Der genaue Todestag von Niger ist unbekannt. Vermutet wird um 1200, da die in seiner Chronik verzeichneten Begebenheiten sich vornehmlich nicht später als 1199 ereigneten[8]. Niger war Kleriker, gehörte aber keinem Orden an[9]. Er „besaß ein Haus in London sowie eine Pfründe in Lincoln"[10].

Der Anlass zu seiner Schrift „De re militari et triplici via peregrinationis Ierosolimitane" war der bevorstehende sogenannte Dritte Kreuzzug. Papst Urban II. vollzog während eines Konzils von französischen Bischöfen in Clermont am 27. November 1095[11] das bis dahin Unvorstellbare, dass er nicht nur die Anwendung tötender Gewalt rechtfertigte und befürwortete, sondern dazu aufrief, dass Christen zur Waffe greifen und die sogenannten Ungläubigen aus Jerusalem zu vertreiben und zu töten hätten und dies zusätzlich rechtfertigt als Tat der Buße.[12] Was im Neuen Testament als Unterbrechung von Gewalt in der Jesusverkündigung zentral war,

---

[6] STAUB, Phillipus 33ff mit einer Schilderung des Massenselbstmordes der verfolgten jüdischen Gemeinde in York während des Dritten Kreuzzuges mit einer Entschlüsselung des Datums des Ereignisses.
[7] Vgl. FLAHIFF: Niger, Anm. 57, 114.
[8] Vgl. FLAHIFF: Niger, 113f.
[9] Vgl. SCHMUGGE: Niger, 3.
[10] MEWS: Niger, 849.
[11] MAYER, Kreuzzüge, 18.
[12] Die Grundlage zu diesem Verkehrung des Evangeliums legte Gregor VII, vgl. ALTHOFF, Verfolgung ausüben.

„Tut Buße und glaubt an das Evangelium!" (Mk 1,15), wird zum Einfallstor für Orgien von Gewalt. „Deus lo volt", „Gott will es" im provenzalischen Lateinisch des Frühmittelalters, wurde zum Schlachtruf und verbreitete sich in kurzer Zeit in ganz Europa. Flahiff setzt dem mit Bezug auf Niger „Deus non vult" entgegen. Es entsprach dem Zeitgeist, von „Kreuzzügen" zu sprechen. So nannte HITLER seinen Überfall auf die Sowjetunion einen „Kreuzzug gegen den Bolschewismus"[13], und der ranghöchste amerikanische General Dwight D. EISENHOWER betitelte 1948 seine Kriegserinnerung mit „Crusade in Europe", 1948.

Infolge des Ersten Kreuzzuges wurde 1099 das Königreich Jerusalem gegründet. Am 4. Juli 1187 besiegte Saladin, eigentlich Salah ad-Din, Sultan von Ägypten und Syrien, das Heer des Königs von Jerusalem. Am 2. Oktober 1187 kapitulierte Jerusalem. Die Nachricht erreichte die Christenheit im Westen wie ein Lauffeuer. Papst Gregor VIII. rief am 29. Oktober 1187 zu einem neuen Kreuzzug auf. Darauf bezieht sich Radulfus Niger.

Der Titel seiner Kreuzzugskritik ist zweigeteilt. „De re militari" ist wörtlich der Titel der militärtheoretischen Schrift, auch „Epitoma rei militaris" genannt, von Flavius Vegetius Renatus, um 400. Der zweite Teil „Triplici via peregrinationis Ierosolimitane" spiegelt zweierlei wider: Zum einen war der damals gebräuchliche Ausdruck für die Kriegszüge Richtung Jerusalem nicht „Kreuzzug"[14], sondern „Pilgerfahrt", „Pilgerreise" oder „Expedition". Zum anderen untersucht Niger biblische Erzählungen von Pilgerreisen nach Jerusalem und findet deren drei: Flucht und Auszug aus Ägypten, die Rückkehr aus Babylon und Petrus Weg nach Jerusalem, nachdem er aus dem Gefängnis freikam. In allen drei Fällen stellt Niger fest, ist der geistliche Charakter der Pilgerreise bestimmend, so dass er dafür plädiert, bevor jemand eine Pilgerreise antritt, um Jerusalem von den sogenannten Heiden zu befreien, habe er eine geistliche Pilgerreise anzutreten. Dies vermutlich mit der durchaus beabsichtigten Folge, dann die tatsächliche Fahrt ins Morgenland zu unterlassen.

Radulfus Niger war nicht der einzige Kreuzzugskritiker. Franz von Assisi (1181-1226) gehört gewiss dazu, indem er unbewaffnet 1219 Sultan Muhammad al-Malik al-Kamil gegenübertritt und ihn

[13] WETTE, Kreuzzug.
[14] Erste Erwähnung laut GRIMM: Kreuzzug, bei Christoph Ernst Steinbach 1734.

versucht zu bekehren. Kaspar MAYR erwähnt die Franziskaner Rai-
mundus Lullus (1236-1315) und Roger Bacon (1215-1294).[15] Einer der
schärfsten Kritiker ist Nigers Zeitgenosse Joachim von Fiore (1130-
1202). Schmugge erwähnt Radulfus Glaber (985-1047) [16], Petrus
Venerabilis (1092-1156), Ivo von Chartres (1040-1116), Alain von Lille
(1120-1202), die Würzburger Annalen (1149?), Gerhoch von Reichers-
berg (1092-1169) sowie Honorius Augustodunensis (1080-1151),
Adam von Perseigne (1145-1221), Hildebert von Lavardin (1056-
1133), Walter Map (1140-1210), Nigellus von Longchamp (1130-1200)
und einen anonymen Benediktiner in einer Schrift vermutlich aus
dem Jahr 1190. Wilhelm von Tyrus argumentiert: „'Auch die Muslime
befinden sich im Vollbesitz des Menschenrechts (*ius humanum*)'"[17].

Schmugge vermutet, dass die steigende Attraktivität der
Wallfahrt nach Santiago seit der Mitte des 12. Jahrhunderts die
friedliche, gewaltfreie Art des Pilgerweges, „[e]ine weitere Form der
Kritik"[18] war.

Insgesamt umfasst das Werk von Niger 413 Kapitel. Flahiff wählte
aus dem 3. und 4. Buch 29 Kapitel aus. Diese Auswahl wird in dieser
Übersetzung zu Grunde gelegt. Als lateinischer Text dient die
historisch-kritische Ausgabe von Schmugge. Die hier erstmalig
vorgelegte deutsche Übersetzung wurde von Franz-Josef JANNICKI
SVD, 2016/2017 im Mutterhaus des Steyler Missionsordens Societas
Verbi Divini, SVD, in Venlo-Steyl angefertigt. Zu jedem Kapitel wird
der Fundort im Beitrag von Flahiff, die Seitenzahl in der Edition von
Schmugge und Buch- und Kapitelnummer von Radulfus Niger (RN)
angegeben.

---

[15] MAYR, Weg, 83f/ Bildschirmseite 3666f.
[16] SCHMUGGE: Niger, 69-74.
[17] SCHREINER: Einführung, XVII.
[18] SCHMUGGE, Niger, 73.

# Übersetzung

DIE EROBERUNG JERUSALEMS, DIE GEFANGENNAHME DES KÖNIGS
UND DIE EROBERUNG DES LANDES

Die Sarazenen haben das Land unserer Verheißung neulich besetzt, den König, seine Großen und das Volk haben sie gefangengenommen. Die Heiligkeit des Tempels, das hochheilige Grab unseres Herrn und das hochheilige Holz des Kreuzes haben sie mit ihren schmutzigen Händen entweiht[19]. Wegen der ungeheuren Sünden sind die Palästiner in die Hand der Feinde gefallen. Darüber braucht man sich nicht zu wundern, denn dieses Land war gewiss ausschweifender als jedes andere. Keine Ehrfurcht vor Gott und in ausschweifender Zügellosigkeit und Schlemmereien übertrafen sie die Übeltaten aller Länder.

Wir haben auch in dieser schlimmen Zeit den Patriarchen von Jerusalem und die anderen Magnaten Palästinas mit den ungeheuren Reichtümern, an die die Großen des Abendlandes nicht heranreichen können, in Richtung Westen ziehen sehen.[20] Um Hilfe gegen Saladin baten sie die Herren von Damaskus und Babylonien und seiner herrschenden Hand und Macht wollten sie sich nicht überlassen. So ereignete sich ein Gottesurteil: Das Land wurde erobert, die leitenden Herren gefangen und in die Verbannung geschickt. Diesem Allen konnten sie nicht entrinnen.

Flahiff I, MS 9 (1947), 179; Schmugge, 186; RN III 65

\*

---

[19] Gemeint ist die Schlacht bei Hattin 1187 (SCHMUGGE, Niger, 186).
[20] Patriarch Heraklius von Jerusalem war 1184/85 in Europa. Radulfus sah ihn wahrscheinlich in Frankreich. (Schmugge, Niger, 187).

Die Gefahr der Häresien ist größer als der Verlust Palästinas

Nach meiner Meinung ging von den Häresien der Manichäer eine kleinere Gefahr aus als von der Fülle der interdizierten Sekten, die sich gegenwärtig verbreitet haben. [21] Unser Abendland, einst ein Spiegel und Beispiel des Glaubens für alle Völker, ist jetzt vom Aussatz der Sekten befallen, deren Zahl und Eigenarten niemand zu zählen vermag. Dadurch entsteht ein großer Schaden für die Kirche, weil diese Sekten von ungebildeten Idioten schon einige ungebildete Herrscher für sich gewonnen haben. Schon gibt es Kirchen ohne jedweden Seelsorger, weil sie niemand aufsucht. Fast alle Sakramente der Kirche sind entleert. Die Eucharistie sei nichts als einfaches Brot, die Kindertaufe wird nicht mehr gespendet, die Ehe sei kein Sakrament. Viele solcher Blasphemien werden so provozierend und hartnäckig vertreten, dass man den Tod nicht fürchtet. Wenn sie zur Buße aufgerufen werden oder besiegt oder als bekennende Häretiker vor einer Strafe stehen, wählen sie lieber die Strafe und übernehmen sie. Sie behaupten, ihr Feuer wäre für sie wie Morgentau. Sie haben Einfluss durch tugendhafte Aktionen, und durch viele gute Taten verbreiten sie ihre gottlosen Lehren und säen das Böse durch den Anschein des Guten. Sie beachten nicht die Verkündigung und die Lehre und behaupten hartnäckig Meinungen ohne Autorität der Heiligen Schrift oder der Überzeugungskraft guter Gründe. Einige Wahrheiten des Evangeliums, die sie selber ausgewählt haben, nehmen sie an, alle anderen lehnen sie schamlos ab. Bei uns im Abendland geschieht dem Glauben so viel Abbruch und das heilige Jerusalem wird so hart der Vernichtung preisgegeben und in fast jeder Gegend gibt es geheime oder öffentliche Häresien. Mit welcher Hoffnung kann das Abendland dem Orient Hilfe bieten, wenn es selbst unter so einem Zwiespalt leidet? Welcher Gewinn zeigt sich, wenn das irdische Jerusalem wiederaufgebaut und unsere Mutter Zion zerstört wird, wenn Palästina von den Sarazenen befreit und hier das Übel des Unglaubens grassiert, und wenn der Unglaube

---

[21] Das bezieht sich hier offenbar auf katharische Glaubensgemeinschaften, nicht auf Waldenser. (Schmugge, Niger, 187 mit Belegen). Dieser und der folgende Absatz spiegeln die traditionelle Sicht der herrrschaftsorientierten Großkirche wider, wenn hier auch in polemischer Absicht gegen die Kreuzzugsideologie gewendet.

draußen überwunden werden soll, hier aber die Reinheit des Glaubens zerstört wird?

Flahiff II, MS 9 (1947), 180; Schmugge, 187f; RN III 66

*

## Die verschiedenen Sekten

Solche häretischen Sekten haben sich in unseren Zeiten stark ausgebreitet. Schon zur Zeit des Papstes Alexander, der versuchte, sie aufzuspüren, gab es in der Lombardei achtzehn und jetzt gibt es dem Hörensagen nach 50 in den verschiedenen Gebieten Galliens. Was wird sein, wenn solche Städte in unserem Land und unter uns sich gegen den Glauben stellen und nicht nur geheim, sondern in dem Land des Königs, unter dem der Märtyrer Thomas gelitten hat, öffentlich unendlich viele Häresien verkündet werden? Sie haben sich schon ausgebreitet und die Kultur vieler Kirchen zerstört! Es gibt keine Kindertaufe, keine Erwachsenentaufe, keine Eucharistie und keine anderen Sakramente. Das Priestertum wird nicht geehrt. Man gehorcht ihnen nicht, weil auch schon die Herrscher infiziert sind und dem Irrglauben folgen. Das Gift breitet sich aus und ist schon nach Frankreich übergeschwappt und findet sich an einzelnen Orten Frankreichs noch verborgen. Obwohl sie bekämpft werden, wachsen sie und werden zum Unheil für die Kirche und zu einer Glaubensgefahr. Auf jeden Fall werden sie zu einer drohenden Gefahr, da sie, wenn sie von den Fürsten vertrieben, in ihrem Gastland öffentlich ihre Irrtümer predigen und mit Waffengewalt gegen ihre Verfolger vorgehen.

Flahiff III, MS 9 (1947), 180; Schmugge, 192f; RN III 81

*

## DER ÜBERSTÜRZTE UND UNÜBERLEGTE AUFBRUCH

Angesichts der drohenden Übel in der Öffentlichkeit und der Vorherbestimmung des Gekreuzigten und des Glaubens, den er durch sein Blut und seinen Tod in uns begründet hat und der durch das Feuer der Irrtümer, die sich schon im Königreich Frankreich austoben, in Gefahr gerät, warum beeilen sich dann unsere Oberen nach Palästina zu gelangen, um das Holz des Kreuzes zu suchen, während sie den Gekreuzigten in den eigenen Regionen schon verloren haben? Was nützt es ihnen, bei einem von Menschen und Mitteln entleerten Land auch im Orient Menschen und Mittel zu verbrauchen, während das Abendland an seiner Schlechtigkeit zu Grunde geht? Die Häresien sind öffentlich und sie werden offen bekannt in Dörfern und Städten; in Heerlagern und Häusern breitet sich die Schlechtigkeit aus. Wer bemerkt nicht das große Übel, das ihm ständig naht? *Es geht um dich, das Haus des Nachbarn brennt schon.*[22] Wer wird schon angesichts der Gefahr für sein Haus woanders hingehen und dort das Feuer löschen? Irrt nicht der Abendländer, wenn er die eigenen Übel übersieht und sich um die Lösung fremder Probleme sorgt?

Flahiff IV, MS 9 (1947), 181; Schmugge, 193; RN III 82

*

## DIE GERECHTE STRAFE PALÄSTINAS

Durch die Geduld Gottes oder göttlichen Ratschluss wurde Palästina bestraft, verdient durch seine Schuld. Denn welches andere Land war so vergnügungssüchtig? Ich schweige über die anderen Laster, die öffentlich in Antiochia und Jerusalem zu sehen waren. Ich sah den Patriarchen von Jerusalem, wie er verwüsteten Gebieten zu Hilfe kam mit großem Pomp, silbernem und goldenem Geschmeide. Das ekelhafte Geklingel davon war zu hören. Aromatische Gerüche, die aus dem Parfum der Kleider strömten, betörten das Gehirn. Ich sah seine liturgische Kleidung, wie ich sie kostbarer nirgendwo gesehen

---

[22]Zitat aus Horaz, Ep. 1,18,84, (Schmugge, Niger 193).

habe. In Summa: Einen solchen Aufwand habe ich von einem Patriarchen einer verwüsteten Stadt gesehen. Wenn andere Ausschweifungen jenes Landes, die wir gesehen haben, noch hinzukommen, ist es verständlich, dass sie den Zorn Gottes hervorgerufen haben. Man könnte davon noch mehr erzählen.

Flahiff V, MS 9 (1947), 181; Schmugge, 193f; RN III 83

*

## DIE NACH PALÄSTINA GEFLÜCHTETEN UND FREVELHAFTEN EINWOHNER PALÄSTINAS

Es wurden die Meinungen bestätigt, dass die Verbrecher, die in ihrem Land keine Lebensmöglichkeiten mehr sahen und vor Strafen flohen, nach Palästina eingeladen wurden. So kam es, dass sich hier Verbrecher aus allen Ländern versammelten. Daher kam es, dass die zum Vergnügen Geneigten und zu Verbrechen Bereiten den Kommenden Hilfestellung boten. Einige gelangten zu Ehren und nicht wenige der unedlen Edlen konnten durch Verrat in ihre Heimat zurückkehren.

Flahiff VI, MS 9 (1947), 181; Schmugge, 194; RN III 84

*

## DIE TEMPLER UND HOSPITALIER

Ich klage nicht die Soldaten Christi, die Templer, und die treuen Hospitalier an, aber das gemeine Volk und die aus anderen Ländern Kommenden, die schon den Sarazenen verbunden waren. Sie wandten sich durch Verrat und Verfolgung gegen die Pilger aus dem Abendland, die so zur Beute der Feinde wurden. Wen wundert es, wenn Gott sie durch sein Urteil heimsuchte und sie verdientermaßen büßen mussten, damit wir weniger über ihre Schlechtigkeiten weinen müssen? Solcherart Missgeschicke legte Gott den schlechten Juden auf und verdientermaßen ließ er sie erniedrigen, bis sie durch

Belastungen bekehrt Buße tun und zum Wohlgefallen durch gute Studien und Werke ihr Heil erlangen.[23]

Flahiff VII, MS 9 (1947), 181f; Schmugge, 194; RN III 85

\*

EIN ÜBEREILTER AUFBRUCH ZUR PILGERSCHAFT IST ABZULEHNEN

Es ist abzulehnen, wenn das Volk zu wenig entsühnt, übereilt zu seiner [des heiligen Landes] Befreiung sich hinbewegt gegen den Ratschluss Gottes, bevor er bestimmt hat, in welchem Maße sie Buße auf sich nehmen müssen. Gut ist es, sich auf die Pilgerschaft zu begeben, um so zu sehen, wo die Füße des Herrn standen, wo er geboren wurde, aufgewachsen ist, wo er litt, starb und begraben wurde, wo er auferstand, den Heiligen Geist sandte und wo er in den Himmel auffuhr.

Flahiff VIII, MS 9 (1947), 182; Schmugge, 194; RN III 86

\*

DIE AUF EIGENE GEFAHR PILGERN

Diejenigen, denen von einer katholischen Gemeinschaft ein Dienst übertragen wurde, dürfen nur pilgern, wenn sie diese Aufgabe voll erfüllt haben, und ihre Pilgerschaft nicht für sich und andere aus Eigenwillen geschieht. Wer sich einer Aufgabe entzieht, um zu pilgern und dadurch quasi öffentlich sagt: Lasst uns das Schlechte tun, damit Gutes entsteht, der liegt schief. Ich denke, jemand begibt sich in die Gefahr eines Delikts, wenn er durch die angetretene Pilgerschaft einen Dienst, den er übernommen hat, vernachlässigt. Wer nicht notwendigerweise einen Stellvertreter für sich besorgt, vergeht sich, weil er wenigstens zwischenzeitlich einer Last ausweicht und sie anderen zuschanzt.

Flahiff IX, MS 9 (1947), 182; Schmugge, 195; RN III 88

---

[23] Hier begegnen wir dem Antijudaismus des Christentums, wie er spätestens seit der konstantinischen Wende das Christentum und den christlichen Glauben vergiftet hat.

MAN DIENT GOTT NICHT DURCH MENSCHLICHE RACHE,
NOCH DURCH GEWALTSAME VERBREITUNG DES GLAUBENS

Die Schmähung Gottes wollen sie für den überwinden, dem der Vater
12 Legionen Engel zur Rettung schicken könnte, wenn er wollte. Mit
Recht gab Mose Anstoß, als er zweimal den Kiesel an den Felsen
Horebs stieß, bis er an die größere Macht des Wortes des Herrn als an
die Macht des Herrschers glaubte. Edom, Moab und Ammon nahm
Gott gefangen und schützte die Söhne Israels, dass sie das Land
bekamen, das er ihnen geben wollte, denn dem Herrn gehört das
Land und seine Fülle und dem er es geben will, erlaubt er es, es zu
besitzen.

Flahiff X, MS 9 (1947), 182; Schmugge, 196: RN III 89

*

DIE SARAZENEN SIND NICHT ABZUSCHLACHTEN,
SONDERN ZURÜCKZUDRÄNGEN

Darf man die Sarazenen abschlachten, weil Gott ihnen Palästina
gegeben und zu besitzen erlaubt hat? Er hat gesagt: Ich will nicht den
Tod des Sünders. Diese Menschen haben alle dieselbe Natur wie
wir. [24] Zurückzudrängen sind sie und zu vertreiben von unserem
Besitz, weil alles Recht erlaubt, Gewalt mit Gewalt zu bekämpfen.
Doch gemäßigt, damit die Medizin das Maß nicht überschreitet. Mit
dem Schwert des Wortes sind sie zu treffen, damit sie zum Glauben
finden,
aber freiwillig und nicht gezwungen, weil Gott das verhasst ist. Wer
den Glauben mit Gewalt zu verbreiten sucht, verstößt gegen den
Geist des Glaubens. Insbesondere die Prälaten der Kirche und die
Geweihten sollen sich der Gewalt enthalten. Die das Kreuz des Herrn
wegen ihrer Profess auf der Brust tragen, dürfen es nicht verraten auf
ihrer Pilgerschaft. Der Geweihte verrät das Mysterium des Kreuzes
und seinen Dienst, weil er es zur Unterdrückung tragen würde. Er
verleugnet es und dient ihm niemals. Besonders der Geweihte im

---

[24] „Homines sunt eiusdem conditionis nature cuius et nos sumus". (Schmugge, Niger, 196)

Stand der Vollkommenheit ist durch das Recht gebunden, einem anderen sein Recht zu lassen, seine Überzeugung zu bekennen. Ich weiß nicht, woher man das Recht nimmt, zu den Waffen zu greifen, speziell zur Tötung der Sarazenen.

Flahiff XI, MS 9 (1947), 182; Schmugge, 196; RN III 90

\*

## IM APOSTOLISCHEN AUFTRAG DARF NICHTS GESCHEHEN, WAS DER RATIO WIDERSPRICHT

Aber nun, unser Herr, der Papst, Stellvertreter Gottes auf Erden, hat den Klerikern und Laien suggeriert, ihnen würden durch ihre Pilgerschaften Nachlass der Sünden gewährt. Ich nehme mir nicht heraus, darüber zu urteilen. Eines, meine ich, ist sicher, dem Stellvertreter ist nicht erlaubt, etwas zu behaupten, was der Idee des Rechts und der Schicklichkeit widerspricht. Gott nimmt nicht den Gehorsam der Sünder an, wenn sie sich nicht losgesagt haben von ihren Sünden und eine Buße und entsprechende Wiedergutmachung geleistet haben. Und das ist sicher keine entsprechende Wiedergutmachung, Blut zu vergießen, besonders das eines Menschen und die Pilgerschaft reicht nicht als Wiedergutmachung für jedwede Sünde. In den vorausgeschickten drei Fällen ist eine Pilgerschaft nötig, in anderen freiwillig möglich für solche, die keine dienstlichen Verpflichtungen von Rechts wegen oder wegen eines Versprechens haben.

Flahiff XII, MS 9 (1947), 183, Schmugge, 196f, RN III 91

\*

## MAN HÜTE SICH, DASS ZU HAUSE GESCHIEHT ODER UNTERLASSEN WIRD, WOFÜR MAN IN DER FREMDE ANGEKLAGT WERDEN KANN

Die eine Pilgerschaft vorhaben, mögen dafür sorgen, dass sie vor dem göttlichen Richter nicht angeklagt werden für das, was sie zu Hause zu tun oder zu lassen hätten. Nachlässigkeit kann nicht vor dem göttlichen Richter bestehen. Die Pilgerschaft hat nicht das Privileg, gegen das Recht zu stehen. Sie kann nicht legitim durchgeführt werden, ohne durch das Recht gedeckt zu sein. Der Mensch sehe sich aber vor, dass weder zu Hause etwas geschieht, was ihn schuldig werden lässt, während er auf der Pilgerschaft ist, noch dass durch die geliebte Pilgertour eine Fürsorge vernachlässigt wird, so dass ein doppeltes Übel entsteht: Dass zu Hause etwas zu Grunde geht und dass das, was man draußen tut, nichts nützt.

Flahiff XIII, MS 9 (1947), 183 Schmugge, 197; RN III 92

*

## MAN MUSS DAFÜR SORGEN, DASS NICHTS GEGEN DEN WILLEN GOTTES GESCHIEHT

Eine Pilgerschaft nach Jerusalem ist nur nach gründlicher Überlegung möglich. Um zu erreichen, das Kreuz zu tragen, ist höchste Vorsicht geboten. Die ganze Angelegenheit muss rational begründet sein und darf nur geschehen, ohne Ärgernis zu erregen. Der göttliche Ratschluss ist geheimnisvoll. Der Mensch kann nicht erkennen, ob die Bußwerke in Palästina dem göttlichen Willen entsprechen, noch Aufschub in der Strafe bewirken. Es besteht eine große Gefahr, gegen den Willen Gottes zu handeln, wenn auch das Streben von großem Eifer getragen sein mag. Der abgefallene Engel verwandelt sich in einen Engel des Lichts, der häufig etwas als gut hinstellt und dann doch täuscht und das Böse den Menschen befällt, wenn er auch noch so guten Willen hat.

Flahiff XIV, MS 9 (1947), 183; Schmugge, 197; RN III 93

*

## DIE TÄUSCHUNGEN DER PSEUDOPROPHETEN UND DER GEFALLENEN ENGEL

Den Gottesmann, der von Juda kam, um Jerobeam zu tadeln, täuschte ein Pseudoprophet. Auch Achab sammelte ungefähr 400 Propheten und sagte zu ihnen: Muss ich nach Ramot Galaat gehen, um Krieg zu führen oder Ruhe bewahren? Sie antworteten: Steige hinauf und es wird sie der Herr in die Hand des Königs geben. Weil sie

Baalspropheten waren, fragte der König von Juda, Josaphat, der gekommen war, um Achab zu helfen, ob hier ein Prophet des Herrn sei. Achab antwortete: Hier ist Michäas, durch den wir den Herrn befragen können, aber ich hasse ihn, weil er nur Übles prophezeit. Michäas wurde gerufen und nach empfangener Aufklärung durch die Boten, die ihn gerufen hatten, sagte er dasselbe wie die anderen. Der König beschwor ihn, die Wahrheit zu sagen. So sagte er: Ich sah ganz Israel verstreut in den Bergen, wie Schafe, die keinen Hirten haben. Und er fügte dem erzürnten König hinzu: Ich sah den Herrn auf seinem Thron und das himmlische Heer zu seiner Rechten und Linken und der Herr sagte: Wer täuscht Achab, dass er hinaufsteigt und fällt in Ramoth Galaad? Der eine sagte dies, ein anderer anderes. Da verabschiedete sich der Geist und sagte: Ich werde ausziehen und es wird ein Geist der Lüge im Mund aller Propheten von Achab sein. Und der Herr sagte: Du wirst täuschen und viel vermögen. Geh heraus und handle so. Nun siehe, so gab der Herr einen Geist der Lüge in den Mund aller deiner Propheten und Gott sagte Übles gegen dich. Da so getäuscht wurde, der schlimme Achab, hatte sein Kollege Josaphat, König von Juda und Edom, Glück. In gleicher Weise könnten die Könige unserer Zeit getäuscht werden, die sich nicht weniger schlimm verhalten als Achab.

Flahiff XV, MS 9 (1947), 183; Schmugge, 197f;RN III 94

*

## DIE VERBRÜDERUNG MIT DEN SCHLECHTEN DARF NICHT DEN GUTEN SCHADEN

Viele haben plötzlich und ohne viel zu überlegen das Kreuz gewählt, unter Gottes Willen und auf Anregung des Heiligen Geistes. Dennoch muss befürchtet werden, dass durch die Verbrüderung mit den Schlechten der Erfolg der Guten verhindert wird. Wir glauben, dass diejenigen, die guten Eifer haben und mit Weisheit überlegt und fromm das Kreuz ihrer Pilgerschaft genommen haben, nicht ihres Lohnes beraubt werden. Zu befürchten ist aber immer, dass dem, der einst gesündigt hat, die alte nicht oder zu wenig gesühnte Schuld angerechnet und den Kreuzträgern zugerechnet wird als neue Strafe. Es ist nämlich eine schlimme Strafe der Sünde, den Versuchungen der schlechten Engel ausgesetzt zu werden. Der animalische Mensch trägen Geistes erliegt sehr leicht seiner Natur, dass er von ihr getrieben und gejagt, das tut, was sich nicht gehört. Ein Werk ist nicht gut ohne eine überlegte Auswahl dessen, was einem möglich ist. Dem Sünder sagt Gott: Warum sprichst du über meine gerechten Urteile und führst meine Gebote im Munde? Mit seinem Munde und seinem Herzen sollen die Sakramente Christi und seine Dienste vollzogen werden. Von Anfang an ist für die Pilgerschaft eine Reinheit gefordert und auf dem ganzen Weg Demut, volle Gerechtigkeit, und unbedingte Erfüllung der Gebote Gottes. Die Söhne, die aus Ägypten auszogen, erreichten nicht das Land der Verheißung außer Josua und Kaleb. Der Großteil ging wegen seiner Sünden auf der Wüstenwanderung zugrunde.

Flahiff XVI, MS 9 (1947), 184; Schmugge, 198; RN III 95

*

## DIE GEFAHREN AUF DEM WEG

Mit Umsicht soll sich der wappnen, der sich auf den Weg der Pilgerschaft begeben will, denn es lagern Räuber auf dem Weg, die die Rüstung der Seelen rauben. Auf dem ganzen Weg gibt es Nachstellungen des schlechten Geistes und je stärker der gute Wille, umso schärfer und subtiler fallen sie einen an und verkehren alles. Ich schweige über die anderen Gefahren, die vom Land oder der Luft ausgehen, und von den Belästigungen durch Wasser, der Sonneneinstrahlung und den übrigen klimatischen Bedingungen. Wenn nämlich in einem Land oder einer Region die Luftqualitäten mehr oder minder gesundheitsfördernd sind, umso mehr treffen den Vorüberziehenden viele klimatische Gefahren, die durch die Planeten an den verschiedenen Orten und zu verschiedenen Zeiten verursacht werden.

Flahiff XVII, MS 9 (1947), 184; Schmugge, 198; RN III 96

*

## DIE BUßE DER PILGERSCHAFT

Es gibt viel mehr, die das Kreuz freudig genommen haben als diejenigen, die es zu tragen sich beglückwünschen. Die Buße bestimmt nicht den Weg des Schlauen. Deswegen ist der mehr zu würdigen, der ohne lange nachzudenken mit Leidenschaft die Pilgerschaft begonnen hat, besonders dann, wenn ihn die Buße treibt. Aber die Ehre des Triumphes über die erhoffte Befreiung Palästinas kann vorausgenommen werden von den wenigen Armen, ebenfalls das wiederhergestellte Jerusalem und der größere und bessere Teil des ganzen Landes. Daher kommt es, gütigster Herr, dass ich Eurer Weisheit und Geduld mich lieber wage anzuvertrauen, damit Ihr Euch nicht unbe-dacht in diese Pilgerschaft verstrickt. Gütigster der Könige[25], daher habe ich es gewagt, über das christliche Heer, über

---

[25] Der hier ungenannt Angeredete „kann", so Schmugge Flahiff zustimmend, „eigentlich ... nur der französische König Philipp Augustus sein. Phillip hat am 21. Januar 1188 das Kreuz genommen." Damit wäre die Schrift spätestens vor dem 4. Juli 1190 entstanden. „An diesem Tag trat Philipp August von Vézelay aus seinen Kreuzzug an." (Schmugge,

145

die drei Züge nach Jerusalem und über die Pest der Häresien, die das Abendland bedrängen zu schreiben, damit Ihr Euch vor Ansteckungen der Häretiker vom Eintritt in Eure Länder schützt. Und Euch nicht beeilt, die Pilgerschaft auf Euch zu nehmen und die Aufgabe des geistlichen Kampfes vernachlässigt.

Flahiff XVIII, MS 9 (1947), 184; Schmugge, 199; RN III 97

*

DIE MÜHEN DER BÜßENDEN FÜHREN ZUM VERDIENST,
DIE WIEDERGUTMACHUNG GESCHIEHT DURCH GERECHTIGKEIT

Ich bemerke, dass ich nicht leugne, dass die Mühe der Pilgerschaft durch Genugtuung (satisfactio) zur Buße beitragen kann. Doch ich plädiere dafür, dass ein Schlüssel dazu nicht genügt. Daher halte ich es für gefährlich, für jede Art von Schuld die Hoffnung allein auf die Pilgerschaft zu setzen. Die Pilgerschaft heilt nicht alle Wunden. Es ist nach apostolischer Überlieferung leicht einzusehen, dass sie nicht das Verdienst der Gerechtigkeit und Billigkeit (äquitates) überflüssig macht. Der Räuber und Dieb, der Raub und Diebesgut ersetzt und wiedergutmacht, erreicht nach apostolischer Überlieferung Vergebung ohne Pilgerschaft. Wer tut, was der Sinn der Buße ist, kann das Gut apostolischer Vergebung auch erlangen, wenn er sich der Pilgerschaft unterzieht. Die Wiedergutmachung durch die wahre Buße stellt wieder her. Zur Ergänzung ist die Pilgerschaft gut. Der tut keine Buße, der sich weigert, zu tun und zu ersetzen, was die Gerechtigkeit und die Billigkeit erfordert. Wer dem Recht folgt, tut Buße, die Pilgerschaft besänftigt, so dass er aus dem Anklagestand erlöst und ihm vielleicht eine andere Strafe erlassen wird. Wer die Pilgerschaft antreten will, möge sehr darauf achten, aus welchem Grund er sie antritt, damit er nicht wegen Raub und Diebstahl geht oder sich einem ähnlichen Laster aussetzt und seine Mühe und Intention fehl läuft.

Flahiff XIX, MS 9 (1947), 185; Schmugge, 222; RN IV 48

Niger 16).

## Die nutzlose Pilgerschaft der Kleriker

Was ist zu halten von der Pilgerschaft der Kleriker? Sie könnten bei Ableistung ihrer Buße sich von ihren Irrtümern loskaufen und sich fruchtbarer in ihren Kirchen den Heilmitteln gewissenhaften Lebens hingeben. Besser wäre es, ihren geschuldeten Dienst zu leisten und damit ihre Buße zu erfüllen als ihren Dienst zu verlassen und sich einer zweifelhaften Pilgerschaft zu widmen. Es ist den Klerikern nicht erlaubt, Blut zu vergießen und ihre geweihten Hände mit Gewalttaten zu beflecken. Aber zu sehen, wo die Füße des Herrn gingen und sein glorreiches Grab sich befindet, ist ein gutes Werk, aber wichtiger ist es, an die Mysterien dieser Orte zu glauben, als sie zu sehen und sie nicht zu verstehen. Ich füge noch hinzu, wie schon früher gesagt, es ist nützlicher und ehrenhafter, Jerusalem zu Hause neu zu erbauen und wiederherzustellen, als es in Syrien von anderen erbaut zu sehen und zu Hause es befreit zu haben, als es in Syrien seiner Freiheit beraubt zu sehen. Außerdem ist es nicht ihre Aufgabe in den Expeditionen zu sein, es sei denn, sie geben in der Beichte gute Ratschläge und feiern das göttliche Offizium oder sie predigen. So sind sie durch ihre Lehre eine geordnete Schlachtreihe im Kampf. Ihre Aufgabe ist aber nicht die Kampfdisziplin. Die gehört den Kaisern, Königen, Fürsten und ihren Offizieren.

Flahiff XX, MS 9 (1947), 185; Schmugge, 224; RN IV 53

\*

## Kleriker – ein Hindernis in der Expedition

Kleriker sind eine Belastung in der Expedition. Weil sie unnütz Lebensmittel konsumieren, die dann der Expedition fehlen. Nicht selten hat das Heer der Barbaren Lebensmittel im Überfluss. Sie hassen auf alle mögliche Weise die Unsrigen, exekutieren sie gern und behindern sie erheblich. Sie unterwandern den Lebensmittelmarkt, zerstören die Wege und bedrängen dreist das hungernde Volk. Was alles auf der Expedition des Kaisers Konrad und des sehr frommen Königs Ludwig geschah, kann als Beispiel dienen. Es muss hier nicht schriftlich festgehalten werden, was diejenigen, die dabei waren, aus frischem Gedächtnis erzählen können. Ähnliches und noch viel Schlimmeres, was Gott verhüten möge, kann sich immer wieder ereignen und das Volk mit vielen Sünden belasten.

Flahiff XXI, MS 9 (1947), 185f; Schmugge, 224;RN IV 54

\*

DIE GEFAHREN AUF DEM WEGE DER ZWEIFELHAFTEN PILGERSCHAFT

Es ist ein Verbrechen, sich dem Tod auszusetzen, der einen leicht ereilen kann, wenn man sich in eine bedenkliche Gefahr begibt. Es begibt sich in Todesgefahr, wer sich der sicheren Gefahr aussetzt, die sich durch die klimatischen Verhältnisse und die schwierigen Belastungen des unbekannten Weges auftun. Bekannt sind die Gefahren durch Wetter, durch barbarische Völker, durch ungläubige Landstriche und schließlich die Gefahren aus der Luft, zu Lande und zu Wasser. Ich verurteile nicht diejenigen, die auf göttliche Eingebung hin, sich den Gefahren der Expedition aussetzen und der Sache Gottes dienen. Ich sage, sie können in den Gefahren ihre Verdienste mehren, aber in den unnötigen Gefahren verringern. Schlimm ist aber jene Pilgerschaft der Kleriker, die zu Hause ihre Dienste vernachlässigen und draußen nichts taugen. Kein Tun ist verdienstlich, das ohne Unterscheidung der Geister getroffen wird. Die Pilgerschaft der Erzbischöfe und der Bischöfe klage ich nicht an, wenn ihr Dienst draußen nützlicher ist als zu Hause und wenn ihre Sorge für Wenige all denen dient, die nicht aufbrechen. Wenn einer 99 Schafe in der Wüste zurücklässt und sie den Gefahren aussetzt, mit einem Schaf sich aber auf die Wanderschaft begibt auch zur Gefahr für sich selbst, dann folgt er weder für sich noch für die Schafe dem Gehorsam. Wer einen den übrigen in der Heilssorge vorzieht, geht nicht den Weg der ordentlichen Caritas. Übergibt er seinen Dienst einem Stellvertreter, erfüllt nicht er ihn, sondern sein Stellvertreter, wenn er es gut macht.

Flahiff XXII, MS 9 (1947), 186; Schmugge, 225; RN IV 55

### Gefahren für die Geweihten auf der Pilgerschaft

Ich möchte zuerst bemerken, dass die Pilgerschaft für die Geweihten unsicher und gefährlich ist. Diejenigen, die Gott und den Oberen Gehorsam und Stabilität (stabilitas loci) gelobt haben, ändern oder heben ihr Versprechen auf, wenn sie sich auf die Pilgerschaft begeben. Ich fürchte, dass der Obere seinen Geweihten nicht die Pilgerschaft erlauben kann. Das wäre gefährlich. Wie er ihnen nach dem Versprechen auch nicht erlauben kann zu heiraten, so auch nicht, sich auf den Weg zu machen. Zeit und Ort stehen denen, die Gelübde abgelegt haben, konträr gegenüber. Die Pilgerschaft kann de jure nicht vom Prälaten erlaubt werden. Ein Prälat kann im Bereich seiner Zuständigkeit aus einem einsehbaren Grund einem Geweihten etwas befehlen oder aus einem anerkannten Grund erlauben. Das darf aber nicht angewandt werden, wenn etwas dem Ordo [Verpflichtungen aus der Weihe, FJJ] oder den Gelübden widerspricht. Der Geweihte kann nicht tun und lassen, was er will. Er hat ja sein Wollen und Nicht-Wollen einem anderen übergeben. Daher ist es gewiss, dass in gleicher Weise der Prälat und der ihm untergebene Geweihte, wenn eine Pilgerfahrt, die dem Versprechen entgegensteht, angegangen wird, sich gegen die Ordnung stellen. Gott gefällt nicht, wenn einer, der durch das Versprechen gebunden ist, eine Veränderung des bestehenden Versprechens vornimmt. Wie groß die Problematik durch den Gehorsam auch sein mag, sie löst das Versprechen nicht auf, umso mehr ist der Mensch daran gebunden.

Flahiff XXIII, MS 9 (1947), 186; Schmugge, 225f; RN IV 56

\*

### Das Versprechen behindert nicht ein Fortschreiten

Ich leugne nicht die Wichtigkeit der Verpflichtung, die sich aus dem abgelegten Versprechen ergibt, aber im Versprechen ist enthalten, wenn einer eine höhere Stufe wählt, wer 5 schuldet und dann 10, löst nicht die frühere Schuld auf; sondern wer 10 schuldet, schuldet in der Konsequenz auch 5. Wer mit der Erlangung einer höheren Stufe der Würde auch eine höhere Last der Verantwortung (dignitas) übernimmt, ist nicht von der vorigen kleinen entbunden. Der Geweihte ist also nicht gehindert, eine höhere Verpflichtung und Last auf sich zu nehmen. Die Hauptstraße ist nicht immer der kurze Weg, sondern man kommt schneller und sicherer auf dem Nebenweg voran. Eine Hauptstraße ist die Pilgerschaft, gangbar und erlaubt für den, der einen höheren Weg gehen will. Es ist aber fromm, wenn jemand, dem Gelübde unterworfen, der Regel nach den Nebenweg als den kürzeren geht. Derjenige, der sich der Regel unterwirft, die er mit seinem Versprechen auf sich genommen hat, geht gleichsam den kürzeren Nebenweg. Die Hauptstraßen sind, wie es sich häufig zeigt, Irrwege.

Flahiff XXIV, MS 9 (1947), 186f; Schmugge, 226; RN IV 57

*

DER GEWEIHTE
SOLL NICHT, WEDER DURCH EIGENEN NOCH DURCH
EINEN ANDEREN WILLEN MOTIVIERT, AUF PILGERSCHAFT GEHEN

Der Geweihte kann nichts sein Eigen nennen, da er ja schon der Welt durch die Feierliche Profess entsagt hat. Nun meine ich nicht, dass der Vorgesetzte dem Geweihten das Kloster zuweisen soll, als das Ganze der Welt. Die großherzige Erlaubnis bedeutet aber nicht das Ende der Ordensdisziplin. Das heißt aber nicht, dass der Vorgesetzte und der Untergebene sich erlauben können, andere weltliche Aufgaben zu übernehmen. Die den Geist der Gelübde zurückweisen, können nicht daraus handeln und deswegen nutzt ihnen die Pilgerschaft nichts. Weder der Mönch noch der Kanonikus, auch wenn sie die Erlaubnis ihres Abtes haben, handeln nach dem Geist der Gelübde. Daher kann er nicht aus dem Geist, den er nicht hat, noch aus dem ihm fremden Geist, der ihm noch viel weniger nützt, eine Pilgerschaft auf sich nehmen und der Profess entsprechen. Die Pilgerschaft entspricht nicht dem Geist der Religion und der Profess, es sei denn, sie geschieht aus einem höheren Grunde, der einen größeren Nutzen bringt oder größeren Schaden verhindert, wie z. B. das zerstörte Grab des Herren und das Holz des Leben bringenden Kreuzes zu retten. Ob sich bisher eine solche Gelegenheit ergeben hat, die dem Geist der Religion oder der Profess entspricht, darüber urteile ich nicht. Darüber müsste tiefer nachgedacht werden. Mir gefällt eine Pilgerschaft der Geweihten nicht, wegen der Verpflichtung im rechtlichen Sinn, die nicht so schnell aufgelöst werden soll.

Flahiff XXV, MS 9 (1947), 187; Schmugge, 226; RN IV 58

*

## DER SCHADEN DER PILGERSCHAFT DER FRAUEN

Die Meinung, dass bei einer Pilgerschaft der Frauen in einer meist von Männern besetzten Expedition, das Fleisch des Teufels qua weiblicher Begleitung mitgeht, teile ich nicht. Allerdings wurde die Begegnung mit den Medianiterinnen zur Gefahr für Israel [Num 25]. Das von Kolonisten zurück gelassene Land kann nicht ohne die Hilfe von Frauen wieder besiedelt werden. Daher erscheint ihre Pilgerschaft nützlich zu sein, damit das Land wieder mit neuen Menschen besetzt wird. Nichts desto weniger ist es vernünftiger, den Ausgang eines drohenden Krieges abzuwarten, weil schließlich erst nach einem Sieg Ruhe eintreten kann. Da der Ausgang eines Krieges zweifelhaft ist, weil häufig die Situation schwierig ist, wenn Gott sie nicht begünstigt, ist es besser, dass die Frauen zu Hause bleiben und nicht der ganzen Pilgerschaft zum Hindernis und zur Gefahr werden.

Flahiff XXVI, MS 9 (1947), 187; Schmugge, 227; RN IV 59

*

## DIE PILGERSCHAFT DER ARMEN

Was ist von der Pilgerschaft der Armen zu halten, die allein vom Betteln profitieren? Jenes unbewaffnete und der Lebensmittel bedürftige Volk wird kaum einer langen Expedition nützen. Sie sind hungrig und werden dadurch schließlich den Feinden zur Beute und zum Spiel für die Gegner. Ich denke aber, dass junge Männer, auch wenn sie arm sind, nützlich sein können, wenn sie gehorsam sind und mit der Gnade Gottes den Mächtigen helfen. Durch sie können sie auch durch Almosen beköstigt werden. Sie sind häufig gut, weil sie beweglich, schnell und mutig die Lasten tragen. Sie können Wache halten, Feuer und Wasser tragen, schnell laufen, wachen und behilflich sein bei der Lösung anderer Probleme.

Flahiff XXVII, MS 9 (1947), 187f; Schmugge, 227; RN IV 60

*

## DIE PILGERSCHAFT DER ALTEN

Die Begleitung der Alten und Emeritierten auf der pilgerschaftlichen Expedition ist zu würdigen – wegen ihres Rates, selten aber wegen einer anderen Hilfe. Allgemein aber denke ich, sind sie eine Last für das Heer, weil sie umsonst Lebensmittel aufbrauchen und nicht mehr kämpfen können. Die Anstrengungen der Alten sind nicht brauchbarer als die der Jungen im Kampf, aber bei der Bewachung der Panzer und der Pflege der Waffen sind sie den Jungen, die wendiger sind, unterlegen.

Flahiff XXVIII, MS 9 (1947), 188; Schmugge, 227; RN IV 61

*

## ÜBER DIE RELIGION
### UND SELBSTBEHERRSCHUNG AUF DER PILGERSCHAFT

Es ist darauf zu achten und es ist sehr notwendig, dass bei jeder Pilgerschaft die Gebote der Religion beachtet werden und dass man sich von Lastern und ungerechtem Raub fernhält. Durch Gott wird der Sieg geschenkt und er neigt sich dem nicht zu, der schlecht handelt. Nicht weniger muss man sich vor einem verdorbenen Kameraden schützen, ebenso ist die Verbindung mit dem Feind abzulehnen. Deswegen ist auch bei jeder Expedition ständige

Umsicht, Wachsamkeit und Vorsicht nötig. Schwüre sind schon gebrochen worden. Der Siegeskranz gilt den Wachsamen und der Sieg den nach dem Gesetz Kämpfenden.

Flahiff XXIX, MS 9 (1947), 188; Schmugge, 227f,; RN IV 62

*

# Literatur

ALTHOFF, Gerd: "Selig sind, die Verfolgung ausüben". Päpste und Gewalt im Hochmittelalter. Darmstadt 2015.

COTTS, John D.: The Exegesis of Violence in the Crusade Writings of Ralph Niger and Peter of Blois, in: Lapina, Elizabeth / Morton, Nicholas (Hrsg.): The Uses of the Bible in Crusader Sources. Leiden 2017, 273-295.

FLAHIFF, George B.: Ralph Niger: An Introduction to his Life and Works, in: Mediaeval Studies, Band 2 (1940), 104-126. Darin sämtliche Literatur zu Niger bis 1940.

FLAHIFF, George B.: Deus non vult: A Critic of the Third Crusade, in: Mediaeval Studies, Band 9 (1947), 162-188.

GRIMM, Jacob; GRIMM, Wilhelm: Deutsches Wörterbuch. Art.: Kreuzzug, in: Band 11, Spalte 2203.

MAYER, Hans Eberhard: Geschichte der Kreuzzüge. Zehnte, überarbeitete und erweiterte Auflage. Stuttgart 2005.

MAYR, Kaspar: Der andere Weg. Dokumente und Materialen zur europäisch-christlichen Friedenspolitik. Glock und Lutz, Nürnberg, o. J. [1957], in: NAUERTH, Thomas (Hrsg.): Handbibliothek Christlicher Friedenstheologie. Berlin 2004.

MEWS, Constant J.: Radulphus Niger, in: Grundriss der Geschichte der Philosophie. Die Philosophie des Mittelalters, Band 3/2. 12. Jahrhundert. Schwabe Verlag, Basel 2021, 848-849. 861f weitere Sekundärliteratur.

MÜNSTER-SWENDSEN, Mia: How to Prevent a War with a Theological-Legal Treatise: The Intellectual Strategies of Sigebert of Gembloux and Ralph Niger. In: ANDERSEN, Per u. a. (Hrsg.): Liber Amicorum Ditlev Tamm. Kopenhagen 2011, 199-216.

SCHMUGGE, Ludwig: Radulfus Niger. De Re Militari et Triplici Via Peregrinationis Ierosolimitane (1187/88). Einleitung und Edition. Berlin / New York 1977.

SCHMUGGE, Ludwig: „Deus lo vult?" Zu den Wandlungen der Kreuzzugsidee im Mittelalter, in: SCHREINER, Klaus (Hrsg.): Heilige Kriege. Religiöse Begründungen militärischer Gewaltanwendung: Judentum, Christentum und Islam im Vergleich. München 2008, 93-108.

SCHREINER, Klaus: Einführung, in: SCHREINER, Klaus (Hrsg.): Heilige Kriege. Religiöse Begründungen militärischer Gewaltanwendung: Judentum, Christentum und Islam im Vergleich. München 2008, VII-XXIII.

STAUB, Daniel: Radulfus Nigers Phillipicus (Dissertation), Zürich 1993.

WETTE, Wolfram: Kreuzzug gegen den Bolschewismus. NS-Propgaganda zur Rechtfertigung des Überfalls und deren Fortwirkung im Kalten Krieg. In: ZivilCourage, 31.08.2021. In: https://zivilcourage.dfg-vk.de/kreuzzug-gegen-den-bolschewismus/ – (zuletzt eingesehen am 27.12.2021)

Ostern 2010
Das ökologische Aberndmahl des Reiches Gottes
Wandmalerei aus dem Jahr 2001 in der Kirche von Querência, MT, Brasilien, in der Prälatur
São Félix do Araguaia.
Erläuterungen dazu unter. https://doczz.it/doc/140917/la-cena-ecologica-del-regno

# Das Friedensinstitut Freiburg

## Ein Beitrag zur nachhaltigen Stärkung der Friedensbildung

*Karen Hinrichs*

Die Evangelische Landeskirche in Baden setzt seit einigen Jahren einen deutlichen Schwerpunkt bei den Zukunftsthemen Frieden, Gerechtigkeit und Bewahrung der Schöpfung bzw. Klimaschutz. Als weiterer Schritt auf dem Weg zu einer Kirche des Gerechten Friedens und als Beitrag zum Ökumenischen Pilgerweg der Gerechtigkeit und des Friedens hat die badische Landessynode im April 2019 die Errichtung eines Friedensinstituts an der Evangelischen Hochschule (EH) Freiburg beschlossen. Die Badische Landeskirche ist Trägerin dieser Hochschule für Angewandte Wissenschaften, die in verschiedenen Bachelor- und Masterstudiengängen Menschen für Berufe in der Sozialen Arbeit, Diakonie, Religionspädagogik, Schule und in den Gemeinden ausbildet.

Das große Gesamtziel oder die Intention des Friedensinstituts ist es, durch die Organisation von Bildungsprozessen zu einer „Kultur der Gewaltfreiheit und des Friedens" beizutragen. Das ist eine Formulierung aus der Selbstverpflichtung der Vereinten Nationen in den 17 Zielen für eine Nachhaltige Entwicklung (SDG 4.7). Sie passt sehr gut zum Leitbild der Evangelischen Hochschule, das deren Beitrag zur Gestaltung einer zukunftsfähigen, demokratischen Gesellschaft betont, „… die sich der Realisierung und dem Schutz von Menschenwürde auf lokaler und globaler Ebene verpflichtet weiß".

Im Januar 2020 wurde das Friedensinstitut mit einem Festakt eröffnet, also kurz bevor sämtliche Lehrveranstaltungen nur noch online stattfinden konnten. Das Team der Institutsleitung besteht aus Prof. Dr. HARBECK-PINGEL als wissenschaftlichem Direktor und mir als geschäftsführender Direktorin. Seit dem Sommersemester 2020 arbeitet Konstantin FUNK mit halber Stelle als wissenschaftlicher

Mitarbeiter mit. Damit sind zurzeit drei Personen aus dem Bereich der evangelischen Theologie hier lehrend tätig und sorgen dafür, dass friedenstheologische und friedensethische Fragestellungen als Teil der vielfältigen Friedenswissenschaften nicht zu kurz kommen.

Das Friedensinstitut Freiburg ist als In-Institut der Evangelischen Hochschule Freiburg eine interdisziplinäre Bildungseinrichtung für Lehre, Forschung und Transfer, die sowohl studiengangsbezogene, als auch studiengangsübergreifende Angebote macht. Die Friedenswissenschaften und die Friedenspädagogik mit allen ihren Facetten stehen dabei im Zentrum der Lehrangebote, die nicht allein durch die drei genannten Personen, sondern auch von anderen Dozierenden der Evangelischen Hochschule gestaltet werden.

Die Begleitung des Themas findet auf vielfältige und methodisch mehrperspektivische Weise in Pädagogik, Psychologie, Theologie, Ethik, Politik-, Rechts- und Sozialwissenschaften und nicht zuletzt in der Sozialen Arbeit und in der Friedensarbeit statt. Ein Schwerpunkt liegt auf dem Transfer von wissenschaftlichen Erkenntnissen aus der Friedensforschung und den Sozialwissenschaften für die Orientierung der zivilgesellschaftlichen Praxis, vorrangig in den an der Evangelischen Hochschule Freiburg vertretenen Professionen. Unter den zahlreichen Arbeitsfeldern der *Friedens-und Konfliktforschung (Peace Studies)* [1] stehen dabei im Rahmen einer Evangelischen Hochschule die sozialwissenschaftlichen Forschungsfelder und die friedensethischen, theologischen und philosophischen Fragestellungen im Fokus, die für verschiedene Felder der Sozialen Arbeit, der Pädagogik und Religionspädagogik sowie der schulischen und außerschulischen Bildungsarbeit relevant sind.

Als Zieldefinition von *Friedenspädagogik (Peace Education)* sei auf Norbert FRIETERS-REERMANN verwiesen:

*„Das zentrale Ziel der Friedenspädagogik ist die Befähigung zur konstruktiven und gewaltfreien Konfliktaustragung.*

---

[1] Peace Studies wird im deutschen Sprachgebrauch meist als Friedens- und Konfliktforschung bezeichnet, die wörtliche Übersetzung „Friedenswissenschaften" setzte sich nicht durch. Einen Überblick über die Fachgeschichte bietet SCHÄDEL, Andreas: Friedens- und Konfliktforschung, in: GIESSMANN, B. / RINKE, H. (Hrsg.) Handbuch Frieden, München 2019, 45-63.

*Friedenspädagogische Maßnahmen sollen Individuen sowie soziale Gruppen und Systeme in die Lage versetzen, Konfliktdynamiken zu erkennen, Konfliktpotentiale mit friedlichen Mitteln zu bearbeiten und Konflikteskalationen zu vermeiden."*[2] Friedenspädagogik oder Friedensbildung werden häufig synonym verwendet und sind von verwandten pädagogischen Ansätzen wie Demokratie- und Menschenrechtsbildung, Differenzsensible Pädagogik, Globales Lernen, Bildung für nachhaltige Entwicklung oder Bildung für Transformation nicht scharf abzugrenzen. Gegenüber den wechselnden deutschen Begriffen wird deshalb oft die Bezeichnung Peace Education bevorzugt.

---

**Aufgabenbereiche und Ziele des Friedensinstituts**

*Lehre und Transfer*: Vermittlung von Wissen und Kompetenzen[1] in Lehrveranstaltungen für die Studierenden an der Evangelischen Hochschule sowie für weitere Zielgruppen. Die Lehrveranstaltungen werden in den vorhandenen Studiengängen der EH in den jeweils passenden Modulen angeboten. Parallel dazu wurde ein Master-Studiengang Friedenspädagogik (Peace Education) konzipiert, der ab März 2022 startet. Weitere Angebote (Transfer / Fortbildungen) im Bereich der Friedens- und Menschenrechtsbildung werden entwickelt. Dazu gehören die entsprechenden Evaluationen, Recherchen und Bedarfserhebungen.

*Vernetzung* unterschiedlicher Akteure aus Wissenschaft und Zivilgesellschaft durch die Mitwirkung bei der Organisation von öffentlichen Fachtagungen und Foren, Förderung des Austauschs zwischen Forschung, Praxis, Zivilgesellschaft, Kirchen und Politik sowie begleitende Öffentlichkeitsarbeit.

*Forschung*: Beteiligung an kooperativen Forschungsprojekten von Professor*innen der EH mit nationalen und internationalen Forschungspartnern, insbesondere im Bereich der Friedens- und Menschenrechtspädagogik, der Theologie und der Sozialwissenschaften.

---

[2] FRIETERS-REERMANN, Norbert: Friedenspädagogik, in: LANG-WOJTASIK, Gregor (Hrsg.): Handlexikon Globales Lernen, Ulm 2017, 94-98.

Bei allen Aufgabenbereichen sind die Mitarbeitenden des Friedensinstituts auf die Kooperation mit den Mitarbeitenden der Evangelischen Hochschule Freiburg und deren hohe Expertise in Lehre, Forschung und Transfer angewiesen. Wir sind sehr dankbar für die vielfältige Unterstützung der Evangelischen Hochschule und des ökumenisch zusammengesetzten Wissenschaftlichen Beirat des Friedensinstituts. Auch außerhalb der Evangelischen Hochschule haben sich schon viele Kooperationen mit universitären und außeruniversitären Akteuren der Friedensbildung ergeben, so sind wir im Bereich der Forschung gut vernetzt mit anderen Hochschulen und der Berghof Foundation in Tübingen und Berlin.

## Die Zusammenarbeit mit lokalen und regionalen Akteur*innen

Genauso wichtig ist die Kooperation innerhalb des Bundeslandes und mit lokalen, regionalen und überregionalen Akteur*innen der friedenspolitischen Bildungsarbeit im kirchlichen wie nichtkirchlichen Bereich, etwa mit der Servicestelle Friedensbildung der Landeszentrale für Politische Bildung. Innerhalb der Evangelischen Landeskirche in Baden sind vor allem die Arbeitsstelle Frieden bzw. der Fachbereich Nachhaltigkeit und Frieden, die Evangelische Akademie und die (häufig ökumenisch organisierte) Erwachsenenbildung zu nennen. Zusammen mit Kooperationspartner*innen bieten wir in unterschiedlichen Konstellationen Veranstaltungen für Gemeinden und Initiativen an.

Mit der Arbeitsstelle Frieden in Karlsruhe haben wir im Sommer 2020 eine Online-Befragung durchgeführt, um den aktuellen Bedarf in den Kirchengemeinden genauer kennen zu lernen. Aufgrund der Umfrageergebnisse werden wir die Kooperationen weiter intensivieren und haben uns vorgenommen, die jeweiligen spezifischen Angebote noch besser bekannt zu machen. Leider hat es die Pandemie uns und allen Kooperationspartner*innen schwergemacht und zahlreiche Friedensgottesdienste, Vorträge und Veranstaltungen in Kirchengemeinden oder Tagungshäusern konnten nicht stattfinden und wurden verschoben. Wir hoffen sehr, im Lauf der nächsten Monate wieder mehr Veranstaltungen in Präsenz realisieren zu können.

## LEHRE UNTER CORONA-BEDINGUNGEN

Die ersten drei Semester seit der Gründung des Friedensinstituts waren sehr von der Pandemie geprägt. Alle regulären Lehrveranstaltungen an der Evangelischen Hochschule Freiburg (Seminare, Übungen und Vorlesungen) konnten nur als Video-Konferenzen und Audio-Vorträge stattfinden. So erarbeiteten sich die Studierenden die wissenschaftliche Lektüre weitgehend im Selbststudium, recherchierten und verfassten Referate und Hausarbeiten zu einem weitgespannten Themenspektrum zu ethischen und theologischen Fragen, zu Sozialer Arbeit und Friedensarbeit, zu Organisationen und Initiativen, die in der Menschenrechts- und Friedensbildung tätig sind oder zu Methoden und Handlungsfeldern der Friedenspädagogik.

Das Interesse der Studierenden an den miteinander verbundenen Zukunftsthemen Friede, Gerechtigkeit, Klimawandel und an einer gesellschaftlichen Transformation ist erkennbar groß, das freut und motiviert uns sehr. Viele Studierende stellten fest, dass nicht nur in expliziten Handlungsfeldern der Friedensarbeit, sondern auch in den unterschiedlichen Handlungsfeldern der Sozialen Arbeit und der kirchlichen und pädagogischen Arbeit „friedenswissenschaftliche Perspektiven enorm hilfreich" und „für die künftige Arbeit sehr wichtig" seien, wie es Teilnehmende aus dem 6. Semester formulierten.

Insgesamt sind wir alle mehr oder weniger gut mit der Corona-Situation und ihren Herausforderungen zurechtgekommen. Trotzdem wünsche ich mir mit den Studierenden und allen Kolleginnen und Kollegen an der Evangelischen Hochschule sehr, dass wir im Wintersemester 21/22 wieder Präsenzlehre machen können. Bei Video-Seminaren ist nach meiner Erfahrung eine vertiefende Diskussion von Theorien, Konzepten und Methoden nur in eingeschränkter Weise möglich. Zudem sollten kreative Methoden nicht zu kurz kommen, weil es in der Friedensbildung ja nicht allein um theoretische Fragen, sondern um vielfältige praxisbezogene Kompetenzen geht. So gehören zu Lernprozessen im Bereich Konfliktbearbeitung und Mediation beispielsweise die Simulation im Rollenspiel und das Training von kommunikativen Kompetenzen in unterschiedlichen Settings.

## ÖFFENTLICHE ANGEBOTE

Trotz der besonderen Herausforderungen durch die Corona-Pandemie war es aber möglich, die konzeptionelle Arbeit voranzubringen und neue Formate zu entwickeln.

Viel Resonanz fanden die ersten *Fachtage des Friedensinstituts*, die bisher ausschließlich als Videokonferenzen stattfinden konnten. Sie befassten sich im Januar 2021 mit der Friedensethik von Immanuel Kant und ihrer Fortschreibung, zu der Prof. Dr. Konrad STOCK einen Vortrag hielt und für Diskussionen mit den Teilnehmenden zur Verfügung stand. Im April 2021 nahmen fast hundert Personen am Fachtag zum Thema „Woher kommt der Hass?" teil. Hierzu konnte die Hamburger Psychologin Anne OTTO, Autorin des gleichnamigen Buches, gewonnen werden sowie der Philosoph Dr. Pascal DELHOM von der Europa-Universität Flensburg und Professorin Doktorin Gesa KÖBBERLING von der Evangelischen Hoschule Freiburg. Ein dritter Fachtag im Jahr 2021wird Ende Oktober gemeinsam mit dem Freiburger Institut für Menschenrechtspädagogik zum Thema „Was bedeuten Menschenrechte für soziale, pädagogische und diakonische Berufe?" geplant.

Kleinere Veranstaltungsformate waren z. B. ein Abendvortrag mit Prof. Wolfgang BENZ zum Thema „Vom Vorurteil zur Gewalt – Politische und soziale Feindbilder in Geschichte und Gegenwart", die gemeinsam mit Freiburger Partner*innen durchgeführt wurden oder ein Vortrag und eine digitale Ausstellung „Gerechter Krieg?" mit Max KÜNSTER aus Mainz zu Feldpostbriefen von Theologen aus dem Ersten und Zweiten Weltkrieg.

Sehr gut angelaufen sind die neuen „*International Talks*", die seit Oktober 2020 gemeinsam mit dem International Office der Evangelischen Hochschule Freiburg organisiert werden und künftig dreimal in jedem Semester stattfinden: immer online, immer donnerstags für 90 Minuten, meist in Englisch und immer öffentlich. Beim ersten Talk stellten die Leiterinnen des „Minnesota Peacebuilding Institute" in Minneapolis in den USA die Arbeit gegen Rassismus und Diskriminierung vor. Bei weiteren Talks ging es um die Polarisierung von Gesellschaften am Beispiel Brasiliens, um die „Sozialökologische Transformation als Lernprozess" oder um „Challenges and Perspectives of Peacebuilding in Ghana", um nur einige Themen zu nennen.

## NEUER MASTERSTUDIENGANG FRIEDENSPÄDAGOGIK/ PEACE EDUCATION – AB 2022

Schon vor der Gründung des Friedensinstituts war erkennbar, dass es an deutschen Hochschulen ausgesprochen wenige Studienangebote für Friedensbildung und Friedenspädagogik gibt. Eine Studie des Wissenschaftsrates und eigene Recherchen belegten dies eindrücklich. Wir haben daher vor einem Jahr angefangen, an der Entwicklung eines Curriculums für einen neuen Masterstudiengang Friedenspädagogik / Peace Education zu arbeiten und in ein entsprechendes Akkreditierungsverfahren einzutreten. Ab sofort (Stand August 2021) dürfen wir für den neuen Studiengang werben, der erstmalig im Sommersemester 2022 startet und alle zwei Jahre angeboten werden soll.

Der neue Studiengang an der Evangelischen Hochschule Freiburg ist bundesweit bisher einzigartig und wird die Friedensbildung im deutschsprachigen Raum nachhaltig stärken. Wir sind davon überzeugt, dass gut ausgebildete Friedenspädagog*innen in vielen gesellschaftlichen Kontexten einen wichtigen Beitrag zur Stärkung einer Kultur der Gewaltfreiheit und des Friedens leisten können. Theorie und Praxis von gewaltfreier Konfliktbearbeitung, Mediation und Friedenspädagogik sind in allen Feldern der pädagogischen, sozialen und diakonischen Arbeit relevant: in der Kindheitspädagogik, in der Arbeit mit Kindern und Jugendlichen in Schule und Sozialer Arbeit, in der kirchlichen oder kommunalen Arbeit, in der politischen und menschenrechtsorientierten Bildungsarbeit und Erwachsenenbildung, in der Entwicklungszusammenarbeit, in internationalen Organisationen und Initiativen und für das zivilgesellschaftliche Engagement für eine lebenswerte Welt, für Klimaschutz und soziale Gerechtigkeit.

Im Flyer werden die *Ziele des Studiengangs* folgendermaßen zusammengefasst:

„Die globalen Gefährdungen des Friedens durch politische Konflikte, durch Rassismus, Antisemitismus, Diskriminierung und Gewalt wirken sich auf allen Ebenen der sozialen Beziehungen aus. Wie kann Demokratie gestärkt werden, damit Ideologien der Ungleichheit keine Chance haben? Wie kann offene und versteckte Gewalt überwunden werden? Wie lässt sich Frieden denken, stiften und fördern?

Friedenspädagogik / Peace Education vermittelt auf friedenswissenschaftlicher Grundlage Konzepte und Methoden, um die Friedensfähigkeit von Individuen wie von Gruppen und Gesellschaften zu fördern. (…) Es geht um die Stärkung von Demokratie, Vielfalt, Gewaltprävention und den Umgang mit Konflikten auf allen gesellschaftlichen Ebenen. Auch die Analyse von struktureller und kultureller Gewalt gehört dazu."

*Zielgruppe* des Masterstudiengangs sind Bachelor-Absolvent*innen, die sich für die Theorie und Praxis der Friedensbildung, Friedenspädagogik und der Konflikttransformation interessieren und sich auf eine Aufgabe (z. B. als Friedensreferent*in) in der transformativen Bildungsarbeit vorbereiten. Der vorausgesetzte Bachelor-Abschluss (oder ein vergleichbarer Hochschulabschluss) kann in vielen fachlich affinen Studiengängen erworben sein (z. B. Soziale Arbeit, Pädagogik, Politikwissenschaften, Psychologie, Theologie oder Lehramtsstudiengänge). Eine weitere Voraussetzung sind englische Sprachkenntnisse, denn viele Gastdozierende aus dem internationalen Bereich der Friedenspädagogik und Friedensarbeit werden ihre Expertise einbringen, zudem ist ein guter Teil der aktuellen Fachliteratur auf Englisch verfasst.

Die *Themenschwerpunkte des Studiengangs* sind:

– Friedens- und Menschenrechtspädagogik im 21. Jahrhundert,
– interdisziplinäre Friedens- und Konfliktforschung als Grundlage einer menschenrechtsorientierten, transformativen Bildungsarbeit,

- interkulturelle, intersektionale und internationale Dimensionen von Friedensbildung und Friedensförderung;
- Mediation und Konfliktbearbeitung in Bildungsarbeit und Gemeinwesen,
- theologische und philosophische Wirklichkeitsdeutungen.

In das Studium ist eine Ausbildung in Mediation integriert, die von berufserfahrenen und zertifizierten Mediator*innen angeboten wird. Der *Umfang* des Masterstudiengang beträgt nach einem 7-semestrigen B. A. 3 Semester, nach einem 6-semestrigen B. A. 4 Semester, er kann berufsbegleitend studiert werden und umfasst ein Praktikum, das auch im Ausland absolviert werden kann.

Eine ausführliche Darstellung des neuen Master-Studiengangs Friedenspädagogik / Peace Education, der zitierte Flyer sowie Hinweise zum Bewerbungsverfahren finden sich auf unserer Webseite: *www.eh-freiburg/friedenspaedagogik*

Über die International Talks, die Fach-und Studientage und andere öffentliche Veranstaltungen des Friedensinstituts informieren wir durch einen Newsletter und unter *www.friedensinstitut-freiburg.de*

*Kontakt: Karen.Hinrichs@eh-freiburg.de*

## Literatur

FRIETERS-REERMANN, Norbert: Förderung der Friedensliebe in unfriedlichen Strukturen?, in: Meisch, Simon / Jäger, Uli / Nielebock, Thomas (Hrsg.): Erziehung zur Friedensliebe, Annäherungen an ein Ziel aus der Landesverfassung Baden-Württemberg, Baden-Baden 2018, 305-343.

JAEGER, Uli: Friedenspädagogik, in: Giessmann, Hans J. / Rinke, Bernhard: Handbuch Frieden, München ²2019, 133-148.

SCHAEDEL, Andreas: Friedens- und Konfliktforschung, in: Giessmann, Hans J. / Rinke, Bernhard: Handbuch Frieden, München ²2019, 45-63.

Woltersburger Mühle
Foto: https://www.woltersburger-muehle.de/blog-post/impulse-
vom-oekumenischen-rat-der-kirchen-tagung-zu-biblischen-texten-
der-vollversammlung/

# Friedensort Woltersburger Mühle

*Gerard Minnaard*

Die Woltersburger Mühle ist ein Friedensort am Rande der Stadt Uelzen, an dem soziales Engagement, Spiritualität und Nachhaltigkeit einander die Hand reichen. Die Soziale Arbeit begleitet arbeitslose Menschen auf dem Weg der Geschwisterlichkeit in die Gemeinschaft. Das „Zentrum für biblische Spiritualität und gesellschaftliche Verantwortung" bietet Raum und Zeit für Ruhe und Orientierung. Die Woltersburger Mühle hat somit *auch* den Charakter einer vielseitigen Weggemeinschaft. Kunst spielt dabei eine wichtige Rolle, denn das Gemeinwesen, das wir suchen, ist nicht nur *solidarisch* und *sinnvoll*, sondern auch *schön*.

Die Woltersburger Mühle will als Friedensort dazu beitragen, dass Menschen sich begegnen, dass Menschen miteinander und voneinander lernen können. Im Zentrum stehen dabei die biblische Überlieferung und die Erfahrungen und Fragen, die die Menschen mitbringen. Texte und Kontexte sollen miteinander ins Gespräch kommen. Damit das passieren kann, hat der gleichnamige Verein auf dem Gelände mehrere Seminarräume mit Übernachtungshäusern (und einem öffentlichen Café) realisiert. Außerdem gibt es vier Wege mit je sieben Stationen zu den Themen *Gerechtigkeit, Frieden, Nachhaltigkeit und Geschwisterlichkeit.* Sie laden ein, innezuhalten und darüber nachzudenken, was uns als Gemeinschaft zusammenhält. Im Folgenden wird der biblische Hintergrund von zwei Wegen (Gerechtigkeit und Geschwisterlichkeit) vorgestellt.

## Der Weg der Gerechtigkeit

Wenn ein Gemeinwesen nicht human organisiert ist, weil private, wirtschaftliche Interessen und kurzfristige Gewinne heilig sind, dann müssen wir nicht denken, dass wir uns diesem System entziehen können. Als einzelner Mensch nicht, aber auch als Gruppe nicht. Wir stecken mitten drin und werden mitschuldig, ob wir wollen oder nicht. Deshalb kommt es auch nicht nur darauf an, anständig zu leben, sondern auch, das System so zu verändern, dass ein anständiges Leben möglich ist. „Sorgt doch, dass ihr, die Welt verlassend, nicht nur gut wart, sondern verlasst eine gute Welt", heißt es am Ende des Theaterstücks „Die heilige Johanna der Schlachthöfe" bei Bertolt BRECHT.

## Radikal

Eine biblische Erzählung zu der schwierigen Frage, wie man sich im System der Sünde richtig verhalten kann, ist die Geschichte „vom reichen Jüngling" in Markus 10,17-31:

*Ein reicher Mensch fragte Jesus:*
*„Was muss ich tun, damit ich am richtigen Leben teilhabe?*[1]*"*

Im biblischen Text lautet die Frage buchstäblich übersetzt: „Was muss ich tun, damit ich am ewigen Leben teilhabe?" Das Problem mit der Formulierung „ewiges Leben" ist aber, dass wir sofort an ein Leben nach dem Tod denken. Doch darum geht es in der Bibel nicht. Das „ewige Leben" steht für eine Qualität des irdischen Lebens. Das „ewige Leben" ist eine neue Zeit, die im hier und jetzt anbrechen will.

*Jesus antwortete: „Du kennst die Gesetze ..."*

Es gibt ein antijüdisches Klischee, der jüdische Glaube sei gesetzlich, während der christliche Glauben, vom Evangelium bestimmt, „frei" wäre. Jesus sieht das anders. Er hat die Gesetze nicht abgelehnt. Abgelehnt hat er, im Sinne der jüdischen Tradition, eine lebensfeindliche Anwendung der Gesetze.

*Der Mann sagte: „Ich kenne die Gesetze und ich nehme sie ernst."*

*Jesus liebte den Mann für diese Antwort und sagte:*

*„Eins fehlt dir.*

*Verkaufe, was du hast,*

*gib alles den Armen, so wirst du am richtigen Leben teilhaben,*

*und folge mir nach."*

*Der Mann ging traurig weg, denn er war reich.*

---

[1] Es handelt sich bei den biblischen Texten um eigene Übertragungen aus den ursprünglichen Sprachen. Dabei wurde versucht, sowohl dem Geist des Textes als auch unserer Sprache in einer weitgehend säkularen Welt gerecht zu werden.

Jesus liebt den Reichen, denn es ist nicht selbstverständlich in einer Gesellschaft mit vielen Verführungen, anständig zu bleiben. Der reiche Mann ist nicht korrupt, er spendet regelmäßig, er lebt nachhaltig und ist in seiner Freizeit im Gemeinwesen engagiert. Es geht ihm gut und er tut Gutes. Trotzdem scheint ihm etwas zu fehlen, denn sonst wäre er nicht zu Jesus gegangen mit der Frage, wie er richtig, sinnvoll leben kann. Etwas belastet ihn. Etwas versetzt ihn in Unruhe und er findet keinen Weg, wie er damit umgehen kann.

*„Die Armen sind dein Problem", sagt Jesus.*

Die Welt ist nicht heil. Der Unfriede, den du spürst, hängt damit zusammen. Solange der Kinderschutzbund viel zu tun hat, solange die Frauenhäuser voll sind, solange es Menschen gibt, die ihre Miete nicht zahlen können, solange an der Grenze Menschen sterben, solange gibt es keinen echten Frieden – auch für dich nicht. Du lebst in einer zerrissenen Gesellschaft. Das stört dich. Zu Recht.

Der Weg, den Jesus dem reichen Mann zeigt, ist radikal: Trenne dich von deinem Besitz und komm' mit, denn „es gibt kein richtiges Leben im Falschen" (Theodor ADORNO, Minima Moralia). Diese Berufung überfordert den reichen Mann. So radikal kann bzw. will er nicht leben.

*Daraufhin sagte Jesus zu seinen Leuten:*

*„Wie schwierig ist es für reiche Menschen, um am richtigen Leben teilzuhaben.*

*Es ist leichter für ein Kamel, durch ein Nadelöhr hindurchzukommen, als für reiche Menschen an der Vision einer gerechten Gesellschaft teilzuhaben."*

*Die Jüngerinnen und Jünger reagierten entsetzt.*

Das Gespräch macht den Menschen, die Jesus nachfolgen, Angst. Wenn die reichen Menschen nicht mitmachen, was wird dann aus der Vision einer neuen Gemeinschaft? Wenn die reichen Menschen nicht mitmachen, dann wird die Kluft zwischen arm und reich nie überbrückt werden, dann rückt das richtige Leben *für alle* in die Ferne.

*Doch Jesus sagte: „Die Realität soll nicht euer Maßstab sein.*

*Es gibt Wunder.*

*Alle, die sich engagieren und deswegen ihr Haus, ihre Geschwister, ihre Mutter und ihren Vater, ihre Kinder und ihre Ländereien verlassen haben, werden reichlich gesegnet werden. Nicht nur später,*

*sondern auch schon jetzt wird es Häuser, Geschwister, Mütter,*
*Kinder und Ländereien geben.*
*Auch wenn es schwer wird.*
*Die Vision vom richtigen Leben wird Realität werden.“*
Jesus lenkt die Blickrichtung weg von den Reichen, hin zu den
Erfahrungen, die die Menschen, die ihm nachfolgen, unterwegs
machen. Es mag sein, dass der reiche Mann nicht mitmacht. Es mag
sein, dass es schwer wird. Das nimmt nicht weg, dass es befreiende
Aufbrüche gibt, und Jesus ist sich sicher, dass diese Aufbrüche sich
durchsetzen werden.

## Fragmentarisch

Zu dem radikalen Weg, nach dem Motto: „verkaufe alles, was du hast
und folge mir nach", tritt im Neuen Testament (Lukas 16,1-9) noch
eine andere Überlegung, die uns davor bewahren kann, uns in einer
„alles oder nichts" Falle zu verlieren.

*Es war ein reicher Mann, der hatte einen Geschäftsführer.*
*Er wurde angeschwärzt, er würde geschäftsschädigend handeln. Also*
*bestellte der reiche Mann ihn zu sich und sagte: „Zeige mir Deine*
*Buchhaltung. Ich muss dich entlassen."*
*„Was soll ich machen?", dachte der Geschäftsführer. Mein Herr will*
*mich entlassen. Schwer arbeiten kann ich nicht. Betteln will ich nicht.*
*Ich muss etwas tun, damit die Menschen mir helfen, wenn ich entlassen*
*werde.*
*Der Geschäftsführer rief die Menschen, die bei seinem Herrn Schulden*
*hatte, alle nacheinander zu sich. „Wie hoch sind deine Schulden?", fragte*
*er den Ersten. Er antwortete: „Hundert Fass Olivenöl". Der Geschäfts-*
*führer sagte: „Nimm deinen Schuldschein und schreib schnell fünfzig".*
*Er fragte den Nächsten: „Wie hoch sind deine Schulden"? Er antwortete:*
*„Hundert Sack Weizen". Er sagte: „Nimm deinen Schuldschein und*
*schreib achtzig".*
Der Geschäftsführer betrügt. Nicht, weil er zur Einsicht gekommen
ist, dass das System nichts taugt – in dem Fall könnte man vielleicht
noch von bürgerlichem Ungehorsam oder gar von revolutionären
Absichten sprechen –, sondern aus eigenem Interesse. Er bricht auch
nicht mit dem System. Die Schulden werden reduziert, aber nicht
erlassen. Der Geschäftsführer ahnt, was auf ihn zukommt und

handelt nach der Devise: „Rette sich, wer kann". Das ist unrechtmäßig und unmoralisch, aber, wie wir kurz vor dem Machtwechsel einer Regierung oft wahrnehmen können, durchaus realistisch. Was folgt, ist überraschend.

*Der Herr lobte den ungerechten Geschäftsführer,*
*weil er klug gehandelt hatte.*

Ist das der reiche Mann, der den Geschäftsführer lobt? Aber warum soll ausgerechnet der seinen Geschäftsführer loben und klug nennen? Es ist kaum anzunehmen, dass ihm plötzlich ein Licht aufgegangen sei, dass sein Reichtum falsch und alles, was dagegen unternommen wird, richtig sei. Haben wir es dann mit einem anderen Herrn zu tun? So stellt der Text uns vor die Frage: Wer ist „Herr"? Welche Macht bestimmt unser Leben? Die Deutung folgt sofort:

*Ich, Jesus, sage euch:*
*„Macht euch Freunde mit dem ungerechten Mammon,*
*damit ihr nicht verloren dasteht, wenn dieses System zu Ende geht."*
*Kein Knecht kann zwei Herren dienen,*
*entweder er wird den einen hassen und den anderen lieben,*
*oder er wird an dem einen hängen und den anderen verachten.*
*Ihr könnt nicht „Gott" bzw. Humanität dienen und dem Mammon.*

Radikal ist Lukas auch, denn es gibt auch hier keinen Zwischenweg zwischen „Gott" und „Mammon". Aber was meint er mit dem Satz:
*„Macht euch Freunde mit dem ungerechten Mammon"?*
Ich denke, dass wir von Lukas lernen können, dass es nicht nur „die" Alternative weg von „dem" System gibt, sondern auch Risse auftreten und alternative Schritte *im* System möglich sind. Die Radikalität bleibt, denn nichts führt daran vorbei, dass wir uns vom System des Geldes frei machen müssen, aber die Handlungsspielräume sind größer als wir vielleicht denken würden. Wir sollten uns nicht zu sehr auf „das" System und „die" Alternative fixieren, denn das kann dazu führen, dass wir die kleinen Möglichkeiten im System übersehen.

Auch wenn wir es uns anders wünschen, auch wenn unsere Träume, zu Recht, über alles Bestehende hinausgehen, oft kommt es in unserem Leben auf das Fragmentarische an. Wir müssen das Große und Ganze sehen und die kleinen Chancen im Leben nicht verpassen.

## DER WEG DER GESCHWISTERLICHKEIT

Eine biblische Erzählung, die während der Bauphase der Woltersburger Mühle immer mal wieder präsent war, ist die Geschichte der wunderbaren Vermehrung von den fünf Broten und zwei Fischen (Markus 6,30-44). Die Erzählung ist ein gutes Beispiel dafür, dass die vier Themenbereiche *Gerechtigkeit, Frieden, Nachhaltigkeit und Geschwisterlichkeit* oft so miteinander verwoben sind, dass ihre Abgrenzung voneinander schwierig ist. Alle Themen fließen in dieser Erzählung ineinander, wobei die Frage der Nachhaltigkeit, wie wir sehen werden, eine überraschende Wende markiert. Die Erzählung beginnt damit, dass die Jüngerinnen und Jünger, die sich für einige Zeit allein auf den Weg gemacht haben, zu Jesus zurückkehren.

*Die Jüngerinnen und Jünger versammelten sich bei Jesus*
*und erzählten ihm, was sie getan hatten.*
*Er sagte zu ihnen:*
*Kommt mit an einen öden Ort und ruht ein wenig aus!*
*Denn es kamen viele hilfsbedürftige Menschen.*
*Also fuhren sie im Boot an einen öden Ort.*
*Doch die Menschen ließen sie nicht in Ruhe.*
*Als Jesus ausstieg, sah er die große Volksmenge*
*und er hatte Erbarmen mit ihnen,*
*denn sie waren wie Schafe, die keinen Hirten haben.*
*Und er fing an, sie vieles zu lehren.*

Zweimal haben wir gehört, dass der Ort „öde" ist. Das ist mehr als eine geographische Angabe. Ein „öder Ort" oder „die Wüste" ist in der Bibel fast immer ein Ort des Rückzugs und der Besinnung – weil wir es mit einer Krise zu tun haben. So auch in unserer Erzählung. Das Land ist von den Römern ver*wüste*t worden. Es ist in einem desolaten Zustand, eine trostlose Wüstenei ohne Gemeinschaft und ohne Orientierung. Auch die eigene Führung ist nicht in der Lage oder nicht dazu bereit, die Gemeinschaft zu organisieren, sodass die Menschen „wie Schafe ohne Hirten" sind. Jesus und die Jüngerinnen und Jünger versuchen die Situation zu ändern, indem sie neue Gemeinschaften gründen. Sie werden dabei von Hilferufen überrannt und müssen gelegentlich ausweichen, um zur Ruhe zu kommen – und um sich zu besinnen.

Doch wenn Jesus sieht, dass die Menschen sich nicht abwimmeln lassen, hat er „Erbarmen" mit ihnen. „Erbarmen" ist ein starkes Wort, das im sogenannten Neuen Testament selten vorkommt. Es beschreibt, dass jemand etwas nicht ertragen kann. Dass etwas sosehr stört, dass es keine Ruhe lässt. Auch dann nicht, wenn wir zu Recht gerade abschalten wollen. Interessanterweise ist das hebräische Wort für Erbarmen identisch mit dem Wort für Gebärmutter. Verborgen in der Tiefe wird etwas bewegt. Etwas Neues wird geboren: In Reaktion auf die hilfsbedürftigen Menschen fängt Jesus an *sie vieles zu lehren"*. Wir bekommen allerdings nicht mit, was Jesus lehrt. Es sei denn, dass die Aktion, die folgt „als es allmählich spät wurde" die Lehre ist. Die Lehre wäre dann keine Rede, kein Vortrag, sondern ausgesprochen praktisch.

*Als es allmählich spät wurde, kamen die Jüngerinnen und Jünger zu Jesus und sagten:*
Der Ort ist öde, *schick die Menschen nach Hause, damit sie sich etwas zu essen* KAUFEN *können.*
*Er aber sagte:* GEBT *ihr ihnen zu essen.*
*Sie antworteten: Wir sollen für das wenige Geld, das wir haben, Brot* KAUFEN *und ihnen zu essen* GEBEN?

Ein drittes Mal hören wir, dass der Ort „öde" ist. Offenbar haben wir es hier mit einem wichtigen Signal der Erzählung zu tun.

Die Jüngerinnen und Jünger sind Realisten. Es wird spät und die Menschen sollen, nachdem die Predigt zu Ende ist, nach Hause gehen, um für sich Brot zu kaufen. Doch was, wenn die Menschen sich zu Hause nicht sättigen können? Die Jüngerinnen und Jünger kennen die Probleme, aber sie sehen aufgrund des Ausmaßes der Probleme, keine Lösung.

Jesus sieht eine Alternative, weil er eine andere Blickrichtung hat. Jesus wendet sich ab vom Geld und fragt: „Was ist da?" Denn es immer etwas da. Einige Sachen. Einige Gaben. Andere Ressourcen halt, mit denen man vielleicht etwas anfangen kann. Eine Gegengeschichte kommt in Gang, die sich nicht an der Kaufkraft der Menschen, sondern an ihren Bedürfnissen orientiert und sich nach anderen Ressourcen umsieht. Wo Menschen zusammen sind, gibt es immer etwas, was es ermöglicht, einen Anfang zu machen. Beginnt man sofort damit, zu berechnen, was für „die" Lösung nötig ist, wird man überhaupt nicht anfangen, denn es wird nie genügen.

„Was ist vorhanden?" – diese Frage lenkt den Blick vom Großen und Unerreichbaren auf das Kleine, das vielleicht realisiert werden kann. Es mag sein, dass der Anfang einer Vision darin besteht, kleine Brötchen zu backen. Aber vielleicht ist es besser, kleine Brötchen zu backen, als große zu kaufen. Im Backen – das heißt im Aufbauen anderer Strukturen – liegt vielleicht gerade das Neue verborgen, das wir noch nicht sehen. Das Neuland, das betreten wird, liegt vor uns. Aber wir sehen es nicht. Weil es schwierig ist, die üblichen Bahnen des Denkens zu verlassen. So wird meist nicht davon geträumt, dass *wir* gemeinsam kleine Brötchen backen, sondern vielmehr, dass *ich* einen großen Kuchen kaufen kann.

Wenn wir es wagen und uns auf den Weg machen, können wir unterwegs wachsen und vielleicht mehr bewältigen, als wir anfänglich denken. Vielleicht kommen zum Beispiel andere Menschen dazu, die wir jetzt noch nicht kennen. Menschen mit anderen Möglichkeiten und anderen Gaben. Unterwegs können neue Perspektiven entstehen, die wir jetzt noch nicht kennen. Deshalb spricht vieles dafür, nicht auf den großen Sprung zu warten, sondern aktiv zu werden, um Schritt für Schritt weiterzukommen.

In den Jahren, in denen wir mit vielen Arbeitslosen und regionalen Handwerksbetrieben die Woltersburger Mühle neu aufgebaut haben, waren die Frage „Was ist da?" und die Erfahrung „dass immer etwas da ist" für uns sehr wichtig. Es ist schwer zu sagen, was im Vordergrund stand: das Projekt oder die Erzählung. Beide haben sich gegenseitig ausgelegt.

Ein Beispiel. Gegen Ende der Bauphase, als die Förderung auslief und Zeit knapp wurde, haben wir ein Geschenk *des Himmels* bekommen. Fünfzig (!) Wandergesellinnen und Wandergesellen sind gekommen und haben uns einen Monat lang geholfen. Es ist unvorstellbar, wie viel eine solche Gruppe in einem Monat leisten kann. Wir brauchten für die Gruppe nur Krankenversicherung, Unterkunft und Verpflegung zu organisieren. Und was passierte? Das Technische Hilfswerk ist gekommen und hat für 50 Personen Feldbetten aufgebaut. Ein Ökobetrieb in der Region hat einen Monat lang für 50 Menschen Brot gespendet. Ein Partyservice hat einen Monat lang gegen Einkaufspreis der Waren warmes Essen angeliefert.

Wer wäre am Anfang des Projektes auf die Idee gekommen, 50 Wandergesell/innen auf der Habenseite einzuplanen? Wer hätte einschätzen können, dass in einer Region, in der Stadt und Landkreis kein Geld haben, dank einer guten Vernetzung, so viel unterstützende Hilfe in Bewegung kommt?

*Er sagte: Wie viele Brote habt ihr? Geht, seht nach!*

*Und als sie nachgeschaut hatten, sagen sie: Fünf – und zwei Fische.*

*Daraufhin gab er Anweisungen, dass sie sich alle nach Tischgemeinschaften auf dem grünen Gras lagern sollten.*

Dreimal haben wir gehört, dass der Ort öde ist, und dann heißt es auf einmal, dass die Menschen sich *auf dem grünen Gras* lagern sollen. Ein wunderschönes Detail, das auf eine neue Erfahrung aufmerksam macht. Fast unmerklich ist aus der Wüste eine grüne Landschaft geworden. Wo Gemeinschaft entsteht, ändert sich die Umgebung. Sie ist nicht länger trostlos und öde, sondern es entstehen Erfahrungen, die dem Leben Farbe und Glanz geben.

Wenn wir uns nicht auf das Geld und die Mechanismen, in denen wir uns üblicherweise bewegen, fixieren, können Wunder geschehen.

– Gerechtigkeit geschieht

  Die Macht des Geldes wird durchbrochen. Alle werden essen.

– Frieden macht sich breit

  Alle Menschen lassen sich nieder und kommen zur Ruhe.

– Geschwisterlichkeit

  Eine Gemeinschaft entsteht, zu der alle gehören.

– Nachhaltigkeit

  Die Wüste fängt zu blühen an.

Die Frage „Was ist vorhanden?" kann etwas in Gang setzen, sie darf jedoch nicht dazu führen, den Verstand abzuschalten. Wo Vertrauen notwendig ist und wo das Rechnen anfängt, kann nur konkret, im Prozess der Veränderung beurteilt werden. Die Bibel bietet keine Richtlinien, die uns genau sagen, was wir zu tun und zu lassen haben. Die Bibel kann uns das eigene Nachdenken nicht abnehmen. Aber vielleicht kann sie helfen, dass wir nicht nur in den uns vertrauten Bahnen des Denkens gefangen bleiben.

*Sie lagerten sich in Gruppen zu je 100 und je 50.*

*Er nahm die fünf Brote und die zwei Fische,*

*er spürte die Kraft der befreienden Tradition – und er wagte es darauf:*

*Er nahm die Brote und die Fische, er dankte und brach das Brot.*
*Er gab sie seinen Jüngerinnen und Jüngern, damit sie diese austeilten.*
*Und sie aßen alle und alle wurden satt.*

Es gibt in der Aktion einen Moment des Innenhaltens. Wörtlich übersetzt heißt der Text:
*er sah auf zum Himmel, dankte und brach ...*
Auch für Jesus gibt es keine Garantie, dass seine Aktion gelingt. Jesus ist kein Übermensch und kein Gott. Er ist ein Mensch mit einem tiefen Vertrauen, dass die Tradition, in der er steht, Sinn macht. In diesem Moment geht er in sich und betet. Was Jesus genau denkt, wenn er zum Himmel aufblickte und seine Hände zum Segnen ausstreckt, erfahren wir nicht. Es kann aber gut sein, dass es die alten Worte des 23. Psalms sind. In den traditionellen Übersetzungen heißt es in dem Psalm:
*Der HERR ist mein Hirte,*
*mir mangelt es nicht.*
*ER lagert mich auf grünem Gras ...*

Jesus sieht die Menschen vor sich, wie Schafe ohne Hirten. Er hört die Stimme der Tradition, die daran erinnert, dass der biblische Gott unser Hirte ist, beziehungsweise dass die Vision der Humanität uns leitet und auf „grünes Gras" führt. Jesus lässt sich auf diese Tradition ein und wird selber zu dem Hirten, an den er denkt. Die Stimme der Tradition und die Gestalt eines Menschen, der sich auf die Stimme einlässt, fließen ineinander.
*Jesus nahm, brach und gab ...*
Das sind die Worte, die wir auch beim Abendmahl sprechen. Das Abendmahl und das gemeinsame Essen gehören zusammen. Das Abendmahl ist die feierliche Erinnerung daran und der feierliche Vorgeschmack darauf, dass alle satt werden, wenn wir das, was vorhanden ist, zusammenlegen und teilen.

Die Erzählung ist eine Glaubens- bzw. eine Vertrauensgeschichte. Sie erzählt:

- vom Vertrauen der Menschen, dass sie nicht betrogen werden, wenn sie anfangen, das, was sie haben, zu teilen. Es ist nicht selbstverständlich, dass die Menschen, die die Brote und Fische dabei haben, diese abgeben – im Vertrauen darauf, dass sie am Ende nicht leer ausgehen.
- vom Vertrauen Jesu, dass das Werk seiner Hände gesegnet wird.
- vom Vertrauen der Jüngerinnen und Jünger, die alles hinter sich lassen und sich auf diesen Weg begeben.
- vom Vertrauen einer „Gottheit", die darauf vertraut, dass die Menschen lernen können, der Stimme der Überlieferung und einander zu trauen.

Wenn dieser Kreislauf des Vertrauens Raum gewinnt, geschieht das, was in der Erzählung mit dem grünen Gras aufleuchtet: Ansätze einer neuen Gemeinschaft und einer neuen Ökonomie werden sichtbar. Glauben, Vertrauen heißt auf Lateinisch Kredit. Die Geschichte, die Markus erzählt, ist die Geschichte einer neuen Kreditgemeinschaft, die nicht vom privaten Geld, sondern von geteilten Ressourcen lebt.

## Literatur

MINNAARD, Gerard: Das Geheimnis der Humanität. Eine nicht religiöse Auslegung der Bibel für Menschen, die vielleicht an Wunder, aber nicht an Mirakel glauben, Uelzen 2020
MINNAARD, Gerard: Das Wagnis der Nachfolge. Ein neuer Blick auf Kirchengemeinde und Bibel, Uelzen 2020

# Wertschätzung

## Anregungen, über die Basis von Verständigung nachzudenken

*Gottfried Orth*

### HINFÜHRUNG

Bis in die 1980er Jahre galt unter Verfassungs- wie Staatsrechtler:innen vergleichsweise unangefochten das sogenannte Böckenförde-Diktum. Ernst-Wolfgang BÖCKENFÖRDE hatte 1964 formuliert: „Der freiheitliche, säkularisierte Staat lebt von Voraussetzungen, die er selbst nicht garantieren kann." [1] Diese Voraussetzungen bestanden beispielsweise in der Anerkennung der Würde des Menschen, auch der seiner politischen Gegner, die religiös grundiert war in der Ebenbildlichkeit des Menschen in jüdisch-christlich-muslimischen Traditionen, in der Buddhanatur aller Menschen im Buddhismus oder im Gebot der Feindesliebe im jüdischen und christlichen Glauben. Diese Voraussetzungen zeigten sich u. a. als Praxis wechselseitiger Wertschätzung. Sich heute darauf zu berufen, lässt einen fast als Denk-malspfleger vorkommen.

In den 1980er Jahren war – ich formuliere sehr verkürzt – der Kapitalismus dann so weit, dass er die Menschen produziert hatte, die jetzt im beginnenden Neoliberalismus funktionierten – oder erkrankten oder verhaltensauffällig (destruktiv) sich äußerten. Die Wirtschaftsform war in die Seelen der Menschen eingewandert; der „innengelenkte" Charakter, in dem meine Generation (geb. Anfang der 1950er Jahre) wie die Generationen zuvor aufgewachsen waren, wurde abgelöst von einem „außengelenkten Charakter" (Erik H. ERIKSON und Erich FROMM): Erich Fromm formulierte: „Dass man sich selbst als Ware und seinen Wert als Tauschwert begreift, diese

---

[1] BÖCKENFÖRDE: Die Entstehung des Staates als Vorgang der Säkularisation, 112.

Orientierung bezeichne ich als Markt-Orientierung. ... Da der moderne Mensch sich gleichzeitig als Ware und als Verkäufer dieser Ware empfindet, ist sein Selbstbewusstsein von Voraussetzungen abhängig, die sich seiner Kontrolle entziehen."[2] Wo das Interesse hauptsächlich auf Haben, Erlebnis und Im-Trend-liegen gerichtet ist, da entstehen auch Defizite, gefährliche unter Umständen. Erich Fromm beschreibt sie als die „Entstehung einer inneren Leere, da ja alles Wichtige außen zu liegen scheint."[3] Sind die identitären Bewegungen und Äußerungen von rechts und von links ein Versuch, jene innere Leere zu ‚füllen', „das Wichtige" von außen wieder nach innen zu holen? Dabei möchte ich das identitätspolitische Denken von rechts und links nicht auf eine Stufe stellen und doch finde ich es mit Hans-Gerhard KLATT „verwunderlich, dass das identitätspolitische Denken von rechts nicht zu einem selbstreflexiven Verhalten auf der Linken führt, ihr eigenes Verhältnis zu demokratischen Aushandlungsformen zu überdenken".[4]

Die Leugnung der Menschen als autonome und beziehungsorientierte Personen – das erscheint mir seit den von E. Fromm u. a. beschriebenen Veränderungen die zentrale Herausforderung christlichen Glaubens: „Wo der Mensch sich selbst vor allem als Ware erlebt, wo nicht er selbst, sondern seine Verkäuflichkeit auf dem Persönlichkeitsmarkt entscheidend zu sein scheint, da ist der christliche Glaube zentral gefordert. Nicht Leugnung Gottes, sondern Leugnung des Menschen als Person scheint mir heute die Position zu sein, gegen die der Glaube sich bewähren muss"[5] – damit Menschen sich nicht wechselseitig aus der Menschheit ausschließen und damit angesichts von Klimakatastrophe u. a. Szenarien die Idee der Menschheit ‚menschlicher Selbstvernichtung'[6] preisgeben, sondern lernen und einüben, dass sich Menschen, einfach weil sie Menschen sind, als Subjekte wechselseitiger Wertschätzung erfahren.

---

[2] FROMM: Psychoanalyse und Ethik, 82 ff., Zitat S. 84 und 87.
[3] FROMM: Psychoanalyse und Ethik, 82 ff., Zitat 87. Jetzt auch in: FROMM: Gesamtausgabe, Bd. 2, 47 ff. (Zitat 49 f.), wo Fromm nicht mehr von der Markt-, sondern von der Marketing-Orientierung spricht.
[4] Vgl. KLATT: Debattenkultur und Versöhnung, 10.
[5] VEIT: Der Religionsunterricht und die Frage nach der Wahrheit, 339.
[6] KLATT., a. a. O.

BAUSTEINE ZU EINEM VERSTÄNDNIS VON WERTSCHÄTZUNG

Ich bedenke drei Zugänge zu Bedeutungen von Wertschätzung:
- Zunächst über die Ethik der Wertschätzung von Corinne Pelluchon,
- sodann über Marshall Rosenberg und sein Verständnis von Wertschätzung
- und ich schließe mit biblisch-theologischen Erinnerungen zu diesen beiden säkularen Zugängen.

Corinne PELLUCHON, eine zeitgenössische französische Philosophin, ausgezeichnet mit dem Günther Anders-Preis für kritisches Denken, veröffentlichte 2018 eine „*Éthique de la consideration*", die 2019 unter dem Titel „*Ethik der Wertschätzung. Tugenden für eine ungewisse Welt*" in deutscher Übersetzung erschienen ist. Sie nimmt ihren Ausgangspunkt bei Bernhard von Clairvaux und entfaltet eine radikal säkulare Ethik der Wertschätzung, die sich stellenweise wie eine säkulare Übersetzung der religiös konnotierten Schrift Bernhards lesen lässt. [7] Die Grundfrage ihrer Ethik lautet, was gefördert werden soll, „wenn die Individuen ein gutes Leben führen und die Achtung vor den anderen, Menschen und Nicht-Menschen, als Bestandteil der Achtung vor sich selbst empfinden sollen"[8]. Als

---

[7] In seiner Schrift „De consideratione" empfiehlt Bernhard von Clairveaux Papst Eugen III., sich selbst wertzuschätzen, denn: „Wer gegen sich selbst böse ist, gegen wen ist der gut?" Und weiter: „Es ist viel klüger, Du entziehst Dich von Zeit zu Zeit Deinen Beschäftigungen, als dass sie Dich ziehen und Dich nach und nach an einen Punkt führen, an dem Du nicht landen willst. Du fragst, an welchem Punkt? An den Punkt, wo das Herz hart wird. Frag nicht weiter, was damit gemeint sei; wenn Du jetzt nicht erschrickst, ist Dein Herz schon so weit. (… ) Einem harten Herzen ist das Gespür für die Menschen abhandengekommen. (… ) Wie lange noch schenkst Du allen anderen Deine Aufmerksamkeit, nur nicht Dir selber? (… ) Bist Du Dir selbst ein Fremder? Und bist Du nicht jedem fremd, wenn Du Dir selber fremd bist? Ja, wer mit sich selbst schlecht umgeht, wem kann der gut sein? Denk also daran: Gönne Dich Dir selbst. Ich sage nicht: tu das immer, ich sage nicht: tu das oft, aber ich sage: tu es immer wieder einmal. Sei wie für alle anderen auch für Dich selbst da." BERNHARD VON CLAIRVAUX: De consideratione II, 7, zitiert nach: BERNHARD VON CLAIVAUX: Komme zu dir selbst. 73-79 i.A. „De consideratione" wird m. E. ungenügend übersetzt mit „Über die Besinnung" oder „Über das Nachdenken", bedeutet doch consideratio neben Besinnung, Erwägung und Überlegung auch Achtung, Ansehen, Angesehen werden – ja im Blick auf das gesamte Wortfeld: Wertschätzung.
[8] PELLUCHON: Ethik der Wertschätzung, 14.

180

Antwort auf diese Ausgangsfrage sucht diese Ethik, Vorschläge zu erarbeiten, „die Kluft zwischen dem Denken und dem Handeln zu schließen", denn „wir sind nicht nur die ersten, denen der Ernst der Situation bewusst ist, sondern auch die letzten, die rechtzeitig handeln können"[9]. Mit diesem Ernst schreibt Pelluchon „eine Art Abhandlung über die Methode, die für diejenigen bestimmt ist, die meinen, ‚dass wir an der äußeren Welt (nichts) verbessern können, solange wir uns nicht selbst im Inneren gebessert haben' (Etty Hillesum)"[10].

Zunächst fragt die Autorin nach der Bedeutung des Verbs „wertschätzen" und fasst zusammen: „Es geht darum, die Dinge und die Lebewesen zu betrachten, indem man ihnen Bedeutung zubilligt. Ein solcher Blick geht von einem selbst aus, aber dieses Selbst ist nicht das Ego, das seine Macht sichern und die Welt erobern will; vielmehr ist es sich seiner Zerbrechlichkeit und seiner Grenzen bewusst, und diese sind ihm nicht bloß Anlässe zum Klagen, denn sie öffnen es für den anderen, der (...) in seinem Geheimnis wahrgenommen wird. Das Subjekt der Wertschätzung ermisst, was die anderen beitragen und spürt gegenüber der Welt ein Gefühl der Dankbarkeit."[11]

Dabei ist für sie Wertschätzung als „die Sorge um sich zugleich eine Sorge um die anderen und um die Welt"[12]. Und sie sieht dieses Verhältnis zu sich selbst als Schlüssel „für das Verhältnis zu den anderen, Menschen und Nicht-Menschen, zur Politik, zur Ökonomie und zur Natur; es bestimmt alle intersubjektiven oder umweltbezogenen Tugenden, die eine Konstellation innerhalb der Wertschätzung bilden, deren erste Etappe die Demut ist."[13] Ausgehend von der Überlegung, dass das, „was das Subjekt der Wertschätzung leitet und was der Horizont aller seiner Handlungen

---

[9] Ebd., 16. Gebracht hat uns in diese „tragische" Situation unsere Wirtschafts- und Lebensweise: „Der Kapitalismus ist ein System, das auf der Ausbeutung von Menschen durch andere Menschen und von bestimmten Ländern durch andere Länder beruht. Er impliziert die Kontrolle der Staaten und Völker durch die multinationalen Konzerne, die Zerstörung der Ökosysteme sowie die Erschöpfung der Ressourcen, deren Grenzen und deren Endlichkeit er außer Betracht lässt. Schließlich leugnet er den inneren Wert der Natur und kennt keine Achtung vor den Tieren, die als bloße Ressource behandelt und deren Grundbedürfnisse ebenso wie ihre Subjektivität geleugnet werden." (18f.)
[10] Ebd., 33.
[11] Ebd., 42.
[12] Ebd., 48.
[13] Ebd., 279f.

ist, die gemeinsame Welt ist, die ihm vorangeht und von der es ein
Teil ist, die es aber auch an künftige Generationen weiterzugeben und
deren Zerstörung es zu verhindern gilt", zeichnet Pelluchon zum
Schluss ihres Buches „eine Kartographie zum Finden der gemeinsamen Welt" [14], die mit einer ästhetischen Feststellung schließt:
„Unabhängig von ihrem Objekt trägt die Wertschätzung Schönheit in
die Welt, weil die Schönheit die Widerspiegelung ihrer Liebe zur Welt
ist. Wie David[15] fordert sie die Kräfte heraus, die sich der Kreativität
und dem Leben in den Weg stellen."[16]

Marshall B. ROSENBERG, ein US-amerikanischer Psychologe und
‚Erfinder' der „Gewaltfreien Kommunikation", für die Wertschätzung Ausgangs- und Zielpunkt jeden Kommunikations-
prozesses ist, schreibt: „Jedem Menschen eine grundsätzliche
Wertschätzung entgegenzubringen, ist die schönste Umgangsform,
die wir uns selbst gegenüber wählen können. Denn jedes Mal, wenn
wir ein Arschloch sehen, zahlen wir dafür, denn dann leben wir in
einer Welt voller Arschlöcher. Wenn ich mich dafür entscheide, in
jedem Menschen seine Schönheit zu sehen, dann behandle ich auch
mich selbst mit Liebe. Das habe ich mir nicht ausgedacht, alle
Religionen sagen das auf ihre Weise: 'Richtet nicht, so werdet ihr
nicht gerichtet', ‚Liebe deinen Nächsten wie dich selbst'."[17] Oder in
der Übersetzung Hermann Hesses: „Liebe den Nächsten, denn er ist
du selbst."[18]

Die Haltung, zu der Rosenberg ermutigen möchte, erinnert an
eine, wenn auch in ganz anderer Sprache geschriebene Formulierung
von Albert Schweitzer: „Nicht aus Gütigkeit gegen andere bin ich
sanftmütig, friedfertig, langmütig und freundlich, sondern weil ich in
diesem Verhalten die tiefste Selbstbehauptung bewähre. Ehrfurcht
vor dem Leben, die ich meinem Dasein entgegenbringe, und

---

[14] Ebd., 283ff.
[15] Gemeint ist die von Michelangelo zwischen 1501 und 1504 aus einem einzigen
Marmorblock geschaffene Figur des David, die sich heute in der Galleria
dell'Accademia in Florenz befindet.
[16] PELLUCHON: Ethik der Wertschätzung, 297. Die Konsequenz dieses Ansatzes einer
Ethik der Wertschätzung thematisiert Pelluchon in ihrem neuen Buch „Wovon wir
leben. Eine Philosophie der Ernährung und der Umwelt", in dem sie einen neuen
Gesellschaftsvertrag einfordert, der die gesamte Biosphäre einschließt.
[17] ROSENBERG: Konflikte lösen durch Gewaltfreie Kommunikation, 88.
[18] HESSE: „Zu Weihnachten", 80.

Ehrfurcht vor dem Leben, in der ich mich hingebend zu anderem Dasein verhalte, greifen ineinander über."[19] Steht Wertschätzung auch im Zentrum Gewaltfreier Kommunikation und sprechen viele Trainer:innen deshalb mittlerweile von „Wertschätzender Kommunikation", so verbleibe ich dennoch bei der ursprünglichen Selbstbezeichnung „Gewaltfreie Kommunikation", weil mir deren Entstehungskontext entscheidend wichtig erscheint: Ihr gesellschaftlicher und politischer Entstehungskontext war die US-amerikanische Bürgerrechtsbewegung mit Martin Luther KING, mit dem Rosenberg zusammengearbeitet hat. Deren politische Optionen und Ziele sowie deren Praxis und Spiritualität sind für mich von zentraler Bedeutung: Menschen haben damals gelernt, sich selbst wertzuschätzen; so haben sie eine innere Stärke gewonnen und es wurde ihnen möglich, andere Menschen – auch ihre Gegner – ebenfalls wertzuschätzen und sich deshalb mit ihnen gewaltfrei auseinanderzusetzen. Diese politischen und gesellschaftlichen Kontexte sind m. E. auch für den Begriff der Wertschätzung hoch bedeutsam, hat er doch auch politische Konnotationen wie z. B. die Würde oder die Gleichwürdigkeit aller Menschen, für die noch immer zu kämpfen ist.

Denke ich *in biblischen Kontexten* den Anregungen Pelluchons und Rosenbergs hinsichtlich des Konzeptes der Wertschätzung nach, so nenne ich mit der hebräischen Bibel wie dem Neuen Testamentes lediglich zwei von nahezu unendlich vielen möglichen Perspektiven bzw. Anreizen weiterzudenken.

Als erstes denke ich an die handlungsorientierende Weisheit, den Nächsten wie sich selbst zu lieben[20], oder auch an die Aufforderung Jesu, nicht zu richten, damit ich nicht gerichtet werde[21], andere also nicht zu beurteilen, damit ich selbst nicht beurteilt werde. Vielmehr wird angestrebt, anderen mit Wohlwollen so zu begegnen, wie ich möchte, dass auch mir selbst begegnet wird. Dies ist der spezifisch andere Inhalt der Goldenen Regel, wie sie Eingang gefunden hat in das Neue Testament. Wir kennen die Goldene Regel als Spruchweisheit: Was du nicht willst, dass man dir tu, das füg auch keinem andern zu. So ähnlich formulierte Isokrates im 4. Jahrhundert

---

[19] SCHWEITZER: Die Ethik der Ehrfurcht vor dem Leben, 385.
[20] Vgl. 3. Mose 19,18; Mk 12,31; Gal 5,14 u. ö.
[21] Vgl. Mt 7,1; Lk 6,37 f.

vor Christus erstmals in Regelform, was sich zuvor auch schon erzählerisch bei Homer findet: „Tut anderen Menschen nicht an, worüber ihr empört wäret, wenn ihr es selbst erfahren müsstet."[22] Radikal anders formuliert die Bergpredigt: Positiv ist hier beschrieben, was die griechische Antike negativ festhält: „Alles nun, was ihr wollt, das euch die Leute tun sollen, das tut ihnen auch!" (Mt 7,12). Das setzt eine neue und andere Überlegung voraus: Wie ich nicht leben will, was ich nicht haben will, das weiß ich in der Regel sofort. Doch die neutestamentliche Goldene Regel bestimmt nicht negativ, wie ich leben und was ich tun soll, sondern positiv: Jetzt muss ich für mich selbst zunächst klären, was mir wichtig ist, was ich möchte, was ich mir wünsche, wessen ich bedarf. Das setzt Phantasie frei, wie Menschen gewaltfrei und liebevoll zusammenleben möchten. Implizit bedeutet dies auch eine neue zeitliche Perspektive: Es geht nicht darum, was aufhören, sondern um das, was jetzt beginnen soll. Dies korrespondiert mit jesuanischer Praxis, der die Menschen nicht festlegt auf das, was war, sondern ihnen in Wundergeschichten wie der Heilung des blinden Bartimäus[23] oder in der Begegnung mit Zachäus[24] Zukunft jenseits ihrer Vergangenheit eröffnet.

Eine zweite Perspektive ist die Trennung dessen, was ein Mensch redet oder tut, nicht redet oder nicht tut, von dem, wie er gesehen wird. Die Ebenbildlichkeit des Menschen gilt biblisch auch für Kain, der seinen Bruder ermordet hat. Gott bedenkt nicht allein die Opfer, sondern auch den Täter, denn keiner soll verloren gehen. Hilde DOMINS „Mindestutopie, ohne die es sich nicht lohnt, Mensch zu sein", gilt auch, so der Erzähler, für Gottes Handeln: „Nicht im Stich zu lassen. Sich nicht und andere nicht."[25] Das ist der erste

---

[22] ISOKRATES: Rede des Nikokles an die Zyprioten. 3,61. Zitiert nach: Kai BRODERSEN (Hrsg.), Christine Ley-Hutton (Übersetzerin), Isokrates. Sämtliche Werke. Band I. Reden I-VIII, Stuttgart 1993, 42.

[23] Lk 18,35-43.

[24] Lk 19,1-10.

[25] Zitiert in TAUSCHWITZ: Hilde Domin., 451. Das Zitat stammt aus Domins Römerbergrede 1978 und heißt dort wörtlich: „Nicht im Stich zu lassen. Sich nicht und andere nicht. Das ist die Mindestutopie, ohne die es sich nicht lohnt, Mensch zu sein." (H. Domin, Humanität bei Lebzeiten – eine Utopie? In: Dies., Gesammelte Essays. München 1992, 406. Über diese Mindestutopie hinaus – sie einschließend – geht Wertschätzung. Vgl. dazu auch: ORTH: Eva, Kain & Co. Was es heißt ein Mensch zu sein und wie dabei von Gott erzählt wird. 100 ff.

entscheidende Punkt, denn so wahre ich die Würde des oder der anderen und werde selbst frei zu reagieren. In der dogmatischen Tradition wird dieser Gedanke der Differenz zwischen Tat und Täter reflektiert in der Rechtfertigung des Menschen.

## DREI PRAXISBEISPIELE ZUM THEMA UND EINE KONKLUSION

Ein Alltagsbeispiel: Wenn ich allen Menschen wie mir selbst wertschätzend begegnen möchte, mache ich mir immer wieder deutlich, dass ich Ideen bekämpfe, nicht aber Menschen. [26] Ich reagiere auf den Menschen, nicht auf das, was er oder sie sagen. Ein Beispiel: Eine Frau mit Kopftuch und langem Mantel steigt in die U-Bahn und setzt sich gegenüber von einem älteren Mann, der sofort auf sie einredet, sie beschimpft und ihre vermutete Religion beleidigt. Ich stehe von meinem Platz auf, setze mich auf den freien Platz neben dem Mann und frage ihn anteilnehmend: „Entschuldigen Sie, kann ich ihnen helfen, geht es ihnen gut? Hat ihnen die Frau etwas getan?" der Mann schaut sichtlich perplex, grummelt noch etwas vor sich hin, schaut mich an und schweigt. Die Frau steigt an der übernächsten Station aus und lächelt mir zu. Eine paradoxe Intervention, die nur dann überhaupt möglich ist, wenn ich den Mann trenne von dem, was er sagt – sonst bleibe ich schlicht und einfach darauf fixiert.[27]

Ein historisches Beispiel: Mohanda Karamchand GANDHI schrieb zwei Briefe an Adolf HITLER, in denen er diesen anredete mit der Grußformel: „Sehr geehrter Freund".[28] Theologisch wird in diesen Briefen deutlich: Der Glaube, dass alle Menschen Ebenbilder Gottes und dessen geliebte Kinder sind, ist für Gandhi eine Beschreibung des Menschen, die durch nichts relativierbar ist. Von daher kann er den biblischen Satz in großer Eindeutigkeit formulieren: „Ich habe keine Feinde". Wohl gibt es Menschen, für die Gandhi ein Feind ist, doch von sich aus stellt er sich in kein Freund-Feind-Schema, sondern kennt nur Freunde.[29] Diese freundschaftliche bis liebevolle Haltung

---

[26] Identitäre Redeweisen verwischen m. E. genau diese Differenz, was sie gesellschaftlich so gefährlich macht.

[27] Vgl. zu diesem Beispiel: GUNDLACH; Rechte Parolen kompetent kontern. 88.

[28] GANDHI, Mohanda Karamchand: Ausgewählte Briefe, 200 f. und 201-204. Vgl. dazu ORTH, Gottfried: Mitten im Krieg vom Frieden singen, bes. 12-55.

[29] Diese Praxis erinnert an die Einladung von Paulus aus dem Römerbrief 12, 18 und 21:

allen Menschen gegenüber, verbunden mit seiner gewaltfreien Praxis, erschließt einen Raum, in dem Verstehen und liebevoller Umgang und damit auch ‚Entfeindung' möglich werden. Auch wenn wir nicht wissen, ob Hitler die Briefe überhaupt gelesen hat, auch wenn wir wissen, dass sie Hitler nicht von seinen Plänen abgebracht haben – sie sind ein nicht mehr auszulöschendes Zeugnis gewaltfreien Handelns, das Verwandlung statt Ausschluss oder gar den Tod des anderen will oder auch nur in Kauf nimmt.

Ein Beispiel aus der jüngeren deutschen Zeitgeschichte: Dorothee SÖLLE hat eine kleine Geschichte aus dem Leben von Erich Fried aufgeschrieben: „Erich Fried trat seinerzeit mit Michael Kühnen, einem der Führer der rechtsextremistischen Bewegung, in Kontakt. Fried hat mir das auf einer langen Autofahrt vom Düsseldorfer Kirchentag (1985) genau und mit einer Art Erstaunen über sich selbst erzählt. Bei einer Fernsehsendung fragte ein Reporter, wie denn ein Neonazi wohl sei, und er, Erich, habe gesagt, der spielt vielleicht Fußball, der geht arbeiten, der verliebt sich. Fried versuchte also nur das zu tun, was er als Schriftsteller immer wieder versucht hat: die Erlösung aus dem Klischee, die Wiedervermenschlichung derer, die wir zu kennen glauben und hassen müssen. Kühnen bat Erich Fried daraufhin, ihn im Gefängnis zu besuchen. Das tat der damals schon todkranke Dichter. Als erstes bot er dem Jungen das Du an. Auf die unter Neonazis weltweit verbreitete Behauptung Kühnens, die Sache mit den sechs Millionen Juden könne nicht stimmen, hat Erich Fried nicht mit Empörung und nicht mit Statistiken reagiert, sondern ganz anders. Er hat dem jungen Mann über seine Großmutter erzählt, die nach Theresienstadt gekommen sei und dort vor ihrem Abtransport noch gesehen wurde. Wohin sie transportiert worden sei, könne er auch nicht mit absoluter Sicherheit sagen, wohl aber, dass sie von diesem Ort nicht wiedergekommen sei. Ich vermute, Fried hat dem Michael Kühnen zu erklären versucht, wie sehr er seine Großmutter liebte. Er meinte jedenfalls, er habe Kühnen damit nachdenklich, vielleicht auch selbstkritisch gemacht. Diese Entfeindungsgeschichte zwischen einem alten Antifaschisten und einem jungen Neonazi trägt seltsame Züge. Wie konnte ein so scharfsinniger Kopf wie Fried idealistisch und blind auf die Vernunftfähigkeit, die Menschlichkeit

---

„Ist's möglich, soviel an euch liegt, so habt mit allen Menschen Frieden. … Lass dich nicht vom Bösen überwinden, sondern überwinde das Böse mit Gutem."

eines Verblendeten setzen? Es ging ihm immer darum, Menschen zum Erbarmen mit sich selbst zu verhelfen, sie zu bekehren.

Theologisch ausgedrückt: Ich kenne kaum einen Menschen, der so klar zwischen dem Sünder und der Sünde unterschied; und so sehr er die Sünde hasste, war er doch fast unfähig, den Sünder zu hassen. Vielleicht war dieser unverbesserliche Zug das Jüdischste an Erich Fried: Von der Teschuwa, der Umkehr, lehrt die jüdische Tradition, dass es keinen Tag und keine Stunde gebe, in der sie nicht möglich sei."[30] Wertschätzung – die Annahme des Anderen und die Annahme meiner selbst – zielt nie auf Exklusion, sondern immer auf Verwandlung. Keine und keiner kann einen anderen Menschen ändern. Aber wir können Begegnungs- und Gesprächsräume eröffnen, die anderen Menschen Chancen bieten, sich selbst zu verändern. Die ‚Nagelprobe' für Wertschätzung besteht freilich darin, die- und denjenigen, die diese Möglichkeit nicht wahrnehmen, genauso wertzuschätzen wie diejenigen, die sie ergreifen.[31]

## Literatur

BERNHARD VON CLAIRVAUX: De consideratione II, 7, in: Sämtliche Werke. Lateinisch/deutsch. Hrsg. v. G. Winkler, 10 Bde. Innsbruck 1990-1999. Band 1 (1990), 611-841.

BERNHARD VON CLAIRVEAUX: Komme zu dir selbst. Aus der Abhandlung „De consideratione" an Papst Eugen III., in: Zeugnisse mystischer Welterfahrung: Bernhard von Clairvaux. Herausgegeben, eingeleitet und übersetzt von Bernardin Schellenberger, Olten 1982, 73-79 i. A.

BRODERSEN, Kai (Hrsg.), LEY-HUTTON, Christine (Übersetzerin): Isokrates. Sämtliche Werke. Band I. Reden I-VIII, Stuttgart 1993.

BÖCKENFÖRDE, Ernst Wolfgang: Die Entstehung des Staates als Vorgang der Säkularisation, in: Recht, Staat, Freiheit. Studien zur Rechtsphilosophie, Staatstheorie und Verfassungsgeschichte, Frankfurt 1991, 92-114.

DOMIN, Hilde: Gesammelte Essays. München 1992.

FROMM, Erich: Gesamtausgabe. Band. 2, Analytische Charaktertheorie. München 1989.

---

[30] SÖLLE, Gegenwind. Erinnerungen, Gesammelte Werke. Bd. 12, Freiburg 2010, 273 f.
[31] Zum Vorstehenden vgl. insgesamt: ORTH: Wertschätzung leben.

FROMM, Erich: Psychoanalyse und Ethik, Zürich 1954.

GANDHI, Mahatma K.: Ausgewählte Briefe. Ausgewählte Werke in fünf Bänden, Band. 5, hg. v. S. Narayan. Göttingen 2011,

GUNDLACH, Helga B.: Rechte Parolen kompetent kontern. Ein Wegweiser für die psychosoziale und pädagogische Arbeit, Göttingen 2020.

HESSE, Hermann: „Zu Weihnachten" (1907), in: Ders., Die Kunst des Müßiggangs, Frankfurt 1973.

KLATT, Hans-Gerhard: Debattenkultur und Versöhnung, in: Junge Kirche 82. Jg., Heft 2/2021, 8-10.

ORTH, Gottfried: Eva, Kain & Co. Was es heißt ein Mensch zu sein und wie dabei von Gott erzählt wird. Eine theologische Auslegung der Urgeschichten. Berlin 2019.

ORTH, Gottfried: Mitten im Krieg vom Frieden singen. Traditionen der Gewaltfreiheit, Berlin 2017.

ORTH, Gottfried: Wertschätzung leben. Eine Haltung für gelingende Beziehungen in Familie, Schule und am Arbeitsplatz, Paderborn 2021.

PELLUCHON, Corinne: Ethik der Wertschätzung. Tugenden für eine ungewisse Welt, Darmstadt 2019.

PELLUCHON, Corinne: Éthique de la consideration, Paris 2018.

PELLUCHON, Corinne: Wovon wir leben. Eine Philosophie der Ernährung und der Umwelt", Darmstadt 2020.

ROSENBERG, Marshall B.: Konflikte lösen durch Gewaltfreie Kommunikation, Freiburg 2009.

SCHWEITZER, Albert: Die Ethik der Ehrfurcht vor dem Leben, in: Ders.: Gesammelte Werke in fünf Bänden. Zürich o. J., Band 2.

SÖLLE, Dorothee: Gegenwind. Erinnerungen. Gesammelte Werke, Bd. 12, Freiburg 2010.

TAUSCHWITZ, Marion: Dass ich sein kann, wie ich bin. Hilde Domin. Die Biographie, Heidelberg 2009.

VEIT, Marie: Der Religionsunterricht und die Frage nach der Wahrheit, in: ORTH, Gottfried: Genossin Gottes und der Menschen, Band 2, Marie Veit – Texte 1972-2000, Münster 2021, 295-310.

Carl Fredrik Reutersvärd: Non-Violence, Malmö
Foto: Francois Polito,
https://commons.wikimedia.org/wiki/File:Non_violence_sculp
ture_by_carl_fredrik_reutersward_malmo_sweden.jpg

# Für eine Weiterentwicklung evangelischer Friedensethik

*Theodor Ziegler*

## EINLEITUNG

Nach dem hunderttausendfach tödlichen und nichtzielführenden Verlauf und desaströsen Ende des Nato-Militäreinsatzes in Afghanistan[1] wird auch in Deutschland vermehrt eine Evaluierung der Bundeswehr-Beteiligung an diesem zwanzigjährigen Auslandseinsatz gefordert. Gespannt darf man sein, ob nur Detail-Betrachtungen erfolgen oder ob auch der gesamte Einsatz bzw. noch umfassender das als unverzichtbar angesehene Konfliktlösungsmittel Militär auf den Prüfstand gestellt werden wird.

Doch nicht nur die politischen AkteurInnen, sondern auch die diesen Kriegseinsatz mittragenden gesellschaftlichen Institutionen sind zu selbstkritischer Evaluation aufgerufen. Dies gilt für einen großen Teil der JournalistInnen, der politikwissenschaftlichen ForscherInnen, aber auch für die SynodalInnen und Leitungsverantwortlichen beider Volkskirchen.

Betrachtet man die zunehmende Militarisierung deutscher Außenpolitik, die stetigen Rüstungsexporte und die Entscheidungen für jahrzehntelange Rüstungsbeschaffungsprojekte, so scheinen die Verlautbarungen der Evangelischen Kirche in Deutschland (EKD) bislang ohne jegliche Wirkung geblieben zu sein. Mit dem Festhalten an der Militärseelsorge als staatlich-kirchlichem Gemeinschaftsprojekt entsteht eher der Eindruck der Befürwortung oder zumindest Billigung dieser Entwicklungen seitens der EKD. Das im Parteienstreit quasi als bundespolitische Mutprobe geforderte

---

[1] Noch im Tagesbefehl der Verteidigungsministerin Kramp-Karrenbauer vom 15. April 2021 wird die Realitätsverkennung deutlich: „Die Bundeswehr verlässt Afghanistan mit Stolz. Unsere Soldatinnen und Soldaten haben alle Aufträge erfüllt, die das Parlament ihnen gegeben hat." (TAGESBEFEHL DER VERTEIDIGUNGSMINISTERIN vom 15.04.2021).

„Bekenntnis zu Bundeswehr und Nato" legte sie bislang – zumindest implizit – mit jeder friedensethischen Verlautbarung ab.

## DIE BISHER UNKLARE HALTUNG DER EKD ZUM KRIEG

Die im Gefolge der Konstantinischen Wende im 4. Jahrhundert beziehungsweise der Reformation entstandenen Volkskirchen trugen bis zum heutigen Tag *alle* Kriege, inklusive der jeweiligen Kriegsführungs- und Folterpraktiken ihrer jeweiligen nationalen Obrigkeiten mit, bis zur militärseelsorgerlichen Fürbitte für erfolgreiche Atombombenabwürfe über japanischen Städten. Schon die mittelalterliche *Lehre vom gerechten Krieg*, gedacht zur Einhegung der Gewalt, erwies sich als nicht kriegsverhindernd. Kriegseinsätze wurden allenthalben theologisch gerechtfertigt und der Soldatentod mit Bibelzitaten verklärt. [2] Während Soldaten samt ihren Waffen kirchlicher Segen zuteilwurde, ließ man noch während des Zweiten Weltkrieges die vereinzelten Kriegsdienstverweigerer im Stich. [3] Zu erklären ist diese Widersprüchlichkeit nur durch die Gültigkeitsbegrenzung biblischer Friedensbotschaft auf den Privatbereich.

Selbst angesichts der über 70 Millionen Kriegstoten und zertrümmerten Städte konnte sich die EKD im Streit um die Remilitarisierung Nachkriegsdeutschlands und der Wiedereinführung der Allgemeinem Wehrpflicht nicht auf eine pazifistische Position einigen, die Militär genauso mit dem christlichen Glauben inkompatibel ansieht wie die Sklaverei oder die Todesstrafe. [4]

Mit ihrem Votum für den Militärseelsorgevertrag im Jahr 1957 billigte die EKD jedenfalls die Wiederbewaffnung Deutschlands. Auf

---

[2] Joh 15,13 („Niemand hat größere Liebe als die, dass er sein Leben lässt für seine Freunde.") ist ein auf vielen Gefallenendenkmälern zitierter Spruch. Kommunen oder Kirchengemeinden sind nach meinen Erfahrungen vielfach auch heute noch nicht bereit, daneben kommentierende Tafeln anzubringen.

[3] Vgl. RÖHM: Sterben für den Frieden.

[4] Wenigstens kam sie den PazifistInnen soweit entgegen, dass sie sich zugunsten eines verwaltungsrechtlichen Anerkennungsverfahrens für Kriegsdienstverweigerer, der Beratung und Begleitung sowie für einen zivilen Ersatzdienst außerhalb der Bundeswehr einsetzte. Vgl.: EVANGELISCHE ARBEITSGEMEINSCHAFT FÜR KRIEGSDIENSTVERWEIGERER (EAK): NEIN zu Krieg und Militär. JA zu Friedensdiensten.

dem Kirchentag 1967 in Hannover versuchte man die gegen-
sätzlichen friedensethischen Positionen durch die Formel vom
„Friedensdienst mit und ohne Waffen" komplementär zu versöhnen.
Die nachfolgenden friedensethischen Äußerungen der EKD
enthalten, so sehr sie auch den christlichen Friedensauftrag betonten
und die Praxis von Friedensdiensten würdigten, bis auf den heutigen
Tag die Bejahung oder zumindest Duldung der Bundeswehr. So wird
in der letzten Friedensdenkschrift „Aus Gottes Frieden leben – für
gerechten Frieden sorgen" des Rates der EKD aus dem Jahre 2007 der
Friedensbeitrag der Christen und der Kirche zwar eindrucksvoll
theologisch begründet (31 bis 55) [5], leider ohne daraus eine klare
Positionierung der Kirche zur Überwindung des Militärs als
wesentlicher Kriegsvoraussetzung zu folgern. Man überlässt es dem
„Gewissen des Einzelnen", ob er sich nun am Militär beteiligt oder
nicht (56). Gewiss bedeutet dies einen Fortschritt im Vergleich zu
Zeiten kirchlicher Exkommunizierung und Verfolgung von
Kriegsdienstverweigerern. Doch warum sollte sich nur der/die
einzelne ChristIn gegen das Militär entscheiden können und nicht
auch die Kirche als Institution? Hat diese doch (inzwischen) zu
Sklaverei, Todesstrafe, Benachteiligung der Frau, Diktatur,
Antisemitismus, Umweltzerstörung u. a. auch als Institution eine
klare Haltung gefunden.

Die EKD-Denkschrift bekundet zwar, dass „[d]as christliche Ethos
[…] grundlegend von der Bereitschaft zum Gewaltverzicht (Mt
5,38ff.) und vorrangig von der Option für die Gewaltfreiheit
bestimmt" sei. Aber mit den Adverbien „grundlegend" und
„vorrangig" wird die Gewaltfreiheit relativiert und nahtlos zur
Militärrechtfertigung übergeleitet: „In einer nach wie vor friedlosen,
unerlösten Welt kann der Dienst am Nächsten aber auch die

---

[5] EKD-RAT: Aus Gottes Frieden leben – für gerechten Frieden sorgen. Laut Vorwort von
Wolfgang Huber wurde der Text von der verfassenden Kammer für öffentliche Verantwortung und dem Rat der EKD einstimmig angenommen (8f.). Die Abschnittsnummern
sind fortan in Klammern wiedergegeben.

Notwendigkeit einschließen, den Schutz von Recht und Leben durch den Gebrauch von Gegengewalt zu gewährleisten (vgl. Röm 13,1-7)." (60)[6] Wie wäre es um den Frieden in der Welt bestellt, wenn die an den Erlöser Jesus Christus Glaubenden, die sich auf ihn beziehenden Parteien und Staaten – „In God we trust." – seinem Ruf zum Gewaltverzicht, zum Friedenstiften, zur Feindesliebe und zur Handlungsorientierung an der Goldenen Regel (Mt 7,12) auch im Zusammenleben der Völker folgten? Wäre dies nicht im Sinne der zugewiesenen Aufgabe, „Licht der Welt" (Mt 5,14 ff.) zu sein? Mit der rechtfertigenden Formulierung „Gebrauch von Gegengewalt" werden die je Anderen zu den Konfliktverursachern erklärt. Der eigene Anteil an der Konfliktentstehung sowie die wirtschaftlichen, politischen und militärstrategischen Eigeninteressen Deutschlands bleiben ausgeblendet. Ebenso unberücksichtigt bleiben die Eigendynamik des profitorientierten militärisch-industriellen Komplexes und die verrohende, dehumanisierende Realität militärischer Gewaltvorhaltung, -androhung und -anwendung – von der ökologischen Belastung ganz zu schweigen.[7]

LEITBILD DES GERECHTEN FRIEDENS – EINE BEGINNENDE KLÄRUNG?

Positiv anzumerken ist der in der Denkschrift von 2007 erklärte Paradigmenwechsel von der Lehre vom Gerechten Krieg zum Leitbild des Gerechten Friedens. Dieser wird unter Verweis auf die Ökumenische Versammlung 1988 in der DDR (73) und auf die biblische Einheit von Gerechtigkeit und Frieden (74-84) entfaltet. Militärische Zwangsmittel seien demzufolge nur noch „als eine Art internationaler Polizeiaktion nach den Regeln der UN-Charta denkbar". (104). Terrorismusbekämpfung sei „kein legitimes Ziel einer über den Selbstverteidigungsfall hinaus anhaltenden Kriegführung, sondern gehört in die Kategorie der internationalen Verbrechensbekämpfung." (106) Allein schon diese beiden Kriterien werfen bezüglich der seit 2001 US-geführten Kriege wie in

---

[6] Vgl. BECKER-HINRICHS: Die Entzauberung von Römer 13.
[7] Vgl. BENJAMIN: Die Verflechtung von Klimakrise und Militarismus in zehn Punkten.

Afghanistan, Irak, Libyen und der direkten bzw. indirekten deutschen Beteiligung erhebliche Fragen auf.

In der friedensethischen Stellungnahme der EKD-Kammer für öffentliche Verantwortung [8] von 2013 zum Afghanistaneinsatz werden erstmalig eine ganze Reihe kontroverser Ergebnisse gezeitigt.[9] So sehen die einen Mitglieder das Selbstverteidigungsrecht mit der Entmachtung der Taliban und der Zerschlagung der Al-Qaida-Strukturen als erschöpft, während die anderen auch eine Weiterführung des Krieges zur Verhinderung fortgesetzter Angriffe für legitim erachten. (6) Auch in der Bewertung des Vorrangs der „Bündnissolidarität" vor eigenen friedensethischen und rechtlichen Selbstbindungen besteht Uneinigkeit (10), ebenso bezüglich gezielter Tötungen nichtstaatlicher Gewaltakteure. Gemeinsam wird gefragt, „ob nicht die militärischen Mittel eine Eigendynamik entwickelt haben, die dazu führte, dass das Leitbild des ,gerechten Friedens' aus dem Zentrum des Handelns herausgerückt ist." (54)

Auch wenn die abschließenden, von allen geteilten Überlegungen weiterhin militärische Gewaltmaßnahmen bei Verstärkung ziviler friedenspolitischer Ziele und Maßnahmen für verantwortbar halten, sollte am Gerechten Frieden als Leitbild evangelischer Friedensethik festgehalten und dieses weiter konkretisiert werden. Gerade der durch den Afghanistankrieg ausgelöste Domino-Effekt weiterer Kriege mit ihren verheerenden Wirkungen im Orient und in Nordafrika, der desaströse westliche Afghanistanrückzug, die zunehmende von fast allen Parteien befürwortete Aufrüstung der Bundeswehr, die globale Ausweitung ihres Einsatzgebietes und vieles andere mehr geben dringenden Anlass, über die Legitimität von Militär und Rüstungsproduktion grundsätzlich nachzudenken. Gerade für Christenmenschen stellt sich die Frage nach dem Friedensauftrag in der Nachfolge Jesu und den daraus zu entwickelnden sicherheitspolitischen Alternativen.

---

[8] Von den 19 Mitgliedern waren 9 bereits an der Friedensdenkschrift von 2007 beteiligt.
[9] EKD-KAMMER: "Selig sind die Friedfertigen". (Ab hier beziehen sich die Klammerzahlen auf diesen Text.).

## IMPULSE FÜR EINE ETHIK DES GERECHTEN FRIEDENS

### Ziel-Mittel-Relation

Der von Jesus aufgezeigten Ziel-Mittel-Relation – ein fauler Baum kann keine guten Früchte bringen (Mt 7,16-20) – entspricht Gandhis Aussage, das Ziel stecke in den Mitteln wie der Baum im Samen. Demzufolge gebe es keinen Weg *zum* Frieden, sondern *Frieden müsse schon der Weg* sein.[10] Diese Erkenntnis schließt kriegerische Gewalt zur Friedenserreichung grundsätzlich aus, wie dies in der Pädagogik mit dem Verbot der körperlichen Züchtigung in den vergangenen Jahrzehnten realisiert wurde. Aber auch die reduzierte kirchliche Rechtfertigung militärischer Gewalt, diese könne „im besten Falle der Politik für eine begrenzte Zeit den Raum schaffen, mit zivilen Mitteln friedensschaffende und friedensfördernde Prozesse in Gang zu bringen",[11] ist angesichts der realen Erfahrungen nicht haltbar und selbst, wenn sie gelegentlich zuträfe, im Blick auf Opfer und Kosten gänzlich unverhältnismäßig.

Den untrennbaren Zusammenhang von Ziel und Mitteln wendet das politikwissenschaftliche Konzept der Friedenslogik an.[12] Im Unterschied zur an Partikularinteressen geleiteten militärischen Sicherheitslogik bedeutet friedenslogisches Handeln sowohl die Notwendigkeit des Vertrauensaufbaus und der auf Augenhöhe stattfindenden sicherheitspolitischen Kooperation mit dem bisherigen Konfliktgegner als auch die eigene kritische Selbstreflexion. Friedenslogisches Denken ist ein Wesensmerkmal des Gerechten Friedens und sollte als Orientierungsmaßstab in den friedenspolitischen Diskurs eingebracht werden.

### Gerechter Friede ist nur auf zivilem Wege möglich

Die Bundesregierung wie auch die EKD sehen zwar die Notwendigkeit zivilen Friedenschaffens, sind jedoch bislang noch nicht zum Verzicht auf die militärische Komponente bereit. Folglich wird in der vom damaligen EKD-Militärbischof und damaligen EKD-

---

[10] Vgl. NAGLER / SPIEGEL: Politik ohne Gewalt, 74.
[11] EKD: Am gerechten Frieden orientieren, Zif. 7.
[12] BIRCKENBACH: Die Logik des Friedens und ihre sicherheitspolitischen Implikationen, 189 ff.

Friedensbeauftragten gemeinsam verfassten Stellungnahme zum Weißbuch 2016 das „Zivile" betonend von „Gesamtkonzeptionen" mit den „Instrumenten" ziviler Konfliktbearbeitung wie auch militärischer Mittel gesprochen und die Behebung von „Ausstattungsmängeln" gefordert. [13] (Aktuell geht es im Parteienstreit um die Ausstattung der Bundeswehr mit bewaffneten Drohnen zum Schutz „unserer Soldatinnen und Soldaten".) Auch hat das Verteidigungsministerium neue Rüstungsprojekte wie das hundert Milliarden teure „Future Combat Air System" (FCAS) in Auftrag gegeben, ein durch künstliche Intelligenz gesteuertes Verbundsystem aus atombombenfähigen Kampfjets, Panzern, Kampfdrohnen, das ab dem Jahre 2040 die bisherigen Vernichtungssysteme ersetzen soll. Diese Entwicklung zeigt, dass weder das UN-Charta-Ziel, „künftige Geschlechter vor der Geißel des Kriegs zu bewahren" noch die Präambel des deutschen Grundgesetzes, „dem Frieden in der Welt zu dienen" im Blick der politisch Handelnden zu sein scheint. Auch ist zu dieser Aufrüstungsentwicklung wie auch zu den weiteren Ausdehnungen der Bundeswehreinsatzgebiete kein EKD-Widerspruch bekannt.

Wenn Friede nach biblischer Aussage die Frucht der Gerechtigkeit ist, was sich auch mit den Erkenntnissen der Friedensforschung deckt, dann bedeutet dies, die Wurzeln der Ungerechtigkeit sowie die eigene Beteiligung dabei selbstkritisch bewusst zu machen und sich um deren Beendigung zu bemühen.

Das Fünfsäulen-Modell der Initiative „Sicherheit neu denken" beschreibt dies mit

I.   nachhaltigen und fairen Wirtschaftsbeziehungen (u. a. Lieferkettengesetz, Stärkung der UN-Hilfsprogramme)

II.  enger Kooperation mit den EU-Anrainerstaaten (u. a. Nordafrika, Nah-Ost und Russland)

III. partnerschaftlichen Sicherheitsarchitekturen (u. a. friedenslogische Politik, Aufbau weltregionaler Polizeistrukturen, UNO-Reform)

IV.  resilienter Demokratie (u. a. Ausbau der Friedensbildung und zivilen Konfliktbearbeitung)

---

[13] EKD-FRIEDENSBEAUFTRAGTER UND MILITÄRBISCHOF, Zif. 9.

V. Konversion des Militärs (u. a. Transformation der Bundeswehr in ein internationales THW, Rüstungskonversion, Atomwaffenabzug)

Weil es der EKD mit dem Leitbild des Gerechten Friedens ernst ist, sollte sie sich für die Entwicklung einer friedenslogisch orientierten zivilen Sicherheitspolitik[14] starkmachen. Auch wenn es bezüglich der Notwendigkeit einer militärischen Sicherheitspolitik bislang noch unterschiedliche Auffassungen gibt, wäre beispielsweise das Engagement für eine Internationale Polizei – in Europa auf Ebene der OSZE – ein verbindendes Gemeinschaftsprojekt. In der Denkschrift von 2007 wird dies bereits explizit angeregt. (139) Das große Interesse an der von der Evangelischen Akademie Baden im September 2021 durchgeführten Tagung „Weltinnenpolitik und Internationale Polizei" [15] eröffnet hierzu eine interessante Perspektive. Die „Verpolizeilichung" bisheriger militärischer Konflikte sollte seitens der EKD als Substitut für das ungeeignete Instrument Militär vorgeschlagen werden. Dies gilt auch für die Terrorbekämpfung, nachdem der War-on-Terror sich als nicht zielführend erwiesen hat. Trotz dieser Vorschläge für den Umgang mit Symptomen von Ungerechtigkeit, Ausbeutung, struktureller Gewalt, Umweltzerstörung, sollte deren präventive Wurzelbehandlung im Sinne der obengenannten fünf Säulen ziviler Sicherheitspolitik vorrangig und grundlegend bleiben.

*EKD-Positionierung als demokratischer Prozess*

In einer demokratisch verfassten Kirche sollte in den positionsbestimmenden Gremien wie der Kammer für öffentliche Verantwortung die gesamte Bandbreite friedensethischer und friedenspolitischer Positionen abgebildet sein. Dies war bislang nicht der Fall. Durch die Berufung von PolitikerInnen militärbejahender Parteien [16] sowie Vertretern der Bundeswehr in die Kammer für öffentliche Verantwortung erfolgte schon von vornherein eine

---

[14] Näheres ist der HOMEPAGE DER INITIATIVE SICHERHEIT NEU DENKEN zu entnehmen.
[15] https://www.sicherheitneudenken.de/veranstaltungen/fach-dialog-polizei/?
[16] Meine mündliche Nachfrage am 21. Mai 2016 beim Kirchenbeauftragten der Linksfraktion, MdB Paul Schäfer, ergab, dass an ihn nie eine Einladung zur Mitwirkung in der Kammer für öffentliche Verantwortung ergangen war.

erhebliche Begrenzung der friedensethischen Positionen. Engagierte VertreterInnen eines christlichen Pazifismus waren bis zur Afghanistanstellungnahme nicht beteiligt.[17] Auch sollte die Arbeitsweise der Kammer mit einer breiteren kirchenöffentlichen Partizipation verbunden werden. So könnte vor der Erarbeitung von Denkschriften ein öffentliches ExpertInnen-Hearing stattfinden. Das von Jesus für das Gebetsleben angeratene „stille Kämmerlein" dürfte für die Meinungsbildung einer Volkskirche nicht hinreichend sein.

SCHLUSSÜBERLEGUNG

Die eingangs erwähnte problematische Verbindung von Thron und Altar und das volkskirchliche Mittragen sämtlicher Kriege ihrer Obrigkeiten bis zum Afghanistankrieg gibt Anlass zu einer selbstkritischen Reflexion. Restitutionen gegenüber den in der Vergangenheit kirchlich zum Militär Verführten bzw. gegenüber den im Stich gelassenen Kriegsdienstverweigerern sind nicht mehr möglich. Umso mehr könnte sich beispielsweise die EKD im Sinne des Gerechten Friedens eindeutig für eine friedenslogisch orientierte zivile Sicherheitspolitik engagieren, indem sie die dafür schon arbeitenden Organisationen [18] unterstützt, dies auf Kirchentagen thematisiert und in Gesprächen mit den VertreterInnen von ausländischen Partnerkirchen sowie mit den politisch Verantwortlichen unseres Staates nachdrücklich für eine solche Entwicklung wirbt.

## Literatur

BECKER-HINRICHS, Dietrich: Die Entzauberung von Römer 13 – Jedermann sei untertan der Obrigkeit, in: NAUERTH, Thomas (Hrsg.): Was ist Friedenstheologie? Ein Lesebuch, edition pace, Norderstedt 2020, 43-53.

---

[17] Inzwischen ist mit Dr. Anthea BETHGE, der EIRENE-Geschäftsführerin, wenigstens eine Pazifistin Kammermitglied.

[18] In der aus der badischen Landeskirche hervorgegangenen Initiative Sicherheit-neudenken arbeiten fünfzehn Organisationen in- und außerhalb der Kirchen zusammen, vgl. HOMEPAGE DER INITIATIVE SICHERHEIT NEU DENKEN.

BENJAMIN, Medea: Die Verflechtung von Klimakrise und Militarismus in zehn Punkten, in: Friedensforum 2/2020, 27 ff.

BIRCKENBACH, Hanne-Margret: Die Logik des Friedens und ihre sicherheitspolitischen Implikationen, in: EKD-Lesebuch zur Friedensethik, Leipzig 2019, 189 ff.

EKD-FRIEDENSBEAUFTRAGTER UND MILITÄRBISCHOF: Am gerechten Frieden orientieren. Evangelische Perspektiven auf die deutsche Außen- und Sicherheitspolitik. Eckpunkte zum Weißbuch 2016. Online zugänglich unter: https://www.ekd.de/eckpunkte_sicherheitspolitik.htm (Letzter Zugriff am 31.08.2021).

EKD-KAMMER: "Selig sind die Friedfertigen". Der Einsatz in Afghanistan: Aufgaben evangelischer Friedensethik, Kirchenamt der EKD, Hannover 2013:

EKD-RAT: Aus Gottes Frieden leben – für gerechten Frieden sorgen. Eine Denkschrift des Rates der EKD, Gütersloh 2007.

EVANGELISCHE ARBEITSGEMEINSCHAFT FÜR KRIEGSDIENSTVERWEIGERER (EAK): NEIN zu Krieg und Militär. JA zu Friedensdiensten. 50 Jahre evangelische Arbeit für Kriegsdienstverweigerer, Bremen 2007.

HOMEPAGE DER INITIATIVE SICHERHEIT NEU DENKEN. Online zugänglich unter: https://www.sicherheitneudenken.de (Letzter Zugriff am 28.11.2021)

NAGLER, Michael / SPIEGEL, Egon: Politik ohne Gewalt. Prinzipien und Perspektiven der Gewaltfreiheit, Berlin 2008.

RÖHM, Eberhard: Sterben für den Frieden. Spurensicherung: Hermann Stöhr (1898-1940) und die ökumenische Friedensbewegung, Stuttgart 1985.

TAGESBEFEHL DER VERTEIDGUNGSMINISTERIN vom 15.04.2021. Online zugänglich unter: https://www.bmvg.de/de/aktuelles/tagesbefehl-zum-afghanistan-beschluss-des-nato-rates-5055312 (Letzter Zugriff am 20.08.2021).

00:17 Uhr gov
*leben in zerbombten kellern*
*mut in verschlossenen gewissen*
*licht in die vor bosheit abgestumpften augen*
*fülle in um sich selbst kreisenden gremien*
*heimat inmitten selbst bedürftigen*
*vertrauen geschenkt von zutiefstenttäuschten*
*treue ereignet von totgesagten*
*liebe befreit von schuld*
*und die gemeinschaft der geheiligten in heilloser zeit*

# Projekte

KIRCHE UND WELTKRIEG

Editionsprojekt – Quellen – Forschung

# Kirche und Weltkrieg[1]

## Editionsprojekt – Quellen – Forschung

*„Es trieft der ganze Erdkreis von gegenseitigem Blutvergießen; und begeht der einzelne einen Mord, so ist es ein Verbrechen; Tapferkeit aber nennt man es, wenn das Morden im Namen des Staates geschieht. Nicht Unschuld ist der Grund, der dem Frevel Straflosigkeit sichert, sondern die Größe der Grausamkeit."*
Bischof Cyprian von Karthago (gest. 258)

Am 1. September 1939 überfiel die deutsche Wehrmacht Polen; 1941 setzte sie den NS-Vernichtungsfeldzug gen „Osten" in der Sowjetunion mit über 20 Millionen Morden an Zivilisten (darunter drei Millionen Juden, sowie Sinti und Roma) und Kriegsgefangenen fort. Die großen Kirchen im Deutschen Reich predigten den Gläubigen, sie müssten sich an diesem Krieg beteiligen. Der Gehorsam gegenüber der staatlichen Obrigkeit sei von Gott verordnet.

Die entsprechenden Hirtenworte sind den meisten Christinnen und Christen heute ganz unbekannt. Sie wurden in vielen Fällen nach 1945 geschwärzt und in Quelleneditionen unterschlagen. Wo Kritikerinnen und Kritiker an militaristische Predigten und Kirchenschriften erinnern, entflammen bis heute heftige Kontroversen. Das Schuldbekenntnis (2020) der deutschen Bischofskonferenz hinsichtlich der kirchlichen Kriegsbeihilfe eröffnet vielleicht eine neue Perspektive.

Das digitale Editionsprojekt, ins Werk gesetzt von christlichen Pazifisten/innen, dient der Aufklärung. Jede/r soll sich ein eigenes Bild verschaffen können.

Die Originalquellen und wissenschaftlichen Beiträge sind für Forschende und alle Interessierten in Form von digitalen Publikationen abrufbar (Digital-Bibliothek). Daneben werden gedruckte

---

[1] vgl. https://kircheundweltkrieg.wordpress.com/

Buchausgaben angeboten, die überall im Handel erhältlich sind (Buch-Reihe).

Peter BÜRGER, ist von pax christi (deutsche Sektion) beauftragt worden, zunächst vor allem Bischofsworte aus der römisch-katholischen Kirche zu erschließen.

Dies war Schwerpunkt der Veröffentlichungen des Jahres 2021. Die historische Arbeit zielt im Sinne des friedensbewegten Theologen Heinrich MISSALLA (1926-2018) auf die Erinnerung um der Zukunft willen.

Bisher sind folgende Buchausgaben erschienen:

Band 1
Katholische Diskurse über Krieg und Frieden vor 1914.
P. Bürger (Hrsg.); ISBN 978-3-7526-7268-8 (340 Seiten)

Band 2
Protestantismus und Erster Weltkrieg.
U. Hentschel / P. Bürger (Hrsg.); ISBN 978-3-7526-0414-6 (440 Seiten)

Band 3
Frieden im Niemandsland.
Die Minderheit der christlichen Botschafter im Ersten Weltkrieg
ISBN 978-3-7534-0205-5 (560 Seiten)

Band 4
Katholizismus und Erster Weltkrieg.
ISBN 978-3-7534-2805-5 (580 Seiten)

Band 5
Franziskus Maria Stratmann OP: Weltkirche und Weltfrieden (1924).
ISBN 978-3-7534-3993-8 (376 Seiten, neu ediert von Thomas Nauerth)

Band 6
Adolf von Harnack: Schriften über Krieg und Christentum [1905-1922].
ISBN: 978-3-7534-1759-2 (500 Seiten; 15,90 Euro)

Band 7
Dietrich Kuessner: Die Deutsche Evangelische Kirche und der Russlandfeldzug.
ISBN 978-3-7526-7109-4 (Neuedition; 252 Seiten; 9,90 Euro)

Band 8
Heinrich Missalla: Die Kirchliche Kriegshilfe im Zweiten Weltkrieg.
Eine Organisation des Deutschen Caritas-Verbandes.
ISBN 978-3-7534-9221-6 (324 Seiten; Erstausgabe 1978, neu ediert; 11,90 Euro)

Band 9
Kriegsworte von Feldbischof Franziskus Justus Rarkowski.
Edition sämtlicher Hirtenschreiben und anderer Schriften 1917-1944.
(Umfang 624 Seiten)
ISBN 978-3-7543-2454-7; oder mit Hardcover gebundene Ausgabe:
ISBN 978-3-7543-2143-0

Band 10
Dietrich Kuessner: Der christliche Staatsmann.
Ein Beitrag zum Hitlerbild in der Deutschen Evangelischen Kirche und zur Kirchlichen Mitte.
ISBN 978-3-7543-2629-9 (264 Seiten; 9,99 Euro)

Band 11
Werner Neuhaus / Marco A. Sorace (Hrsg.): August Pieper und das Dritte Reich.
Ein katholischer Annäherungsweg hin zum Nationalsozialismus.
ISBN: 978-3-7543-4708-9 (292 Seiten; Paperback; 9,99 Euro)

Band 12
Wolfgang Stüken: Hirten unter Hitler.
Die Rolle der Paderborner Erzbischöfe Caspar Klein und Lorenz Jaeger in der NS-Zeit.
ISBN: 978-3-7557-6020-7 (424 Seiten; Neuedition nach der Erstausgabe 1999; Paperback; 13,90 Euro)

204

WEITERE VERÖFFENTLICHUNGEN:

„Es droht eine schwarze Wolke".
Katholische Kirche und Zweiter Weltkrieg. Hrsg. pax christi.
Bremen: Donat-Verlag 2018. (ISBN: 9783943425703)

„Im Sold der Schlächter". Texte zur Militärseelsorge im Hitlerkrieg.
Herausgegeben von Rainer Schmid, Thomas Nauerth, Matthias-W.
Engelke und Peter Bürger.
edition pace. BoD: Norderstedt 2019. (ISBN: 9783748101727)

Helmut Kurz: In Gottes Wahrheit leben.
Religiöse Kriegsdienstverweigerer im Zweiten Weltkrieg.
Bremen: Donat-Verlag 2020 (ISBN 978-3-943425-98-7)

Nähere Informationen finden sich auf der Homepage des Projektes
unter: https://kircheundweltkrieg.wordpress.com/buchreihe/

00:53 Uhr giv
*ihr sagt*
*daran ändern wir nichts*
*und habt sie schon geändert:*
*die hoffnung die in euch war*

*ihr sagt*
*das müssen andere machen*
*und habt's bereits getan:*
*die aufgabe erschwert – für andere*

*ihr fragt: und was bringt uns das?*
*und habt's euch selbst schon beantwortet:*
*betrogen um das glück frei verschenkender liebe*

# Rezensionen

*Wilhelm* WILLE: *Sie sagen Frieden, Frieden ... Zwanzig Jahre Forum Friedensethik in der Evangelischen Landeskirche in Baden (FFE), herausgegeben im Auftrag des FFE-Leitungskreises – in Kooperation mit dem Ökumenischen Institut für Friedenstheologie (edition pace) 2020, 489 Seiten, ISBN 978-3-7526-2956-9, Buch 15,90 €, E-Book 9,99 €*

Zum 20-jährigen Bestehen des Forums Friedensethik (FFE) im Jahre 2020 gibt sein Leitungskreis in dem Band „Sie sagen Frieden, Frieden ..." Rechenschaft über eine erfolgreiche, auch selbstkritische Arbeit als lose organisierte kirchliche Initiative und gleichzeitig als Nichtregierungsorganisation mit Wirkungen in Kirche und Gesellschaft. Das Forum Friedensethik versteht sich als „Basisinitiative" in der Evangelischen Landeskirche in Baden, als eine Sozialgestalt einer ökumenisch agierenden Kirche auf der Grundlage des konziliaren Prozesses für Gerechtigkeit, Frieden und der Bewahrung der Schöpfung. Das Forum Friedensethik pflegt „den offenen Dialog über Fragen von Sicherheit und Frieden und sucht den Kontakt mit den Verantwortlichen in Kirche und Politik, um das friedenslogische, also am Ziel des Friedens orientierte Denken und Handeln zu fördern und zu einer zivilen Sicherheitspolitik anzuregen" (Seite 9).

Wilhelm WILLE zeichnet in den Schwerpunkten „Friedensethischer Prozess" und „Kairos Palästina" die Geschichte des FFE nach. Er skizziert die seit 2000 behandelten Themen: unter anderem Kosovokrieg, Nahost, EU-Verfassung, Friedensdenkschrift der EKD, badischer Friedensprozess, Kairos Palästina. Methodisch hat das Forum Friedensethik seine Themen vielseitig präsentiert, zum Beispiel durch die Mitwirkung an kirchlichen Aktionstagen gegen Atomwaffen in Büchel/Eifel. Dirk M. HARMSEN dokumentiert die Themen und Formate. Diese Quellen repräsentieren die Aktivitäten vieler deutscher zivilgesellschaftlicher Initiativen von 2000 bis 2020.

Der Ansatz von Hanne-Margret BIRCKENBACH „*Friedenslogik vs. Sicherheitslogik*" bestimmt die friedensethische Argumentation des

FFE in Publikationen zum Kosovo-Krieg, zum Krieg in Afghanistan (2002) und zum Szenario „Sicherheit neu denken".

In der Diskussion zur Anwendung militärischer Gewalt als „rechtserhaltende Gewalt" als ultima ratio (EKD-Denkschrift 2007) fordern die Landessynode der badischen Kirche und das Forum Friedensethik gemeinsam die aktive Gewaltfreiheit. Die EKD solle „das Gespräch über das Friedensthema vertieft weiterführen" und die „Denkschrift von 2007 ... hin zu einer *eindeutigeren Option für Gewaltfreiheit* (Kursivstellungen: Verfasser) im Sinne eines umfassenden gerechten Friedens weiterentwickeln". Das Forum Friedensethik beklagt, seitens der Militärseelsorge sei seit der Wiederbewaffnung „nie eine eigenständige kritische, friedensethisch begründete Stimme der Militärseelsorge zu vernehmen gewesen. In all diesen Konflikten hat sie als Anwalt der jeweiligen Regierungspolitik in der Kirche agiert". Das Forum Friedensethik unterstützt im Israel-Palästina-Konflikt das vom Ökumenischen Rat der Kirchen publizierte Kairos-Palästina-Dokument „Stunde der Wahrheit". Darin rufen christliche Menschen in Palästina zu einer gewaltfreien Beendigung der Besetzung durch Israel und zu einer gerechten Lösung des Konfliktes und zur Umsetzung der Menschenrechte auf.

Der Band überzeugt von der thematischen Tiefe und der organisatorischen Breite der Aktivität des FFE sowie der Weitsichtigkeit der unterstützenden badischen Landeskirche. Das Forum Friedensethik weist im Kreise der pazifistisch oder pazifistisch affin und ökumenisch orientierten Initiativen in Deutschland sowie der EKD-Gliedkirchen ein Alleinstellungsmerkmal auf.

Wer die friedensethische Debatte in den evangelischen Kirchen in Deutschland und in der Ökumene verfolgt, wird insbesondere nach der Friedenssynode der EKD 2019 in Dresden kritische Fragen stellen. Das Forum Friedensethik antwortet darauf in dem vorliegenden Rechenschaftsbericht kompetent und ausgesprochen agil. Das Buch ist sehr zur Lektüre zu empfehlen.

*Ulrich Frey*

*

*Stefanie* WAHL, *Stefan* SILBER, *Thomas* NAUERTH *(Hrsg.): Gewaltfreie Zukunft? Gewaltfreiheit konkret! Ethische und theologische Impulse. Dokumentation des pax Christi-Kongresses 2019. Münster 2021.* € 19, 90
Die fünf Prinzipien des friedenslogischen Denkens und Handelns, die Hanne-Magret BIRCKENBACH in ihrem Beitrag zum Beginn des Buches benennt, erfüllen auch die Beiträge dieses Buches insgesamt: sie sind kritisch, konstruktiv, konkret, komplex und auf Kooperation hin angelegt. So wird es nicht Wunder nehmen, dass ich den Reichtum dieses rundum empfehlenswerten Bandes auch nicht annähernd in dieser Rezension andeuten kann, sondern mich auf wenige Gesichtspunkte und weiterführende Fragen beschränke.

Da ist zunächst im Beitrag von Heinz-Günther STOBBE die Erinnerung an die Friedensbewegung der 1980er Jahre, in deren Reihen sich „prominente Persönlichkeiten, Offiziere der Bundeswehr, Initiativen von Wissenschaftler(innen) an den Universitäten, usw. befanden. Davon ist wenig übrig geblieben. Es wäre lohnend, nach den Gründen zu fragen. ... Sich vor allem gegenseitig zu bestätigen, kennzeichnet sektiererische Zirkel, die sich selbst ins Abseits manövrieren." (180). Hier stellt sich für mich die Frage nach der Bereitschaft zu neuen, auch punktuellen Kooperationen.

Thomas NAUERTH fragt in seinem Beitrag, welche Fragen entstehen, wenn „wir die aktive Gewaltfreiheit zu unserem Lebensstil machen" (Papst Franziskus) und benennt im Rückgriff auf historische Situationen Fragen danach, was Geschichte – ich würde hinzufügen: und Geschichtsschreibung – eigentlich prägt, wer Subjekt gewaltfreien Handelns ist, aus welcher Motivation heraus dies geschieht und wer eigentlich als Gegner in gewaltfreien Handlungskonzepten anzusehen ist (105 ff). Damit sind nicht zuletzt Machtfragen gestellt, die es m. E. verdienten, historisch in gegenwärtig-praktisch-politischer Absicht neu in den Blick genommen zu werden.

Im Rückblick auf die Gründungsgeschichte(n) der deutschen Sektion von Pax Christi arbeitet Friedhelm BOLL an den Beispielen der Versöhnung mit Frankreich und Polen heraus, wie entscheidend für

Friedenshandeln Versöhnungsarbeit und Erinnerungskultur sind (43 ff). Der Beitrag fordert m. E. eine stärkere Kooperation von Versöhnungs- und Friedensforschung und einer entsprechenden Praxis.

Stefan SILBER berichtet von der katholischen Initiative zur Gewaltfreiheit von Pax Christi International (2016-2019). Dabei legt er besonderen Wert darauf, aufzuweisen, dass „Nichtgewalt" effizient ist und dass jeweils situations- und kontextabhängig zu entscheiden ist, welche konkreten Handlungsmöglichkeiten eine auf jesuanischer Praxis beruhende „Nichtgewalt" eröffnet.

Als Fazit der Arbeit dieser Initiative lese ich: „Nichtgewalt ist die christliche Antwort auf Gewalt, sie ist die Strategie zur Lösung von Gewalt, die sich auf Jesus und auf die Tradition des Glaubens an ihn berufen kann. Das Prinzip der Gewaltfreiheit einzuschränken, weil es opportuner erscheint, lässt sich nach dieser Argumentation nicht mehr rechtfertigen" (151). Hier wäre m. E. weiter zu fragen, was, wenn dies so evident ist, einer entsprechenden Praxis der Christ:innen, Gemeinden, Kirchen entgegensteht.

Einen besonderen Text, überschrieben „Gewaltfreiheit in Tönen?" hat Stefan VOGES dem Band beigesteuert; er skizziert die verschiedenen Ebenen des Musiktheaters anhand von Philip GLASS' Oper „Satyagraha", die Elemente der Biographie Gandhis thematisiert und musikalisch gestaltet, und beschreibt diese als Impulse für eine Spiritualität und Kultur der Gewaltfreiheit (183 ff).

In seiner Vielfalt macht der lehrreiche Band insgesamt deutlich, dass es sich bei Gewaltfreiheit nicht lediglich um eine gesellschaftliche oder politische Strategie handelt, sondern um Prozesse umfassender Verwandlungen ganz unterschiedlicher, kontextuell bestimmter Kulturen. Die im Anschluss an die Lektüre formulierten ersten Fragen verweisen auf einige der Punkte, die weiter zu bedenken, die Texte anregen.

*Gottfried Orth*

*

*Franz HÜBNER: Mein Gott, dein Gott, unser Gott. Illustriert von Guliano FERRI, Freiburg: Herder, 2016, O. Pag., ISBN 978-3-451-71339-2, 14,99 €[1]*

Ein Kinderbilderbuch, das für Toleranz wirbt und die Freundschaft feiert, ist dem Kinderbuchautor Franz HÜBNER in Zusammenarbeit mit dem Illustrator Guliano FERRI gelungen. Auf märchenhafte Weise hält es eine Utopie aufrecht, die in unserer Zeit nötiger ist denn je.

Drei Freund*innen, deren Namen David, Johanna und Ibrahim und deren Kleidung die drei abrahamitischen Religionen erkennen lassen, finden in einem Punkt keine Einigkeit, wobei sie jede*r für sich einem vor-toleranten, teilweise exklusivistischen Konzept folgen:

1. Mein Gott ist der beste Gott.
2. Jede*r muss das glauben, was ich glaube.
3. Es gibt nur einen Gott, nämlich meinen Gott.

Die Zuordnung der ähnlichen Konzepte ist nicht weiter von Bedeutung. Wichtig ist, dass die Freundschaft der drei stärker ist als die sie trennenden (Wahrheits-)Ansprüche und sie sich durch eine Reise die Lösung ihres Konflikts erhoffen. Diese Reise unternimmt stellvertretend für die drei Ibrahim, dessen Name gleichzeitig – ob gewollt oder nicht – sehr passend die arabische und koranische Form von Abraham ist: des Gottsuchers par excellence. Sein treuer Begleiter ist sein Esel Fidelio.

Was nun folgt, sind wunderschöne, fast paradiesische Bilder, die Menschen inmitten idyllischer Orte (See, Wald, Felder und Oase) zeigen. Hier sprechen die auch ästhetisch gelungenen, mitreißenden Illustrationen fast schon für sich. So führt die Erfahrung der Schönheit der Schöpfung Ibrahim unmittelbar zu der Frage nach dem Schöpfer, die er an seine jeweiligen Gesprächpartner*innen (drei Männer und eine Frau – hier könnte in Bezug auf die Geschlechter noch etwas ausgewogener gestaltet werden) stellt. In verschiedenen Varianten antworten die Menschen mit dem Verweis auf ihren Gott,

---

[1] Leider ist die deutsche Ausgabe derzeit vergriffen. Ein Nachdruck bzw. eine Neuauflage wäre absolut wünschenswert. Die englische Ausgabe ist im Buchhandel erhältlich: My God, Your God, Our God. Franz Hübner. Ill. von Guliano Ferri, Mahwah, NJ: Paulist Press, 2019, O. Pag., ISBN 978- 0809167890, 17,00 €.

dem jeweils ein Attribut, das seine unübertreffliche Größe beschreibt, gegeben wird.

Eine Besonderheit stellt eine weitere und letzte Begegnung mit zwei Hirten dar, die sich um die beiden frierenden Reisenden kümmern, womit auch ein leidvoller Teil der Reise zumindest angedeutet wird. Deren Gastfreundschaft, die zur Freundschaft wird, bringt Ibrahim die entscheidende Erkenntnis: „Er spürte, dass überall, wo Menschen mit Liebe erfüllt sind, dass überall dort derselbe Gott zu Hause ist. ... ,In jedem Menschen, in jeder Schönheit der Natur kann ich Gott entdecken, und es ist ein Gott, der uns Menschen all dies voller Liebe und Freundschaft geschenkt hat', überlegte Ibrahim. ,Es ist immer derselbe Gott, die einen nennen ihn so, die anderen so. Das glaube ich ganz fest.'"

Diese Erkenntnis mag auf den ersten Blick sehr leicht daherkommen. Sie weist aber auf Tieferes. So ist theologisch gesehen der Ansatz beim Staunen über die Schönheit der Schöpfung klug gewählt. Das Schöpfungslob als Lob des Schöpfers ist nämlich ein wichtiger Teil in den Traditionen der drei genannten abrahamitischen Religionen. In diesem Punkt konvergieren sie.

Der große Philosoph Nikolaus von Kues hat in seiner Schrift „De pace fidei" („Über den Religionsfrieden"[2] oder „Die Toleranz"[3]) 1453 einen ganz ähnlichen Ansatz gewählt, wenn er darlegt, „daß die Verschiedenheit der Religionen eher in den Riten als in der Verehrung des einen Gottes bestand. [Es] zeigte sich, daß [...] alle [Gott ] in allen Religionsformen verehren."[4] Daraus ergibt sich „dass die Vielfalt der Riten nicht nur geduldet werden soll, sondern zum größeren Lob Gottes beitragen kann." [5] Durch diese Form der Toleranz geläutert, sollten die Menschen „einen ewigen Frieden aufbauen, damit im Frieden der Schöpfer aller gepriesen werde, dem in Ewigkeit Lobpreis gebührt."[6]

Ferner bildet der Ansatz bei der (Freundschaft und) Liebe besonders in den mystischen Traditionen der drei Religionen einen großen Resonanzboden. Stellvertretend für die alle Grenzen

[2] FLASCH: Nikolaus von Kues, 335.
[3] NIKOLAUS VON KUES: De Pace Fidei: Die Textauszüge werden nach dieser Übersetzung zitiert.
[4] Ebd., (Kap 20/Abschluss), 118.
[5] GELMI: Nikolaus von Kues, 66.
[6] NIKOLAUS VON KUES: De Pace Fidei (Kap. 20/Abschluss), 118.

überschreitende Kraft der Liebe möchte ich das berühmte Zitat des islamischen Mystikers bzw. Sufis Muyiddin Ibn 'Arabi zitieren: „mein herz ist fähig alle formen / anzunehmen weide / für gazellen für mönche ein kloster // ein tempel für heiden für pilger / die kaaba der tora tafeln / und blätter aus dem koran // ich bekenne die religion der liebe gleich / wohin ihre karawane mich führt die liebe / ist mein glaube meine religion"[7].

In diesem Bewusstsein verlieren die drei oben genannten Aussagen ihren problematischen Charakter, ohne sie vollständig zu relativieren. In einer geläuterten Variante könnten sie nun in etwa folgendermaßen aussehen:

1. Mein Gott, der auch dein Gott ist, ist unermesslich groß und gut.
2. Unser Gott ist einer, auch wenn wir ihn auf verschiedene Weise ehren, auf verschiedene Weise glauben.
3. Unser Gott ist einer. Wir glauben an denselben Gott, auch wenn wir ihm verschiedene Namen geben.

Fazit: „Mein Gott, Dein Gott, unser Gott" ist ein in Text und Bild sehr gelungenes Kinderbuch, das zentrale Überlegungen in Bezug auf Toleranz und Verständnis zwischen den abrahamitischen Religionen aufgreift, ohne die spezifischen religiösen Traditionen darzustellen. Für ein Kinderbuch ist der Textanteil zwar relativ hoch, aber der Thematik in jeder Hinsicht angemessen. Außerdem unterstützen die liebevoll gestalteten Bilder die Erzählung auf einer zweiten, visuellen Ebene, die fast für sich stehen kann. So ist es leicht, der Geschichte zu folgen.

*Michael Schober*

## Literatur

FLASCH, Kurt: Nikolaus von Kues. Geschichte einer Entwicklung, Frankfurt a. M. ³2008.

GELMI, Josef: Leben und Wirken des Universalgenies Nikolaus von Kues, Kevelaer 2017.

IBN ARABI: Der Übersetzer der Sehnsüchte. Liebesgedichte aus dem arabischen Mittelalter. Aus dem Arabischen von Stefan Weiderer, Salzburg / Wien ²2016.

NIKOLAUS VON KUES: De Pace Fidei. Die Toleranz. La toleranza. Hrsg. v. Philipp Steger, Brixen 2001 (1453).

---

[7] IBN ARABI: Der Übersetzer der Sehnsüchte, 55.

*Cristina Yurena* ZERR; *Jakob* FRÜHMANN *(Hrsg.): Brot und Gesetze brechen. Christlicher Antimilitarismus auf der Anklagebank, Wien, Berlin 2021, 284 S., 17 €*

Das gemeinsame Brechen des Brotes kann als Konsequenz nach sich ziehen, Gesetze zu brechen, um dem eigenen Glauben, dem eigenen Gewissen und der Liebe Gottes zu den Menschen gerecht zu werden. Dies ist der starke Appell von Menschen aus der so genannten Pflugscharbewegung, die in diesem Buch vorgestellt werden. Die beiden HerausgeberInnen konzentrieren sich auf zwei gewaltfreie Aktionen gegen die atomare Bewaffnung aus dem Jahr 2018: Sieben AktivistInnen der US-amerikanischen Pflugscharbewegung drangen in die militärische U-Boot-Station in King's Bay ein, um gegen die dort stationierten atomar bewaffneten Trident-Raketen zu protestieren und sie symbolisch „abzurüsten". Wenige Wochen später betraten 18 AtomwaffengegnerInnen den Fliegerhorst Büchel, auf dem die deutsche Bundeswehr mit Atomwaffen für die nukleare Teilhabe innerhalb der NATO trainiert. Den Beteiligten wurde der Prozess gemacht, viele wurden verurteilt, v. a. in den USA auch zu Gefängnisstrafen. Fünfzehn Statements der AktivistInnen, in denen sie ihre Aktionen begründen und ihre Motivationen darlegen, bilden einen zentralen Teil des Buches.

In drei einleitenden Essays stellen die HerausgeberInnen sowie Rosalie RIEGLE und Sebastian KALICHA die Aktionen in einen historischen, politischen und theologisch-spirituellen Rahmen. Die Pflugscharbewegung nimmt nicht nur das Zitat aus Micha 4,3 „Schwerter zu Pflugscharen" auf, sondern lässt sich auch von anderen biblischen Erzählungen prägen. Es zeigt sich immer wieder, dass einige der AktivistInnen Erfahrungen mit der Befreiungstheologie in Lateinamerika und anderswo gemacht hatten. Der gesetzesübertretende Einsatz gegen die Atomwaffen geht in mancher Hinsicht über die gewohnte Praxis des Pazifismus hinaus, indem er symbolisch die atomare „Abrüstung" selbst in die Hand nimmt. Neben einer klaren Option für Gewaltfreiheit zeichnet die Pflugscharbewegung überdies der offene Widerstand, die Opposition „gegen" das Militär und seine Gewaltstrategien aus.

Motivationen, Effizienz und theologische Konsistenz der Aktionen werden an vielen Stellen des Buches kritisch angefragt. Die

Statements der Beteiligten selbst machen klar, dass sie sich bewusst sind, dass es sich hier um spirituelle Aktionen von Menschen handelt, die gesellschaftlich und politisch privilegiert sind und ihrer Verantwortung als weiße BürgerInnen der USA und europäischer Staaten für eine friedliche atomwaffenfreie Welt gerecht werden wollen. Man muss diesen provokativen und teils auch in der Friedensbewegung umstrittenen Aktionen nicht uneingeschränkt zustimmen, um sich von den Überlegungen und Gewissens-entscheidungen dieser Menschen anregen zu lassen. Sie machen deutlich, dass der christliche Glaube in der Gegenwart einen entschiedenen Einsatz gegen Krieg, Militär und Rüstung erfordert, gerade für Glaubende in den Staaten, die für Atomwaffen und andere Massenvernichtungsmittel besondere Verantwortung tragen.

Auch wer nicht Gesetze brechen will, um sich für den Frieden einzusetzen, findet in diesem Buch interessante und tiefgründige Anregungen, um sich für andere Formen des Widerstandes und des Protestes zu motivieren.

*Stefan Silber*

\*

*Judith* BUTLER: *Die Macht der Gewaltlosigkeit. Über das Ethische im Politischen, Berlin: Suhrkamp, 2020, 251 S., 28,- €*

Was bedeutet es, dass manche Tode mehr und andere weniger oder gar nicht betrauert werden? Diese Frage steht im Mittelpunkt des Essays der US-amerikanischen feministischen Philosophin. Die unterschiedliche „Betrauerbarkeit" (38; i. O.: *grievability*) jedes Lebens, die Möglichkeit oder auch Unmöglichkeit, das Ende oder auch nur das mögliche Ende eines bestimmten Lebens zu betrauern, gibt Aufschluss über den Wert, die Lebendigkeit, die einem Leben zugeschrieben werden und die Notwendigkeit, es zu schützen, die sich daraus ergibt.

Gewalt erscheint in Butlers Kritik dann legitim gegenüber Leben, das nicht oder weniger als betrauerbar gilt. Um ein Individuum oder eine Gruppe zu schützen, deren Verletzung oder Tod betrauert wür-de, gilt Gewalt als legitime Selbstverteidigung, wenn sie gegen nicht betrauerbare Menschen eingesetzt wird; ja, deren Tod kann als Erfolg, als Triumph gefeiert werden. Ihr Tod kann aber auch – wie Butler angesichts der europäischen Antimigrationspolitiken kritisiert – still und heimlich hingenommen oder an Verantwortliche außerhalb der eigenen Grenzen delegiert werden.

Butlers Essay, dem teils sehr unterschiedliche Vorlesungen und Aufsätze zugrunde liegen, geht nicht linear und didaktisch mit seinen Themen um, sondern kehrt immer wieder in unterschiedlichen Argumentations- und Diskussionssträngen zu dieser und einigen anderen Überlegungen zurück. Im Dialog mit FOUCAULT, FANON, MBEMBE, BENJAMIN, BALIBAR, FREUD, LACAN, EINSTEIN und anderen wirft die Autorin mehrfach die Frage der „Rahmensetzungen" (177), des *framings* auf: Wer bestimmt über das Maß der Betrauerbarkeit eines Lebens? Wer definiert, welche Handlungen und Unterlassungen als Gewalt eingestuft werden? Wer legt fest, wer zu dem „Selbst" gehört, das in der „Selbstverteidigung" (28) angeblich verteidigt wird, und wer nicht dazu gehört, und gegen wen dieses Selbst verteidigt werden muss? Das Aufrechterhalten dieser kritischen und zugleich selbstkritischen Fragen stellt für Butler schon einen wichtigen Bestandteil gewaltfreien Protests und Handelns dar: Gewaltfreier Widerstand ist in der Lage, selbst den Rechtsrahmen, der Gewalt verkörpert, außer Kraft zu setzen, und wird deshalb selbst als gewalttätig gefürchtet und verleumdet.

Ein anderes wichtiges Stichwort für Butlers politische Ethik der Gewaltfreiheit ist das Bewusstsein von den Beziehungen, die zwischen allen Körpern bestehen (hier auch explizit einschließlich der nicht-menschlichen Körper, auch wenn dieses Thema in diesem Essay nicht vertieft wird). Jeder individuelle Körper ist durch seine Geschichte (vor allem durch seine Geburt) und durch seine stoffwechselbedingten Abhängigkeiten immer auf alle anderen wechselseitig angewiesen, sodass jede Gewalt gegen diese anderen Körper immer auch ihn selbst betrifft. Aus diesen Überlegungen leitet Butler nicht nur eine universale Gleichheit in der Betrauerbarkeit, sondern auch die globalen Pflichten der Solidarität und der Gewaltfreiheit ab.

Butler beleuchtet auch das (psychoanalytisch gedachte) Aggressionspotenzial gewaltfreier Aktionsformen und verweigert sich der Versuchung, Aggressivität immer nur der anderen Seite zu

unterstellen. Vielmehr entwirft sie einen „aggressiven Pazifismus"
(222), der mit Zorn und Wut, aber gewaltfreien Mitteln, für Frieden,
Gerechtigkeit und eine lebenswerte Zukunft streitet: „Nur ethisches
Handeln, das um sein eigenes destruktives Potential weiß, kann
diesem widerstehen" (212).

Leider wurde in dem Buch „*nonviolence*" nicht wie im Deutschen
üblich mit „Gewaltfreiheit" übersetzt, und nur an einer Stelle mit
„Nichtgewalt" (17). Auch wenn viele der Kontexte und Beispiele sich
aktuellen US-amerikanischen Herausforderungen verdanken, bleibt
Butlers Essay dennoch anschlussfähig für friedensethische Diskurse
und Fragen einer Widerstandspolitik auch in Europa. Er vermeidet
eine Definition des Begriffs der Gewaltfreiheit bzw. Gewaltlosigkeit
und ermöglicht es gerade dadurch, die Diskussion auch hierzulande
weiterzuführen.

*Stefan Silber*

Grafitti – gesehen und aufgenommen in Frankfurt am Main
Foto: Burkhard Vogt

# Statt eines Nachwortes

## „… sie haben nicht ihr Haar, sondern einfach ihre Herzen verschleiert!"

## Da pacem cordium – Salam aleikum[1]

*Ceylan Sert und Fee Brembeck*

Da pacem cordium[2]
Da pacem cordium
*Salam aleikum[3]*
*Salam aleikum*

SIEH NUR, DIE ERDE WEINT!
*Die Erde, in die mit Rechen und Spaten Narben geschlagen wurden.*
Die Erde, in die aus Rache und von Staaten Narben geschlagen
wurden.
SIEH NUR, DIE ERDE WEINT!
*Sieh nur, wir stehen vereint,*
unteilbar, ungetrennt, ungeschieden,
Da pacem, *bitte schenke uns Frieden!*

---

[1] Der Text entstand als Gemeinschaftsprojekt und Teamtext im Dialog zwischen einer Christin und einer Muslima für das Interreligiöse Friedenskonzert Dresden 2021, s. https://www.youtube.com/watch?v=FbwvnRETU5o unter 1:12:40ff.
[2] Lateinisch für: „Gib Frieden den Herzen!" oder „Gib den Frieden der Herzen!"
[3] Arabisch für: „Friede sei mit euch!" – vgl. Jh 20,26, arabisch: سَلامٌ لَكُمْ „salamun lakum" (Anm. mE).

Ich blick in die Welt und die Erde weint.
*Brennende Wälder und Ozeane,*
*Artensterben, Flut und Orkane,*
Krieg zwischen Nationen,
Krieg zwischen Religionen,
Hungersnöte, Flucht und Dürren geschehen-
UND WEIT UND BREIT KEIN FRIEDEN ZU SEHEN.
*Ich schlag die Zeitung auf und lese von Gewalt,*
Brandanschläge auf Synagogen,
Islamfeindlicher Hass und alle schweigen verlogen,
*Diskriminierung und Rassismus schlägt mir offen entgegen*
*Mord, Drohungen, Kämpfe, -* UND WEIT UND BREIT KEIN SEGEN.

SIEH NUR, DIE ERDE WEINT!

Jesus Christus spricht:
„Ihr habt gehört, dass gesagt worden ist: Du sollst deinen Nächsten
lieben und deinen Feind hassen. Ich aber sage euch: Liebt eure
Feinde und betet für die, die euch verfolgen!
Und wenn ihr nur eure Brüder grüßt, was tut ihr damit
Besonderes?"

Ich blick in die Welt und die Erde weint.
Ich blick in die Welt und sehe den Hass.
Aber mein Glaube sagt mir: Steh weiter vereint
Mit allen, die du zu lieben und zu grüßen hast!

*Salam alaikum „Friede sei mit euch!" ist der traditionelle muslimische*
*Friedensgruß, mit dem sich nach dem Beispiel des Propheten die Muslime*
*überall auf der Welt begrüßen. Als ein Gefährte den Propheten Muhammad*
*(Friede und Segen auf ihn) fragte, was im Islam am besten sei, entgegnete*
*er: „Dass du den Armen speist und den Friedensgruß dem entbietest, den*
*du kennst und dem, den du nicht kennst. "*

*Ich blick in die Welt und die Erde weint,*
*Ich blick in die Welt und sehe das Leid,*
*Aber mein Glaube sagt mir: Steh weiter vereint*

*Mit allen, die du grüßt und die zum Frieden bereit!*
Da pacem cordium
Da pacem cordium
*Salam aleikum*
*Salam aleikum*

Wer bin ich? Wer bist du?
Und wie groß ist das, was uns trennt?
Wer bin ich? Wer bist du?
Und sag, sind wir uns so fremd?

*Wer ICH bin, das kann ich leicht sagen - und doch wieder nicht.*
*Ich bin Deutsch-Türkin, bin Muslima, bin ein Mensch, ich bin ich.*
*In Deutschland sind wir Ausländer, wir sehen nicht deutsch genug aus,*
*in der Türkei sind wir Almanci, Deutschländer,*
*wir sprechen nicht genug türkisch, sind dort nicht zuhaus,*
*Überall Grenzen, Beschränkung, Klischee,*
*Wer ich zu sein hab, auf welcher Seite ich steh,*
*Dieser Zwiespalt spiegelt sich auch in unserer Sprache wieder:*
*Ich träume in jeder Sprache, singe mehrsprachig Lieder,*
*Wenn ich spreche, mische ich Deutsch und Türkisch kreuz und quer.*
*Fülle Lücken mit den Vokabeln, von denen ich denk, dass sie deutsch*
*wär`n,*
*Eine schwierige Angelegenheit, das mit der Identität.*
*Sieh, die Erde weint, weil sie zwischen uns steht.*

*Wer bin ich? Wer bist du?*
*Und wie groß ist das, was uns trennt?*
*Wer bin ich? Wer bist du?*
*Und sag, sind wir uns so fremd?*

Wer du bist, das meine ich zu wissen - und kann es doch wieder
nicht.
Wer ich bin oder mein, sein zu müssen - das weiß ich dann doch
wieder nicht.
Ich bin deutsch, ich bin weiß, meine Haut ist ein Blumenkohl,
ein Apfel an manchen Stellen, ein Pfirsich wohl,

Milchkaffee, Kalkfarben im Winter,
du siehst mein blondes Haar, das ich nicht darin hinder`,
Im Wind zu flattern, meine geröteten Wangen,
hörst mich laut über meine Religion sprechen ohne Angst oder
    Bangen,
- und weißt Bescheid.
Kennst mein Privileg, aber längst nicht mein Leid.

Sieh, die Erde weint.
Und was ist es wirklich, was uns vereint?
Sind die Unterschiede nicht doch unüberwindbar?
Ist Frieden nicht in zu vielen Herzen unauffindbar?

*Was ist denn schon türkisch? Und was ist deutsch?*
*Was Klischee? Was nur vorgetäuscht?*
*An wen glaubst du? An was glaub ich?*
*Sind wir so anders? Ich glaub nicht.*

Ich kann machen, was ich will,
Meistens komme ich vier bis sieben Minuten zu spät.
Ich weiß auch nicht warum das bei mir kaum anders geht.
*Es muss korrekt zugehen bei mir.*
*Verlässlichkeit und Fleiß sind für mich primäre Werte.*
*Ich kann ein ganz schöner Alman sein, so mit Präzision und Härte.*
Ich kann arbeiten, bis ich fast gar nicht mehr kann,
Will für alle da sein und dann
Halse ich mir oft selbst viel zu viel auf.
*Ich arbeite in drei Jobs und das kenne ich auch!*
*Chaos kann ich nicht ab, mir ist Ordnung sehr wichtig,*
Meine Wohnung wirkt oft, als hätt ich darin nen Löwen
    beschwichtigt,
*Ich bin sehr temperamentvoll.*
Ooooooh!! Das bin ich auch!
*Ich bin gastfreundlich,*
Für Besuch räume ich sogar auf!
*Ich bin stark, warmherzig und familiär.*
Und wer kann sagen, dass das deutsch oder türkisch wär?

Was ist denn schon türkisch? Und was ist deutsch?
Was Klischee? Was nur vorgetäuscht?
An wen glaubst du? An was glaub ich?
Sind wir so anders? Ich glaub nicht.

Aber
SIEH NUR, DIE ERDE WEINT!
*Die Erde, in die mit Rechen und Spaten Narben geschlagen wurden.*
Die Erde, in die aus Rache und von Staaten Narben geschlagen
   wurden.
SIEH NUR, DIE ERDE WEINT!
*Sieh nur, wir stehen vereint,*
unteilbar, ungetrennt, ungeschieden,
Da pacem, *bitte schenke uns Frieden!*

*Ich trage meinen Schleier über meinen Haaren,*
*aber manche denken, ich trüge ihn über meinem Verstand, als wär ich*
   *bescheuert,*
*ich hab ihnen ins Herz geschaut und dabei erfahren,*
*sie haben nicht ihr Haar, sondern einfach ihre Herzen verschleiert.*


Manchmal merke ich, wie auch mein Herz hart wird.
Ein Herz muss schlagen und weich sein dürfen,
Ich wünsche ihnen, dass ihr Herz weich und zart wird.
Ein Herz muss bluten und brechen dürfen,
*Ein Herz muss sehen können und sichtbar sein.*
*Ein Herz muss doch hüpfen, lieben und teilen dürfen,*
*Ich wünsche ihnen, dass sie sich mit anderen verein`,*
*Und gemeinsam Herz an Herz heilen dürfen.*


DA PACEM CORDIUM!


*Ich wünsche mir eine bessere Zukunft,*
*eine, in der die Tränen der Erde versiegen,*

Eine Zukunft, in der wir uns nicht mehr bekriegen,
*in der wir unsere Narben mit Liebe heilen,*
in der wir Brot brechen und Ressourcen teilen,
*in der wir uns mit Akzeptanz als Menschen begegnen,*
In der wir uns gegenseitig segnen,
*In der wir auch den Kindern die Zukunft versüßen,*
Und einander mit Frieden begrüßen.
*Salam alaikum!*
Friede sei mir dir!
*Ich entbiete den Friedensgruß der ganzen Schöpfung,*
*Allen Kreaturen dieser Erde!*
auf dass sie und mit ihr all ihre Geschöpfe,
ein heilsamer Quell der Liebe werde!
*Frieden, Salam,*
lasst uns zusammen stehen und dann
*Beten wir vereint und doch verschieden:*
da pacem cordium, bitte schenke uns Frieden!

# Autorinnen und Autoren

FEE BREMBECK, geboren 1994 in München, Autorin, Sängerin und Kabarettistin. Sie gewann 2013 die deutschsprachigen Meisterschaften im Poetry Slam und wurde sowohl mit dem Tassilo-Kultur-Preis der Süddeutschen Zeitung, als auch mit dem Ernst-Hoferichter-Preis 2022 ausgezeichnet. Im Herbst 2021 erschien ihr drittes Buch *"Jetzt halt doch mal die Klappe, Mann!"* im Goldmann Verlag. Sie studierte u. a. evangelische Theologie und setzt sich für den interreligiösen Dialog, sowie intersektional feministische Themen ein.

PETER BÜRGER ist examinierter Krankenpfleger, Theologe und Publizist. Seine Bücher zum Thema: *"Das Lied der Liebe kennt viele Melodien"* (vier Auflagen 1997-2005); *"Die Fromme Revolte – Katholiken brechen auf"* (2009); *"Wie die Menschheit eins ist. Die katholische Lehre ,Humani generis unitas' für das dritte Jahrtausend"* (2016); *"Oscar Romero, die synodale Kirche und Abgründe des Klerikalismus"* (2020). Aktuelles Forschungsprojekt: *"Kirche & Weltkrieg"*.
(https://kircheundweltkrieg.wordpress.com*)*.

MATTHIAS-W. ENGELKE, Dr. theol, evangelischer Pfarrer, verheiratet, Vater, Großvater, Verfasser von *"Zelt der Friedensmacher. Die christliche Gemeinde in Friedensethik und Friedenstheologie"* (2019) und *"Das Minutenbuch"* (2020), Mitglied im Internationalen Versöhnungsbund, IFOR und im deutschen Zweig sowie im Ökumenischen Institut für Friedenstheologie/Ecumenical Institute of Peace Theology. Friedenspoltisch aktiv für eine atomwaffenfreie Welt, vgl. fastenkampagne.blogspot.com –
https://independent.academia.edu/MatthiasWEngelke.

STEFAN FEDERBUSCH OFM, geb. 1967 (Hannover), Kriegsdienstverweigerer (Zivildienst), Eintritt in den Franziskanerorden (1990), Theologiestudium in Münster und Jerusalem, Priesterweihe (1998), Tätigkeiten als Erwachsenenbildner und Schulseelsorger, derzeit Leiter des Exerzitienhauses „Franziskanisches Zentrum für Stille und Begegnung" in Hofheim, Redaktionsleiter der Zeitschriften *Franziskaner* und *Tauwetter*, Mitglied der Provinzkommission für Gerechtigkeit, Frieden und Bewahrung der Schöpfung sowie bei pax christi. Mitarbeit im Ökumenischen Institut für Friedenstheologie.

ULRICH FREY, Mitglied der Arbeitsgemeinschaft Frieden der Evangelischen Kirche im Rheinland, aktiv in mehreren Friedensorganisationen, publiziert zu Friedensethik, Friedenstheologie und Friedenspolitik.

KAREN HINRICHS, Pfarrerin, Direktorin des Friedensinstituts der Evangelischen Hochschule Freiburg, Mitglied in verschiedenen Friedensorganisationen, ehrenamtlich engagiert im Vorstand von "Gewaltfrei Handeln e.V." (früher Schalomdiakonat).

GERARD MINNAARD, Geschäftsführer der Woltersburger Mühle, Mitherausgeber der Zeitschrift Junge Kirche, Sozialpädagoge, Reformierter Pastor, Autor.

HAMIDEH MOHAGHEGHI, Dr. phil., studierte Rechtswissenschaft, Religionswissenschaft und Islamische Theologie. Sie ist Vorstandsmitglied bei Religions for Peace Deutschland und war bis 2021 Wissenschaftliche Mitarbeiterin am Zentrum für Komparative Theologie und Kulturwissenschaften und am Seminar für Islamische Theologie der Universität Paderborn. Ihr theologischer Schwerpunkt ist Koranexegese. Seit über dreißig Jahren ist sie aktiv im interreligiösen Dialog und in der interreligiösen und interkulturellen Bildung. Sie ist Mitglied und Sprecherin des Rates der Religionen und Vorstandsvorsitzende der Dr. Buhmann Stiftung für interreligiöse Verständigung in Hannover.

THOMAS,NAUERTH, Dr. theol., katholischer Theologie und Publizist; apl. Prof. für Religionspädagogik am Institut für Katholische Theologie Universität Osnabrück; Mitglied im Internationalen Versöhnungsbund/Deutscher Zweig und im Ökumenischen Institut für Friedenstheologie/Ecumenical Institute of Peace Theology; Redakteur der Homepage www.friedenstheologie.de und www. bibeldidaktik.uni-osnabrueck.de (vgl. auch http://indepen dent.academia.edu/ThomasNauerth).

GOTTFRIED ORTH (g.orth@tu-bs.de), Dr. theol, Pfarrer und Professor für Evangelische Theologie und Religionspädagogik (TU Braunschweig), freier Trainer für Gewaltfreie Kommunikation, Mitglied u.a. im Komitee für Grundrechte und Demokratie sowie im Ökumenischen Institut für Friedenstheologie.

MICHAEL SCHOBER, Dr. theol., geboren in Tübingen, war von 2015-2021 wissenschaftlicher Mitarbeiter in der Religionspädagogik am Institut für Katholische Theologie der Universität Hildesheim mit Lehrverpflichtung auch an der Universität Hannover. Seit September 2021 ist er Diözesanbeauftragter für interreligiösen Dialog beim Bistum Osnabrück. Er ist Mitglied des Ökumenischen Instituts für Friedenstheologie und der Forschungsgruppe Remember.

STEFAN SILBER, Dr. theol, ist Professor für Systematische Theologie an der Katholischen Hochschule Nordrhein-Westfalen, Abteilung Paderborn, Mitglied des Ökumenischen Instituts für Friedenstheologie und des Wissenschaftlichen Beirats von pax christi Deutschland.

CEYLAN SERT wurde in der Friedensstadt Osnabrück geboren. Sie arbeitet hauptberuflich bei den Ökumenischen Jugendhilfen und nebenberuflich in der Inobhutname und in einer Gehörlosenunterkunft. Ihre freie Zeit verbringt sie meistens in der Turnhalle, wo sie Taekwondo trainiert, oder im Fitnessstudio. Seit über 11 Jahren genießt sie diverse interreligiöse und interkulturelle Begegnungen.

BURKARD VOGT, Gemeindereferent, Bildungsreferent im Martinushaus Aschaffenburg und Redakteur im Medienhaus der Diözese Würzburg.

ANJA VOLLENDORF, Pastorin im Verein für Innere Mission, Bremen, Gründungsmitglied im Institut für Friedenstheologie, Kuratoriumsmitglied bei „Gewaltfrei handeln e. V.", 2017-2021 Kirchenrätin im Dezernat Ökumene der Evangelischen Kirche im Rheinland, 2014-2017 Friedensfachkraft mit Brot für die Welt in Bukavu, Demokratische Republik Kongo, davor Gemeindepfarrerin in Bochum, seit 2021 Mitglied der ökumenischen Lebensgemeinschaft des Laurentiuskonvents.

JOHANNES WEISSINGER, geb. 1948, 1967 Kriegsdienstverweigerung, 1968/1969 Zivildienst (Bethel), Studium der evangelischen Theologie, Pfarrer der EKvW im Gemeindedienst (Dortmund, in mit der Ehefrau geteilter Stelle Schwerte und Lünen) und für Erwachsenenbildung (Kirchenkreis Wittgenstein), Mitarbeit in Gremien und Gruppen der westfälischen Landeskirche besonders zu den Themen Sozialer Friedensdienst, Friedensverantwortung der Kirche, Juden-Christen, von 1983 bis 2022 Vorsitzender der Regionalen AG Westfalen der EAK (Evangelische Arbeitsgemeinschaft für Kriegsdienstverweigerung und Frieden). Mitarbeit im Ökumenischen Institut für Friedenstheologie.

THEODOR ZIEGLER, geb. 1953, Dr. phil., Religionspädagoge (ab 1975 Jugendreferent, ab 1982 Beauftragter für Kriegsdienstverweigerer und Zivildienstleistende, 1996 bis 2017 Religionslehrer), seit 2011 ehrenamtlicher Mitarbeiter in der Friedensarbeit der Evangelischen Landeskirche in Baden und Lehrbeauftragter an der Ev. Hochschule in Freiburg, Mitgliedschaften: Internationaler Versöhnungsbund, Deutsche Friedensgesellschaft-Vereinigte KriegsgegnerInnen, Forum Friedensethik in der Ev. Landeskirche in Baden, Initiative Sicherheit neu denken, Ökumenisches Institut für Friedenstheologie; Thema der 2018 veröffentlichen Dissertationsschrift: *Motivationen und Alternativentwürfe christlicher Pazifisten.*

\*

# WAS IST FRIEDENSTHEOLOGIE?
## EIN LESEBUCH

Herausgegeben von Thomas Nauerth
im Auftrag des
Ökumenischen Instituts für Friedenstheologie

edition pace 12

256 Seiten; farbige Abbildungen; Taschenbuch; Preis 9,90 €
Norderstedt: BoD 2020 – ISBN: 978-3-7526-4444-9

„Jede Theologie muss Friedenstheologie sein. Jede Theologie, die keine
Friedenstheologie ist, ist keine Theologie, denn sie sieht Gott nicht."
(Anja Vollendorf)

Das hier vorgelegte Lesebuch, eine Selbstvorstellung des noch jungen
„Ökumenischen Instituts für Friedenstheologie", geht der Frage nach,
was diese Aussage inhaltlich bedeuten könnte. 22 Autorinnen und
Autoren vermitteln ihre friedenstheologischen Ansätze und Analysen.
Wie unterschiedlich die Wege des Nachdenkens über Krieg und Frieden
sich theologisch auch gestalten mögen, sie führen immer
zur Ablehnung von tötender (militärischer) Gewalt
als einem – vermeintlich legitimen – Mittel der Politik.

„Kirche ist Kirche der Versöhnung und des von der Versöhnung
her verstandenen Friedens, oder sie ist nicht." (Martin Leiner) Auch
außerhalb des theologischen Diskurses, überall dort, wo die Befreiung
zum Frieden in Gemeinden oder Friedensbewegungen gelebt wird und
sich zu bewähren hat, muss Friedenstheologie daher verständlich und
provokativ sein. Dazu dienen einige spirituelle und erzählende Texte,
die den Gang der zweiundzwanzig theologischen Aufsätze
immer wieder poetisch unterbrechen.

# edition pace

John Dear
EIN MENSCH DES FRIEDENS
UND DER GEWALTFREIHEIT WERDEN
Ausgewählte Aufsätze und Reden
edition pace 1
168 Seiten; farbige Abbildungen; Taschenbuch; Preis 6,99 €
Norderstedt: BoD 2018 – ISBN: 978-3-7460-8898-3

Heinrich Missalla
„GOTT MIT UNS"
Die deutsche katholische Kriegspredigt 1914-1918
edition pace 2
132 Seiten; zahlreiche Abbildungen; Taschenbuch; Preis 5,60 €
Norderstedt: BoD 2018 – ISBN: 978-3-7528-1568-9

Christian Weisner / Friedhelm Meyer / Peter Bürger (Hrsg.)
„GEDENKT DER HEILIGSPRECHUNG VON OSCAR ROMERO
DURCH DIE ARMEN DIESER ERDE"
Dokumentation des Ökumenischen Aufrufes
zum 1. Mai 2011 – Zuschriften – Lesesaal
edition pace 3
268 Seiten; farbige Abbildungen; Taschenbuch; Preis 9,99 €
Norderstedt: BoD 2018 – ISBN: 978-3-7460-7979-0

Reinhard J. Voß
DIE KATHOLISCHE KIRCHE IN DER DR KONGO
IM KONTEXT VON GESELLSCHAFT UND ÖKUMENE
edition pace 4
372 Seiten; farbige Abbildungen; Taschenbuch; Preis 12,99 €
Norderstedt: BoD 2019 – ISBN: 978-3-7481-4482-3

Matthias-W. Engelke
ZELT DER FRIEDENSMACHER
Die christliche Gemeinde in
Friedenstheologie und Friedensethik
edition pace 5
464 Seiten; Abbildungen; Taschenbuch; Preis 15,90 €
Norderstedt: BoD 2019 – ISBN: 978-3-7494-3645-3

IM SOLD DER SCHLÄCHTER
Texte zur Militärseelsorge im Hitlerkrieg
Hrsg. R. Schmid, Th. Nauerth, M.-W. Engelke, P. Bürger
edition pace 6
440 Seiten; farbige Abbildungen; Taschenbuch; Preis 14,99 €
Norderstedt: BoD 2019 – ISBN: 978-3-7481-0172-7

John Dear
GEWALTFREI LEBEN
Aus dem Englischen von Ingrid von Heiseler,
herausgegeben von Thomas Nauerth
edition pace 7
192 Seiten; farbige Abbildungen; Taschenbuch; Preis 8,90 €
Norderstedt: BoD 2019 – ISBN: 978-3-7494-5179-1

DIE SEELEN RÜSTEN
Zur Kritik der staatskirchlichen Militärseelsorge
Hrsg. R. Schmid, Th. Nauerth, M.-W. Engelke, P. Bürger
edition pace 8
456 Seiten; farbige Abbildungen; Taschenbuch; Preis 15,99 €
Norderstedt: BoD 2019 – ISBN: 978-3-7494-6804-1

Peter Bürger
OSCAR ROMERO, DIE SYNODALE KIRCHE
UND ABGRÜNDE DES KLERIKALISMUS
Zum 40. Todestag des Lebenszeugen aus El Salvador
edition pace 9
112 Seiten; Taschenbuch; Preis 8,90 €
Norderstedt: BoD 2020 – ISBN: 978-3-7504-9377-3

Ullrich Hahn
VOM LASSEN DER GEWALT
Thesen, Texte, Theorien zu Gewaltfreiem Handeln heute.
Herausgegeben von Annette Nauerth & Thomas Nauerth
edition pace 10
344 Seiten; Taschenbuch; Preis 14,80 €
Norderstedt: BoD 2020 – ISBN: 978-3-7519-4442-7

Wilhelm Wille
SIE SAGEN FRIEDE, FRIEDE …
Zwanzig Jahre Forum Friedensethik
in der Evangelischen Landeskirche in Baden (FFE)
edition pace 11
492 Seiten; farbige Abbildungen; Taschenbuch; Preis 15,90 €
Norderstedt: BoD 2020 – ISBN: 978-3-7526-2956-9

Thomas Nauerth (Hrsg.)
Ökumenisches Institut für Friedenstheologie (Hrsg.):
WAS IST FRIEDENSTHEOLOGIE ? EIN LESEBUCH
edition pace 12
256 Seiten; farbige Abbildungen; Taschenbuch; Preis 9,90 €
Norderstedt: BoD 2020 – ISBN: 978-3-7526-4444-9

George Pattery SJ
GANDHI ALS GLAUBENDER
Eine indisch-christliche Sichtweise
Aus dem Englischen von Ingrid von Heiseler.
Herausgegeben von Klaus Hagedorn & Thomas Nauerth
edition pace
240 Seiten; Taschenbuch; Preis 9,90 €
Norderstedt: BoD 2021 - ISBN: 978-3-7557-0056-2

# edition pace

Die hier fortgesetzte *edition pace*,
initiiert von Thomas Nauerth und Peter Bürger,
erschließt Quellentexte, Inspirationen & Forschungsbeiträge
zu folgenden Themenschwerpunkten:

Kultur der Gewaltfreiheit und des Friedens;
Persönlichkeiten, Spiritualität und Praxis
des gewaltfreien Widerstandes;
Friedenstheologie, Kritik der Kriegsreligion;
Kirchliche Friedenslehren und Geschichte des
religiös motivierten Pazifismus;
Ökumenische und interreligiöse Lernprozesse
in der Bewegung für Gerechtigkeit, Frieden und
Bewahrung der Schöpfung.